ClimatePartner°
klimaneutral
Verlag | ID: 128-50040-1010-1082

Bibliografische Information der Deutschen Nationalbibliothek

Die Deutsche Nationalbibliothek verzeichnet diese Publikation in der Deutschen
Nationalbibliografie; detaillierte bibliografische Daten sind im Internet
unter http://dnb.d-nb.de abrufbar.

Dieses Buch wurde klimaneutral hergestellt. CO_2-Emissionen vermeiden,
reduzieren, kompensieren – nach diesem Grundsatz handelt der oekom verlag.
Unvermeidbare Emissionen kompensiert der Verlag durch Investitionen
in ein Gold-Standard-Projekt. Mehr Informationen finden Sie unter: www.oekom.de

© 2016 oekom, München
oekom verlag, Gesellschaft für ökologische Kommunikation mbH
Waltherstraße 29, 80337 München

Umschlagentwurf: Elisabeth Fürnstein, oekom verlag
Umschlagabbildung: René Magritte (1898–1967)
Foto der Umschlagabbildung: © Christie's Images Ltd. – ARTOTHEK
Layout und Satz: Reihs Satzstudio, Lohmar
Druck: Bosch-Druck GmbH, Ergolding

Dieses Buch wurde auf FSC-zertifiziertem Papier gedruckt.
FSC® (Forest Stewardship Council®) ist eine nicht staatliche,
gemeinnützige Organisation, die sich für eine ökologische und
sozialverantwortliche Nutzung der Wälder unserer Erde einsetzt.

Dieses Buch wurde auf 100%igem Recyclingpapier gedruckt.

Wolfgang Haber, Martin Held,
Markus Vogt (Hrsg.)

Die Welt
im Anthropozän

Erkundungen
im Spannungsfeld zwischen
Ökologie und Humanität

Inhaltsverzeichnis

Wolfgang Haber, Martin Held und Markus Vogt
**Das Anthropozän im Spannungsfeld zwischen Ökologie
und Humanität –** *Einführung* 7

| Ökologisch-evolutionäre Perspektiven | Teil 1 |

Wolfgang Haber
**Anthropozän – Folgen für das Verhältnis
von Humanität und Ökologie** 19

Franz Mauelshagen
Der Verlust der (bio-)kulturellen Diversität im Anthropozän 39

Ulrich Kutschera
**Der Mensch und das Anthropozän –
Hat das sechste Massenaussterben bereits begonnen?** 57

Volker Sommer
Planet ohne Affen? Zur Zukunft unserer Mitprimaten 67

| Humanitäre Maßstäbe | Teil 2 |

Uta Eser
**Inklusiv denken: Eine Kritik der Entgegensetzung
von Humanität und Natur** 81

Markus Vogt
**Humanökologie – Neuinterpretation eines Paradigmas mit Seitenblick
auf die Umweltenzyklika Laudato si'** 93

Wolfgang Schürger
**Mitgeschöpflichkeit – ein angemessenes ethisches Leitmotiv
im Anthropozän?** 105

Hans Jürgen Münk
**Die Würde der Kreatur – Annäherung an einen Rechtsbegriff
der schweizerischen Bundesverfassung aus ethischer
und theologischer Sicht** 115

Gesellschaftliche Praxis zwischen Wildnis und Technik   Teil 3

Winfried E. H. Blum
Globalisierung – Was hat das mit dem Boden zu tun? 129

Heinrich Spanier
**Wildnis – Wie viel nicht direkt vom Menschen
kontrollierte Natur braucht es?** 139

Claudio Caviezel
**Climate Engineering – Kann und soll man die Erderwärmung
technisch eindämmen?** . . . . : . . . 153

Christina von Haaren
Wie viel Natur braucht der Mensch im Anthropozän? 165

Dank 179
Die Autorinnen und Autoren 180
Die Herausgeber 182

Zugunsten der Lesefreundlichkeit wurde auf eine durchgehend geschlechtsneutrale Schreib-
weise verzichtet. Die verwendete männliche Form schließt bei Entsprechung die weibliche Form
selbstverständlich ein.

Das Anthropozän im Spannungsfeld zwischen Ökologie und Humanität
Einführung

Wolfgang Haber, Martin Held und Markus Vogt

1 Das Menschenzeitalter als anthropologische Frage

In der 1979 erschienenen Erzählung *Der Mensch erscheint im Holozän* setzt sich Max Frisch bereits literarisch mit der Stellung des Menschen im geologischen Zeitmaß der Natur auseinander (Frisch 2014: bes. 201 f.). Er wirft dabei anthropologisch-existenzielle Fragen auf, die heute unter der Überschrift *Anthropozän* diskutiert werden:

- Was ist der Mensch?
- Was ist die Besonderheit der Hominiden in der Erdgeschichte?
- Wie ist das Verhältnis der Menschheitsgeschichte und der Naturgeschichte?
- Wie schlagen die Folgen seines Tuns in der Natur wiederum auf ihn selbst zurück?

Zunächst erscheinen das Auftreten von uns Menschen und die zunehmende Herrschaft über die Natur als eine Erfolgsgeschichte: Endlich ist es uns Menschen gelungen, die Naturkräfte so stark zu beeinflussen, dass wir unsere Lebensräume aktiv gestalten und prägen können. Dabei übertrifft unser Wirken die natürlichen Veränderungen. Menschenzeitalter steht dann begrifflich für einen Erfolgsausweis. Bei Frisch ist jedoch nichts von Triumph zu spüren, nichts vom technologisch dominierten Fortschrittsoptimismus, der damals vorherrschend war. So sinniert Herr Geiser, der Protagonist der Erzählung:

> »[…] dass es Gott gibt, wenn es einmal keine Menschen mehr gibt, die sich eine Schöpfung ohne Schöpfer nicht denken können, ist durch die Bibel […] nicht bewiesen; […] wenn das Eis der Arktis schmilzt, so ist New York unter Wasser, desgleichen Europa, ausgenommen die Alpen. […] Katastrophen kennt allein der Mensch, sofern er sie überlebt; die Natur kennt keine Katastrophen.« (Frisch 2014: 102 f.)

In der Sicht von Max Frisch ist es mehr als fraglich, ob wir Menschen wirklich so weise sind, wie die biologische (Selbst-)Kennzeichnung als *Homo sapiens sapiens* es erwarten lässt. Diese Skepsis entspricht dem Ausgangspunkt der Anthropozändebatte: Der Vorschlag zum Übergang in eine neue geologische Epoche stammt im Kontext der Erdsystemwissenschaften aus dem erschreckenden Gewahrwerden, dass wir planetarische Grenzen überschreiten oder ihnen gefährlich schnell nahekommen. Die ökologische Nische des Holozän, in der sich der *Homo sapiens* in den letzten 11.000 Jahren entwickelt hat, scheint definitiv an ihr Ende gekommen. Was an ihre Stelle tritt, und wie sich die Mensch-Umwelt-Interaktionen und damit auch die menschlichen Lebensräume dynamisch verändern werden, wissen wir nicht.

Es gab unterschiedlichste Vorläufer zum Begriff *Anthropozän*, aber erst der von Paul J. Crutzen (Crutzen 2002) in die Debatte eingeworfene Vorschlag, ein neues geologisches Zeitalter auszurufen, fand in der Wissenschaft Widerhall und wird auch zunehmend in einer interessierten Öffentlichkeit thematisiert. Gerade weil er unterschiedlich interpretierbar ist, hat der Begriff Potenzial: Geht es dabei doch um uns Menschen selbst, unsere Rolle im Naturgeschehen, die Herausforderungen, die mit dem Anthropozän verbunden sind. Obgleich zunächst eher spröde, nach speziellen Debatten von Geologen über Stratigrafie (Kunde der Erdschichtungen), geologische Zeitskalen und dergleichen klingend, verweist er auf Grundfragen von Ökologie und Humanität, darauf, was Humanität in den Zeiten von Klimawandel, Landnutzungsänderungen und Verlust von Biodiversität, zusammengefasst von Nichtnachhaltigkeit, bedeuten kann.

2   Vom Holozän zum Anthropozän – eine lange Geschichte kurz erzählt

Nach der derzeit gültigen offiziellen Einteilung der Geologen leben wir Menschen seit etwa 11.000 Jahren im geologischen Zeitalter des Holozän. Bereits im letzten Quartal des 19. Jahrhunderts erschienen Veröffentlichungen, die außerhalb der Geologie über die Rolle des Menschen in der Naturgeschichte unterschiedlich reflektierten. Beispiele sind die Arbeiten von Ernst Haeckel, dem Begründer der wissenschaftlichen Ökologie (vgl. den Beitrag von F. Mauelshagen in diesem Band), und von Antonio Stoppani, einem italienischen Geologen und Priester, der in den 1870er-Jahren über die anthropozäische Ära schrieb (vgl. Steffen, Grinevald et al. 2011: 843–845; Zalasiewicz et al. 2010). Beide Autoren haben sich frühzeitig mit dem Einfluss von uns Menschen auf die Erdgeschichte auseinandergesetzt.

Der Biologe Eugene F. Stoermer hat informell bereits in den 1980er-Jahren den Begriff des *Anthropozän* verwendet. Aber erst bei einem internationalen Treffen der Erdsystemforscher 2000 schlug Paul J. Crutzen vor, das bisherige Erdzeitalter Holozän, das ab dem Ende der letzten Eiszeit datiert, durch ein neues geologisches Zeitalter Anthropozän abzulösen (Crutzen und Stoermer 2000). Den eigentlichen Durchbruch brachte dann die Veröffentlichung von Crutzen (Crutzen 2002) *Geology of Mankind* in der Zeitschrift *Nature*.

Daran ist einerseits bemerkenswert, dass der Vorschlag nicht aus der für die Bestimmung der Erdzeitalter zuständigen Geologie, sondern aus der Erdsystemforschung kam. Diese befasst sich mit globalen Umweltveränderungen und dem Wirken des Menschen auf das Erdsystem. Andererseits wurde das Konzept Anthropozän auch nicht aus den Gesellschaftskreisen eingeführt, die – wie eingangs kurz angetönt – die zunehmende Herrschaft über die Natur als Triumph des Menschen verstehen. Dies hätte im Übrigen durchaus nahegelegen.

Die Begründung für den Vorschlag, dass der Mensch zwischenzeitlich eine geologische Kraft wurde, führte rasch dazu, dass sich die zuständige Fachgruppe der Stratigrafen damit auseinandersetzte. Obgleich gegenläufige Einschätzungen durchaus nahelagen (allein aufgrund der in der Geologie üblichen Zeitskalen), beschloss die zuständige Subcommission on Quaternary Stratigraphy, eine Arbeitsgruppe Anthropozän einzurichten (vgl. Zalasiewicz et al. 2008, 2010). Erste Fachzeitschriften wie etwa *The Anthropocene Review* entstanden.

Eine frühe Publikation (Steffen et al. 2007) – mit Crutzen als einem der Koautoren – bringt die Ausgangsfrage im Titel auf den Punkt: *The Anthropocene: Are Humans Now Overwhelming the Great Forces of Nature?* Die Antwort der von dieser Frage ausgelösten Fachdebatte lässt sich einfach – und weitreichend – zusammenfassen: Ja, die Folgen der menschlichen Aktivitäten sind so weitreichend, dass der Mensch zu einer geologischen Kraft wurde. Das Ausmaß *(scale)* übersteigt die natürliche Variabilität:

> »The human imprint on the global environment has now become so large and active that it rivals some of the great forces of Nature in its impact on the functioning of the Earth system.« (Steffen, Grinevald et al. 2011: 842)

Die Fachdebatte im engeren Sinn, die die Sache aus Sicht der geologischen Schichtungen angeht, konzentriert sich zwischenzeitlich auf die Frage der Datierung bzw. Periodisierung: Wann ist der Beginn eines neuen Erdzeitalters *Anthropozän* anzusetzen?

In frühen Arbeiten wurde dafür vorwiegend der Beginn der industriellen Revolution gewählt (so beispielsweise Crutzen 2002; Steffen et al. 2007). Später wurde aufgrund empirischer Daten alternativ die *Große Akzeleration* ab etwa 1950 vorgeschlagen: Eine Vielzahl von Veränderungsindikatoren stieg seit dieser Zeit extrem stark an (Bevölkerung, Primärenergieverbrauch, Warenkonsum und vieles mehr; aktualisiert Steffen, Broadgate et al. 2015). Diese Deutung wird durch die Arbeit von Christian Pfister zum *1950er-Syndrom* gestützt (Pfister 1996, 2010). In neueren Veröffentlichungen wird aus der Arbeit der angesprochenen Arbeitsgruppe Anthropozän lanciert, dass stratigrafisch zunehmend ein neuer Vorschlag favorisiert wird: der 16. Juli 1945, der Tag des ersten Atombombentestversuchs.* Für Außenstehende ist es erstaunlich, ein Erdzeitalter auf den Tag genau zu datieren; dies entspricht keineswegs der Vorstellung von geologischen Zeitskalen. Aber tatsächlich kommt es auf die letztendliche, in den Fachgremien zu beschließende Datierung bzw. Periodisierung nicht an. Wesentlich ist vielmehr der grundlegende Konsens, dass die »natural forces and human factors became intertwined« (Zaliesewicz et al. 2010: 2231).

Zusammengefasst: Formal befinden wir uns also nach der Klassifizierung der zuständigen Gremien der Geologen noch im Zeitalter des Holozän. In der Fachdebatte zeichnet sich Konsens ab, dass es für dessen Ablösung durch das neue Zeitalter Anthropozän gute Gründe gibt. Für 2016 hat die zuständige Arbeitsgruppe eine Empfehlung angekündigt. Anschließend müssen die Unterkommission der Stratigrafen und die Internationale Kommission der Geologen ihre Entscheidung fällen. Sie bedeutet eine große Herausforderung, handelt es sich doch nicht wie bei den bisherigen geologischen Zeitaltern um weit zurückliegende Entwicklungen, sondern um die Gegenwart. Wir befinden uns ja mitten im Prozess des Übergangs zu einem neuen Zeitalter (vgl. Ehlers 2008).

3 Anthropozän – Implikationen und Herausforderungen

Anthropozän – Menschenzeitalter – bringt etwas begrifflich auf den Punkt, was seit Langem in der Luft lag: Menschliche Einflüsse auf die Natur werden immer stärker und belasten sie zugleich immer mehr, bis hin zu dauerhafter Schädigung oder Zerstörung. Ein gesellschaftliches Bewusstsein dafür erwuchs in den Industrieländern seit Mitte des 20. Jahrhunderts, im Zusammenhang mit dem oben erwähnten *1950er-Syndrom* (Pfister 1996). Es wurde ausgelöst durch die wachsende Verschmutzung von Luft, Gewässern, Boden und Landschaft, durch steigende Mengen von Emissionen in Form von Abgasen, Abwässern und Müll. Da diese auch die menschliche Gesundheit beeinträchtigten, reagierte die Politik Ende der 1960er-Jahre mit der Einrichtung des Umweltschutzes als neuem Politikbereich mit eigenen Behörden, Ämtern und Gesetzen.

Zur gleichen Zeit etablierte sich die Ökologie als eigenständige naturwissenschaftliche Disziplin, die damit zur Umweltwissenschaft wurde und die Ursachen und Wege der Belastung der Natur aufzuklären begann. Als Hauptverursacher wurden alsbald

---

*Mündlich wurde diese Einschätzung von einem Mitglied der Arbeitsgruppe bestätigt; vgl. auch aktuelle Publikation (Januar 2016) von Waters et al. (2016). Die Bandbreite der als Beginn des Anthropozän vorgeschlagenen Datierungen ist noch größer, wenn man auch die außerhalb der geologischen Fachdisziplinen geführten Debatten einbezieht; vgl. etwa Biello (2015). Es gibt jedoch auch eine kritische Fachdiskussion, ob die Ablösung des Holozän durch ein neues Erdzeitalter *Anthropozän* evtl. noch verfrüht ist; vgl. als Beispiel Walker et al. (2015).

die Großstädte mit Industrie, Gewerbe und Verkehr ermittelt. Doch auch jeder einzelne Privathaushalt trägt mit seinen Emissionen, die sich zu großen Mengen summieren, dazu bei.

Der Umweltschutz als Bekämpfung dieser Belastungen führt bereits in die Thematik dieses Buches *Die Welt im Anthropozän* ein. Denn die westlichen Großstädte sind Zentren der menschlichen Kultur und Zivilisation, Symbole von Fortschritt, Wohlstand und Wohlbefinden der dort lebenden Menschen und damit der Humanität. Die Ökologie, ebenfalls in der Stadtkultur entstanden, zeigt auf, dass die von dieser verursachten schädlichen Wirkungen genau jene städtischen Errungenschaften beeinträchtigen und entwerten. Der technisch-zivilisatorische Fortschritt, einschließlich seiner humanitären Aspekte, gefährdet sich also selbst und gerät dadurch in einen grundsätzlichen Zwiespalt, der aber genauso den Umweltschutz als sein Korrektiv erfasst. Dieser laviert daher einerseits stets zwischen wirksamer Verminderung oder Unterbindung der Umweltschäden und andererseits der Aufrechterhaltung der wirtschaftlichen und sozialen Aktivitäten, die Fortschritt und Wohlstand gewährleisten. Humanität und Ökologie sind auf beiden Seiten, wenn auch unterschiedlich, involviert, weil sie den Begriff »Umwelt« in seiner großen Spannweite von Natur zu Kultur vielseitig auslegen.

Der Zwiespalt verschärfte sich, als mit der Globalisierung sowohl der technische Fortschritt mit seiner *Großen Akzeleration* als auch der Umweltschutz weltweite Dimensionen erreichten. Dabei blieb der Umweltschutz aber fast immer im Rückstand, sodass die Umweltschädigung zunahm. Ihr Gewicht verstärkte sich sogar durch weitere ökologische Erkenntnisse. Diese betrafen die vor allem auf der Verbrennung fossiler Energieträger beruhenden, zunächst wenig beachteten Emissionen von Treibhausgasen und den davon bewirkten Klimawandel, ferner die Ausweitung und Intensivierung der Landnutzungen infolge des anhaltenden Bevölkerungswachstums, die ein großes (sechstes) Artensterben verursachen könnten (vgl. auch den Beitrag U. Kutschera in diesem Band).

Damit erwachte das Bewusstsein einer planetaren Verantwortung *(planetary stewardship)*. Seit den 1980er-Jahren versucht daher die internationale Politik, den Zwiespalt zwischen Umwelt(schutz) und (Umwelt-)Entwicklung weltweit zu überbrücken. Der wichtigste Schritt in diese Richtung war die in der Weltkonferenz der Vereinten Nationen in Rio de Janeiro 1992 beschlossene Deklaration über Nachhaltige Entwicklung. Mit ihr sollen Umwelt, Gesellschaft und Wirtschaft jeweils aufeinander bezogen werden und in abgestimmter Weise das zukünftige Mensch-Natur-Verhältnis regulieren. Trotz einiger Teilerfolge ist es bisher aber nicht gelungen, die hier nur kurz skizzierten globalen Umweltprobleme auf den Weg einer nachhaltigen Lösung zu bringen. Die Menschheit ist keine Einheit und daher je nach Kulturen und Traditionen in ihren Auffassungen zur Umwelt gespalten, und die Umwelt als solche erschwert wegen der ungeheuren Vielfalt ihrer Aspekte und Bestandteile und deren Verflochtenheit den Ansatz wirksamer Maßnahmen. Wenn nun das Anthropozän als eigenes Erdzeitalter eingeführt wird, ist es von Anfang an mit gewaltigen Herausforderungen auf allen Ebenen gekennzeichnet, die stets auch das Spannungsverhältnis von Ökologie und Humanität betreffen.

4   Zum Spannungsverhältnis von Ökologie und Humanität im Anthropozän

Anthropozän als Erdzeitalter verlangt eine neue Selbstreflexion über uns Menschen, die Menschwerdung und deren Wurzeln, die Natur des Menschen und die Kultur der Menschen (vgl. Vogel 2000; Haber 2007; Ehlers 2008). Damit kommen wir zur *Doppelnatur* des Menschen: Der Mensch ist und bleibt ein zugleich natürliches (biologisches) und geistiges (human-soziales) Wesen und trägt daher eine grundsätzlich nicht auflösbare Spannung in sich. Dennoch müssen diese beiden Aspekte in der leiblich-geistigen bzw. biologisch-kulturellen Doppelnatur des Menschen zusammenspielen, was ständige Kompromisse sowie soziale und psychische Integrationsleistungen erfordert (vgl. Plessner 2003). Die verschiedenen Blickwinkel der Geistes- und Naturwissenschaften, der Philosophie und der Ethik tragen entscheidend dazu bei, werden aber wiederum zwischen den Kulturen der Menschheit unterschiedlich beachtet und gewichtet. Das zukünftige menschliche Verhalten bleibt daher ein großer Unsicherheitsfaktor im Anthropozän.

Doch es wächst die Einsicht, dass die globale industrielle Zivilisation den bisherigen Entwicklungspfad nicht beibehalten kann und grundlegende Änderungen erfordert. Bereits 1975 erschien Erhard Epplers Buch *Ende oder Wende? Von der Machbarkeit des Notwendigen* (Eppler 1975). Das Wort *Wende* ist seitdem Grundbestandteil vieler Zukunftsszenarien geworden, von der Agrar- über die Energiewende zur Lebensstil- oder Kulturwende. Aber es ist keineswegs eindeutig, was *Wende* genau meint, denn diese kann sowohl eine bloße Richtungsänderung als auch die totale Umkehr einer Entwicklung bezeichnen. Dasselbe gilt für *Veränderung*: Betrifft sie die gesamte Entwicklung oder nur Teile von ihr? Ein das gesamte Zivilisationsmodell umfassender Wandel kann auch umschrieben werden als *Große Transformation* (WBGU 2011). Dieser Begriff ist ebenfalls nicht neu; er wurde schon 1944 von Karl Polanyi für die Ausbildung der Marktgesellschaft in der Zeit der industriellen Revolution eingeführt (vgl. Polanyi 1978 [1944]; Held et al. 2016).

So richtet sich die entscheidende Hoffnung auf eine baldige radikale Veränderung des menschlichen Verhaltens und der Institutionen. Dazu fehlt es bisher an Willen, Fähigkeit und Kooperationsbereitschaft. Welcher Art ist der radikale Wandel, in dem wir uns schon befinden oder den wir erwarten oder bewusst herbeiführen können? Und welche sozialen, institutionellen, materiellen, geistigen und sozialen Ressourcen befähigen uns, ihn auf wünschenswerte Weise zu gestalten – individuell und kollektiv? Dies sind grundlegende philosophisch-ethische Fragen, deren Beantwortung auch von Menschenbildern sowie religiösen und kulturellen Sinnperspektiven abhängt. Hierzu gibt es schon in den westlichen Kulturen und erst recht global sehr unterschiedliche Vorstellungen. Zusätzlich ergibt sich für die nötige globale ethische Verständigung die Schwierigkeit, dass die aus ökologischer Sicht nötigen Transformationsprozesse nicht in jedem Fall sozialverträglich sind und vielen der Länder des Globalen Südens als *inhuman* erscheinen (vgl. Edenhofer et al. 2010).

Das *Projekt der Moderne* (zum Beispiel unser Verständnis von Fortschritt, Wohlstand und politischer Steuerung) bedarf jedenfalls einer kritischen Revision. Grundlegend ist dabei, die Herausforderung des Anthropozäns in diesem Kontext ethisch-politisch aufzufassen (vgl. Steffen, Persson et al. 2011; Held 2016). Dabei kommt den ökologischen Fragen eine neue Dimension und Dringlichkeit zu. Sie betrifft auch die technischen Entwicklungen und ihre Anwendungen. So werden zur Eindämmung des Klimawandels auch großtechnische Lösungen wie etwa Climate Engineering diskutiert (vgl. den Beitrag von C. Caviezel in diesem Band). Nicht zuletzt zahlreiche Vertreter der Weltreligionen warnen vor der *Hybris* einer Überschätzung menschlicher Steuerungsfähigkeit (vgl. Bergmann und Gerten 2010). Auch Autoren wie Crutzen schwanken dazu in ihrer Einschätzung, wenn man die Abfolge ihrer Publikationen betrachtet. Derartige großskalige Maßnahmen setzen eine Kontrollierbarkeit der Abläufe und Folgen voraus, die nicht gewährleistet ist.

Angesichts der Herausforderungen brauchen wir eine neue Kultur der Verantwortung, in deren Mittelpunkt eine Transformation des Mensch-Natur-Verhältnisses steht (vgl. Honnefelder 2011: 177–259). Daraus sind sowohl neue Muster für eine hinreichend resiliente Koevolution von sozialen, ökonomischen, technischen und ökologischen Systemen (vgl. Zimmerli 2015) als auch politische Steuerungsmodelle zu entwickeln, die kontextsensibel, fehlerfreundlich sowie innovationsfähig sind und robuster mit Kontingenz und Ungewissheit umgehen können als die klassischen Theorien zentraler Planbarkeit (vgl. Vogt 2013: 347–372).

Humanität ist als Prinzip der Organisation des menschlichen Lebens unabdingbar. Man kann sie jedoch nicht auf die Organisation des nicht menschlichen Lebens, also auf die Ökologie, übertragen oder gar ökologisch begründen. Der Widerspruch bzw. die Spannung zwischen Ökologie und Humanität beruhen letztlich darauf, dass sich das nicht menschliche Leben selbst organisiert hat, und zwar *azentral* (und auch *inhuman*), während sich die menschliche Gesellschaft immer nur begrenzt *von selbst* organisieren kann, da sie immer auch vom kollektiven Intellekt (im weitesten Sinne verstanden) als einem Zentrum organisiert wird – besser gesagt: in ständigem Bemühen zu organisieren versucht wird (vgl. den Beitrag W. Haber in diesem Band). Auch dieser Konflikt ist nicht neu: Schon Charles Darwin empfand ihn zwischen seinen evolutionstheoretischen Erkenntnissen und den Ansprüchen der Humanität, die er in seinen (nicht zu Lebzeiten veröffentlichten) Tagebüchern sowie einigen Briefen reflektiert (vgl. Vogt 1997: 117–139; 2013: 548–571). Trotz aller Gegensätzlichkeit gilt jedoch zugleich auch die umgekehrte Perspektive: Wir haben nicht zu viel Humanität, sondern zu wenig oder nicht das richtige Verständnis davon (vgl. den Beitrag U. Eser in diesem Band).

Das vorliegende Buch geht auf unterschiedliche Einzelfragen des Verhältnisses von Ökologie und Humanität als Beitrag zur wohl noch länger fortdauernden Anthropozän-Diskussion ein. Im Blick auf die Erörterung der Einzelfragen war es den Herausgebern daran gelegen, in der Einleitung auch die Vorgeschichte des Begriffs und seine übergreifenden, zukunftsweisenden Zusammenhänge zu umreißen.

Literatur

Bergmann, Sigurd & Dieter Gerten (ed.) (2010): Religion and dangerous environmental change. Transdiciplinary perspectives in the ethics of climate and sustainability. Berlin: LIT

Biello, David (2015): Did the Anthropocene begin in 1950 or 50,000 years ago? Scientific American April 2. http://www.scientificamerican.com/article/did-the-anthropocene-begin-in-1950-or-50-000-years-ago/ – Zugegriffen am 9.1.2016

Crutzen, Paul J. (2002): Geology of mankind. Nature 415: 23

Crutzen, Paul J. & Eugene F. Stoermer (2000): The »Anthropocene«. Global Change Newsletter 41: 17–18

Edenhofer, Otmar et al. (2010): Global aber gerecht – Klimawandel bekämpfen, Entwicklung ermöglichen. München: C.H. Beck

Ehlers, Eckart (2008): Das Anthropozän. Die Erde im Zeitalter der Menschen. Darmstadt: Wissenschaftliche Buchgesellschaft

Eppler, Erhard (1975): Ende oder Wende? Von der Machbarkeit des Notwendigen. München: dtv

Frisch, Max (2014): Der Mensch erscheint im Holozän. 20. Auflage. Frankfurt a. M.: Suhrkamp [Orig. 1979]

Haber, Wolfgang (2007): Energy, food, and land – the ecological traps of humankind. Environmental Science & Pollution Research 14: 359–365

Held, Martin (2016): Große Transformation – von der fossil geprägten Nichtnachhaltigkeit zu einer postfossilen nachhaltigen Entwicklung. Jahrbuch Normative und institutionelle Grundfragen der Ökonomik 15: Politische Ökonomik großer Transformationen. Marburg: Metropolis: 323–352

Held, Martin, Gisela Kubon-Gilke & Richard Sturn (Hg.) (2016): Politische Ökonomik großer Transformationen. Jahrbuch Normative und institutionelle Grundfragen der Ökonomik 15. Marburg: Metropolis

Honnefelder, Ludger (2011): Welche Natur sollen wir schützen? Berlin: Berlin University Press

Pfister, Christian (Hg.) (1996): Das 1950er Syndrom. Der Weg in die Konsumgesellschaft. 2. Auflage. Bern: Paul Haupt

Pfister, Christian (2010): The »1950s Syndrome« and the transition from a slow-going to a rapid loss of global sustainability. In: Frank Uekötter (ed.): The turning points of environmental history. Pittsburgh: University of Pittsburght Press: 90–118

Plessner, Helmuth (2003): Conditio humana. Gesammelte Schriften VIII. Frankfurt a. M.: Suhrkamp

Polanyi, Karl (1978): The Great Transformation. Politische und ökonomische Ursprünge von Gesellschaften und Wirtschaftssystemen. Frankfurt a.M.: Suhrkamp [Orig. 1944]

Steffen, Will, Paul J. Crutzen & John R. McNeill (2007): The Anthropocene: Are humans now overwhelming the great forces of nature? Ambio 36: 614–621

Steffen, Will, Jacques Grinevald, Paul J. Crutzen & John McNeill (2011): The Anthropocene: Conceptual and historical perspectives. Philosophical Transactions Royal Society A 369: 842–867

Steffen, Will, Åsa Persson et al. (2011): The Anthropocene: From global change to planetary stewardship. Ambio. DOI 10.1007/s13280-011-0185x

Steffen, Will, Wendy Broadgate et al. (2015): The trajectory of the Anthropocene: The great acceleration. The Anthropocene Review 2: 81–98

Vogel, Christian (2000): Anthropologische Spuren. Zur Natur des Menschen. Hrsg. von Volker Sommer. Stuttgart/Leipzig: Hirzel

Vogt, Markus (1997): Sozialdarwinismus. Wissenschaftstheorie, politische und theologisch-ethische Aspekte der Evolutionstheorie. Freiburg: Herder

Vogt, Markus (2013): Prinzip Nachhaltigkeit. Ein Entwurf aus theologisch-ethischer Perspektive, 3. Auflage. München: oekom

Walker, Mike, Phil Gibbard & John Lowe (2015): Comment on »When did the Anthropocene begin? A midtwentieth century boundary level is stratigraphical optimal« by Jan Zalasiewicz et al. (2015) Quaternary International 383, 196–203. Quaternary International 383: 204–207

Waters, Colin N. (2016): The Anthropocene is functionally and stratigraphically distinct from the Holocene. Science 351. DOI:10.1126/science.aad2622

WBGU – Wissenschaftlicher Beirat globale Umweltveränderungen (2011): Welt im Wandel. Gesellschaftsvertrag für eine Große Transformation. Berlin: WBGU

Zalasiewicz, Jan et al. (2008): Are we now living in the Anthropocene? GSA Today 18. Doi:10.1130/GSATO01802A.1

Zalasiewicz, Jan, Mark Williams, Will Steffen & Paul J. Crutzen (2010): The new world of the Anthropocene. Environmental Science & Technology Viewpoint 44: 2228–2231

Zimmerli, Walther (2015): Human responsibility for extra-human nature: An ethical approach to technofutures. In: Celia Deane-Drummond et al. (eds.): Technofutures, nature and the sacred. Transdisciplinary Perspectives. Surrey: Asghate: 17–30

Teil 1
Ökologisch-evolutionäre Perspektiven

Anthropozän – Folgen für das Verhältnis von Humanität und Ökologie

Wolfgang Haber

1   Einleitung

Das Wirken der Menschen hat die Natur des Planeten Erde so grundlegend verändert, dass damit ein eigenes erdgeschichtliches Zeitalter entstanden ist. Diese Auffassung vertritt der Chemie-Nobelpreisträger Paul Crutzen (Crutzen 2002; vgl. auch Steffen, Crutzen & McNeill 2007), der dieses neue Zeitalter als Anthropozän bezeichnet (von *ánthropos* = Mensch und *kainós* = neu). Es löst das Zeitalter des Holozän (Nacheiszeit) ab. In Wissenschaft und Gesellschaft wird seitdem lebhaft diskutiert, ob die Einführung dieses neuen Erdzeitalters gerechtfertigt sei.

Der Grundgedanke des Anthropozän ist nicht neu, wie Mauelshagen (vgl. den Beitrag von F. Mauelshagen in diesem Band) mit Verweis auf die bereits vor über 100 Jahren von Ernst Haeckel veröffentlichten Überlegungen zur menschlichen Transformation von Natur in Kultur darlegt. Ergänzend weise ich darauf hin, dass es bei der ökologischen Einteilung der Natur in Sphären (Kosmo-, Atmo-, Hygro-, Litho- und Biosphäre) schon länger üblich ist, innerhalb der Biosphäre eine Anthroposphäre abzugrenzen. In meinen Ökologievorlesungen habe ich darin noch eine Technosphäre und auch eine Noosphäre (nach Vernadsky aus Levit 2001) unterschieden. Und 1998 hat Hubert Markl vorgeschlagen, ein Anthropozoikum als Erdzeitalterära einzuführen, also noch zwei Kategorien oberhalb der auf -zän endenden geologischen Epochen (vgl. die Darstellung der Erdzeitalter von U. Kutschera in diesem Band). Doch erst der Name Anthropozän hat allgemeine Aufmerksamkeit gefunden.

Zum Thema Anthropozän gibt es inzwischen zahlreiche Publikationen (zum Beispiel Ehlers 2008; Ellis 2011; Steffen et al. 2011). Das Deutsche Museum in München widmete ihm 2015 eine Sonderausstellung mit einer Buchveröffentlichung (Möllers et al. 2015). Bei einer rein sachlichen, auf Daten und Beobachtungen gestützten Argumentation überwiegt einerseits die Befürwortung des Anthropozän. Andererseits erzeugt es gefühlsmäßig auch Abneigung, vermischt mit Schuldgefühlen – wegen der schädlichen Veränderungen der Natur, die – wie zum Beispiel der Klimawandel – hätten vermieden werden müssen.

Da die Definition der Erdzeitalter bisher nach großen geologischen Veränderungen in der Geschichte des Planeten erfolgte, soll dies auch für das Anthropozän gelten. Eine internationale geologische Arbeitsgruppe mit Sitz in England sucht dafür nach geologischen Kriterien. Wenn ihr dies gelingt und sie einen Konsens findet, soll das Anthropozän offiziell eingeführt werden. Nach meiner Auffassung kann es aber auch aus rein ökologischer Sicht definiert werden, zumal diese Perspektive geologische Aspekte mit einschließt. Dies möchte ich im Folgenden näher begründen, wobei ich auch Teile der Argumentation von Mauelshagen (vgl. den Beitrag von F. Mauelshagen in diesem Band) einbeziehe.

2   Anthropozän ökologisch begründet

Die Ökologie untersucht als Wissenschaft die Evolution und Organisation des gesamten Lebens in der Natur. Eine ökologische Grunderkenntnis besagt, dass für alle Lebewesen, von Bakterien bis zu Menschen, für den Umgang mit der sie jeweils umgebenden Natur (als ihrer Umwelt) zwei Hauptantriebe maßgebend sind (Haber 2016):

1. Nutzung der Natur: Jedes Lebewesen braucht mindestens Nahrung, Wasser und Raum zum Leben. Diese sind nur durch Eingriffe *(impacts)* in die Natur zu erlangen, die stets Störungen oder Schäden bedingen, doch von ihr wieder ausgeglichen oder reguliert werden.

2. Schutz vor der Natur: Jedes Lebewesen ist bestrebt, sein eigenes Leben vor den Bedrohungen der Natur zu schützen. Zu diesen gehören gemäß 1. auch die Eingriffe der anderen Lebewesen als Konkurrenten, Erbeuter oder Parasiten.

Beide Antriebe kann man unter dem Begriff »Überlebenstrieb« als universellem Lebensprinzip zusammenfassen. Leben heißt letztlich Sichbehaupten, Sichdurchsetzen und Sichfortpflanzen in steter Konkurrenz. Dies ist aber nicht darwinistisch-einseitig als ein Kampf ums Dasein zu verstehen, sondern wird auch mit Geschick, Konkurrenzstärke, Erkennen günstiger Gelegenheiten, Finden von Partnern, von ökologischen Nischen sowie durch Zufall und Glück erreicht. Dazu hat die Evolution die Lebewesen mit beachtlichen Fähigkeiten ausgestattet, die ihrerseits Forschungsobjekte der Ökologie sind.

2.1 Ökologische Modelle: Umweltkreis
Die Ökologie versucht, die Prinzipien der Lebensorganisation mit einfachen Modellen zu vermitteln, von denen ich die drei wichtigsten herausgreife. Das erste gilt der Umwelt als dem Stück Natur, das jedes Lebewesen umgibt und trägt. Diese Lebewesen-Umwelt-Einheit stelle ich als Umweltkreis dar, der in acht absolut lebens-

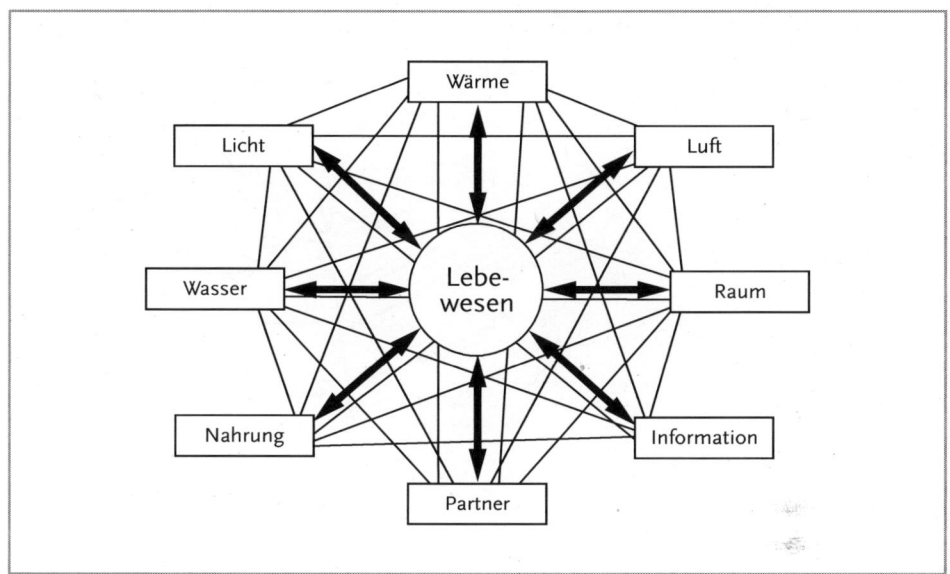

Abbildung 1: Der Umweltkreis – Modell des »Stücks Natur«, das jedes Lebewesen umgibt und trägt, mit acht Hauptbestandteilen, die ihrerseits miteinander vernetzt sind.
Quelle: Haber 2011.

wichtige Naturbestandteile aufgegliedert ist (Abbildung 1). Sie werden vom Lebewesen, wie die Doppelpfeile ausdrücken, sowohl gebraucht als auch beeinflusst. Doch jedes Lebewesen hat eigene, typische Ansprüche an die Natur und braucht oder nutzt deren Bestandteile unterschiedlich. Daher umfasst die Natur ebenso viele Umwelten wie es Lebewesen gibt. Die Ökologie erforscht sowohl die spezifischen Einzelumwelten als auch ihre Gemeinsamkeiten und berücksichtigt dabei, dass diese Lebewesen-Umwelt-Einheiten einander konkurrierend durchdringen.

Alle acht Bestandteile des Umweltkreises stehen auch untereinander in Beziehungen und bilden dadurch ein Netzwerk oder System, in dem also alles mit allem zusammenhängt – was aber nicht jederzeit und überall gilt und ebenfalls der Untersuchung bedarf. Umwelt zu verstehen, ist daher viel schwieriger, als man glaubt: ein organisiertes, komplexes System, dem die Lebewesen angehören, zu dessen Funktionen sie mit ihren Aktivitäten und Verhaltensweisen beitragen – und das sie wiederum durch eigene Nutzung beeinflussen.

2.2 Ökologische Modelle: Stammbaum (Evolution) des Lebens

Die ungeheure Vielfalt der Lebewesen wird zur Übersicht und Systematik in taxonomische Kategorien (aber ohne Umweltbezug) mit der abstrakten Grundeinheit Art eingeteilt. Ihre Evolution zeigt der Stammbaum des Lebens, den ich als zweites Modell verwende (Abbildung 2). Das aktuelle Leben befindet sich an den Spitzen der Stamm-

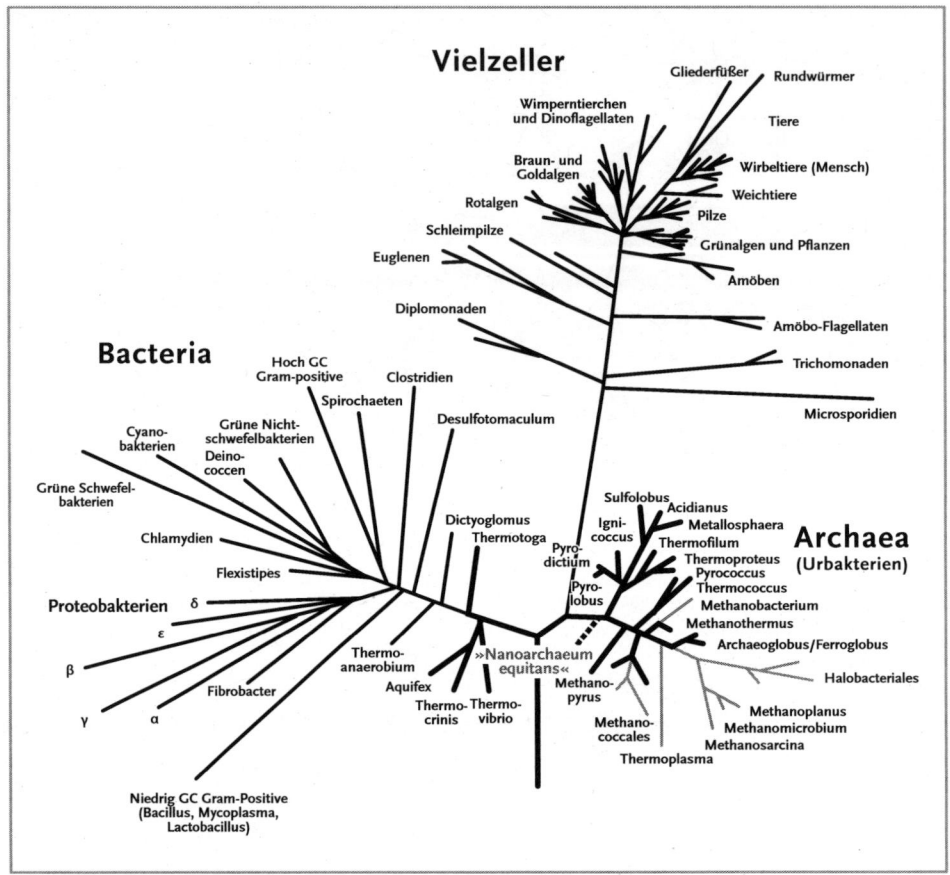

Abbildung 2: Stammbaum des Lebens als Modell der Evolution zur Vielfalt.
Quelle: Haber 2016 nach Stetter 2011, mit Genehmigung des Autors und des Verlages Dr. Pfeil, München.

baumzweige. Auf den evolutionären Wegen dorthin sind aber rund 98 Prozent aller je entstandenen Lebewesenarten wieder ausgestorben und nur als Fossilien bekannt; ja es sind sogar ganze Stammbaumzweige abgestorben. Denn Evolution heißt ständige und unumkehrbare Transformation von Leben mit nur zeitweiligem Verharren, mit unvorhersehbarem Verlauf und manchmal radikalem Wandel, wie ihn die fünf durch gewaltige Naturkräfte verursachten großen Artensterben im Lauf der Erdgeschichte zeigen. Sie haben jedoch die Ganzheit des Lebens nicht aufgehoben, ja seiner Evolution sogar neue Wege geöffnet – bis hin zum Menschen. Weitere Einzelheiten dazu enthält der Beitrag von Kutschera.

Der untere Teil des Stammbaums wird durch die ungeheure Fülle der Mikroorganismen eingenommen. Von ihnen hängt das Leben der mehrzelligen Lebewesen (im oberen Teil) vollständig ab, im positiven wie negativen Sinn (Kegel 2015). So können bestimmte Bakterien (oder Viren) einen Menschen in wenigen Tagen umbringen. Aber auch ein völlig *keimfrei* gemachter Mensch würde nach kurzer Zeit sterben. Dennoch findet die Dominanz der Mikrolebewelt, die auch von keinem der fünf Artensterben betroffen wurde, in der allgemeinen Einschätzung der Natur bisher wenig Beachtung.

2.3 Ökologische Modelle: Ökosystem

Als drittes Modell zeige ich das Ökosystem (Abbildung 3), welches das Funktionieren des Lebens darstellt. Sein Grundprinzip ist die Arbeitsteilung in der Nutzung der auf der Erde für das Leben benötigten und verfügbaren Ressourcen in Form von Energie und Stoffen. Das Modell fasst alle Lebewesen zu den drei Hauptfunktionsgruppen der Produzenten, Konsumenten und Destruenten zusammen. Nur grüne Pflanzen – als Produzenten – können aus unbelebten Stoffen durch Fotosynthese (Einbau von Sonnenenergie) Lebensstoffe erzeugen, die sie für ihre eigene Ernährung und ihren Körperbau verwenden. Pflanzen dienen aber auch den nicht fotosynthesefähigen Tieren als Nahrung. Diese ernähren sich – als Konsumenten – außer von Pflan-

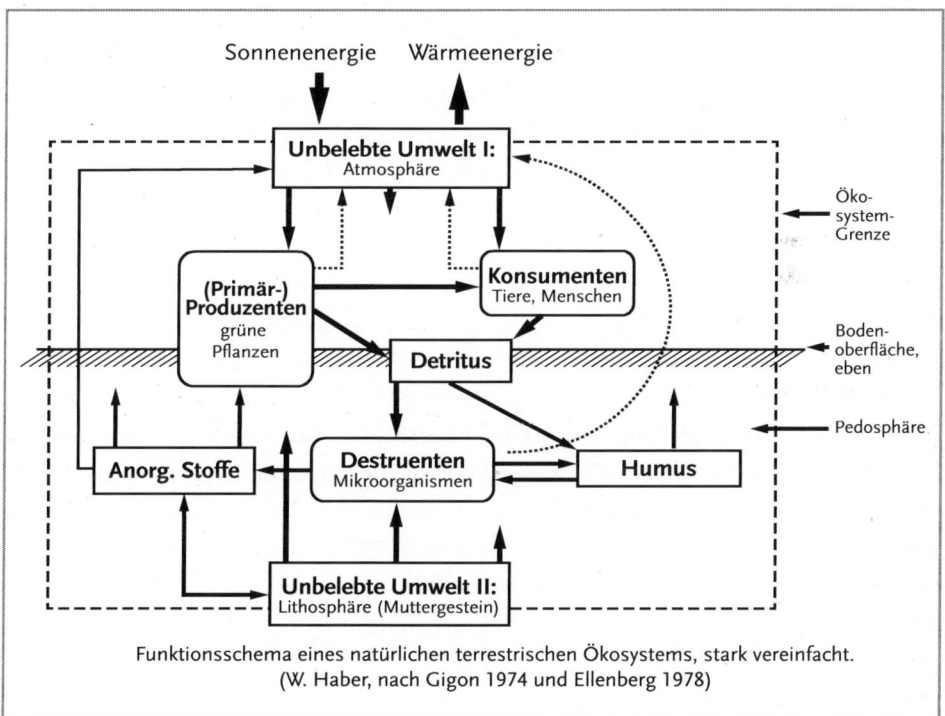

Funktionsschema eines natürlichen terrestrischen Ökosystems, stark vereinfacht.
(W. Haber, nach Gigon 1974 und Ellenberg 1978)

Abbildung 3: Terrestrisches Ökosystem – Modell der arbeitsteiligen Organisation des Lebens auf dem Festland. Nähere Erläuterung im Text.
Quelle: Haber 1993.

zen auch voneinander, woraus Nahrungsketten oder -netze im System entstehen, und benötigen stets *lebensfrische* Nahrung. Zu deren Erwerb müssen die Tiere beweglich sein und Sinnesorgane haben, mit denen sie die als Nahrung dienenden Organismen suchen, finden und erkennen – um sie dann zu erbeuten, ganz oder teilweise zu verzehren, dabei zu schädigen oder zu töten. Dagegen versuchen sich diese Organismen mit ihrem Überlebenstrieb zu schützen oder zu wehren, was die Konsumenten zum eigenen Überleben wiederum überwinden müssen.

Mit dem Leben der Pflanzen und Tiere sind ständige Ausscheidungen, oft auch Abstoßungen von Körperteilen (zum Beispiel alte Blätter, Mauser, Häutungen) verbunden, und es endet mit toten Körpern. Alle diese organischen Reste, vom Menschen Abfälle genannt, bilden die Lebensgrundlage der dritten Funktionsgruppe der Destruenten (oder Reduzenten). Sie leben als Kleintiere, Pilze und Bakterien in riesiger Zahl und Vielfalt vor allem im Boden und spielen eine ökologische Doppelrolle. Einerseits verwenden sie die toten Reste als Nahrung und zerlegen sie dabei in ihre anorganischen Ausgangsstoffe, die den Pflanzen (als Produzenten) wieder zum Aufbau neuer Lebensstoffe verfügbar werden – was das Ressourcen sparende, nachhaltige Prinzip Stoffkreislauf verkörpert. Andererseits bilden die Bodenorganismen aus jenen Resten eine neue Stoffgruppe mit dem Sammelnamen Humus, die in ständigem Auf- und Abbau (außer auf dauerhaft nassen Standorten, wo sich Torf ansammelt) die Struktur und Fruchtbarkeit des Bodens trägt. Davon hängen wiederum die Produktivität der Pflanzen und die Ernährung der Konsumenten ab. Daher wird das im Ökosystem dargestellte dauerhafte Funktionieren des Lebens entscheidend von der Mikrolebewelt der Destruenten bestimmt, die – ähnlich wie beim Stammbaum – weithin unterschätzt wird und nicht einmal einen angemessenen Namen erhielt. Insgesamt ist das Ökosystem primär durch Gegensätzlichkeiten gekennzeichnet, die aber durch komplizierte Selbstregulierungen ständig ausgeglichen werden.

2.4 Natur ohne Zentrum

Eine Merkwürdigkeit der natürlichen Lebensorganisation, wie sie die drei Modelle darstellen, ist das Fehlen eines steuernden und kontrollierenden Zentrums. Leben entwickelt, organisiert und reguliert sich »aus sich selbst«. Ich bezeichne die Lebensorganisation daher als azentral (Haber 2015). Beim Ökosystem ist dies umso eigenartiger, als eine seiner Hauptfunktionsgruppen mit großer Artenvielfalt, die Konsumenten, mit steuernden Zentren in Form von zentralem Nervensystem oder Gehirn ausgestattet ist. Nur damit können sie ja ihr Überleben sichern. Die ortsfesten Pflanzen brauchen kein Steuerzentrum, ebenso wenig wie die Destruenten, denen ihre Nahrung ja von selbst zufällt.

3   Das Sonderlebewesen Mensch

In dieser in über 3,5 Milliarden Jahren entwickelten, bewährten Organisation des Lebens hat die Evolution seit wenigen Millionen Jahren in Afrika eine ganz neu- und einzigartige Lebewesengruppe, nämlich die Menschen (Hominiden), entstehen lassen (vgl. den Beitrag von V. Sommer in diesem Band; Tattersall 2012), von denen schließlich nur eine Art – *Homo sapiens* – überlebte. Diese hat sich in alle Kontinente ausgebreitet und sich dabei an die unterschiedlichen ökologischen Bedingungen angepasst. Damit waren Änderungen in äußerlichen Merkmalen, Körperfunktionen und im Verhalten verbunden, die zur Herausbildung verschiedener Kulturkreise führten (vgl. nachfolgend Kapitel 4.1). Doch biologisch sind die Menschen eine Art geblieben.

Was ist neu an dem Lebewesen Mensch? Ich bezeichne es mit E. O. Wilson (1980) als ein Doppelwesen: ein Säugetier mit allen dafür typischen Verhaltensweisen und Antrieben, das aber zusätzlich mit *Geist* als Intellekt, bewussten Gefühlen, Rück- und Vorausschau sowie Kommunikation durch Sprache und Schrift ausgestattet ist. Da Geist und Intellekt ein Zentrum brauchen, konnte der Mensch nur aus der mit Gehirn ausgestatteten Gruppe der Tiere, also der Konsumenten im Ökosystem (Abbildung 3) hervorgehen – und hat daher auch deren andere Eigenschaften mitbekommen: nämlich Beweglichkeit, Suchen, Sammeln und Jagen und, vor allem was Nahrung anbelangt, Schädigen und Töten anderer Lebewesen.

Als intellektuelle, zentral gesteuerte Wesen dürften schon die frühen Menschen intuitiv das azentrale, sich selbst regulierende System Natur erkannt – und als Hindernis ihrer eigenen Entfaltung empfunden – haben. Daher gingen sie, und zunehmend von Erfahrung geleitet, zu einer eigenen Steuerung der Natur über, mit dem Ziel, sie ihren eigenen Bedürfnissen und Ansprüchen anzupassen, ja sogar immer stärker zu beherrschen. Dabei sind zwei menschliche Triebkräfte, die allen anderen Lebewesen fehlen, maßgebend (Jöst 2001):

1. Ständige Suche nach immer besseren technischen Lösungen für alle Probleme der Lebensführung. Auch nicht menschliche Lebewesen erzielen beachtliche technische Leistungen, wie Vogelnester, Biberdämme oder klimatisierte Termitenbauten beweisen. Doch diese verharren auf dem jeweils evolutionär erreichten Niveau und zeigen keine weiteren Fortschritte.

2. Steter Drang zum Mehr, sowohl materiell-quantitativ als auch qualitativ, zum Beispiel für Vorteile, Macht, Einfluss, Wissen, aber auch Bequemlichkeit, Wohlbefinden oder Glück.

Mit diesen Triebkräften verstärken und vervollkommnen die Menschen zu ihren Gunsten den in Kapitel 2 genannten, allen Lebewesen innewohnenden Überlebenstrieb durch bewusstes Handeln mit dem Ziel sicheren Wohlergehens. Doch das Sonderwesen Mensch hat darüber hinaus in die (weiter ablaufende) natürliche Evolution eine zweite, als kulturell bezeichnete Evolution eingepflanzt und sich damit in der Natur schrittweise eine Sonderumwelt namens »Kultur« geschaffen. Dies erfolgte mit intuitiv-rationalen, meist ökonomisch gesteuerten Nutzungsweisen und weitest möglicher technischer Zurückdrängung oder Ersetzung natürlicher Regulierungen, mit denen ja das System Natur Nutzungseingriffe der Lebewesen ausgleicht. Hier sehe ich den Ausgangspunkt des Anthropozän.

Die Hauptschritte zu dieser kulturellen Sonderumwelt waren die Nutzung des Feuers als zusätzlicher und nach Wunsch verfügbarer Energiequelle (Pyne 2001) sowie die Stadien des Sammelns und Jagens, der Agrikultur (Landwirtschaft), der daraus hervorgehenden Stadtkultur und Staatlichkeit bis zur heutigen Industriekultur mit städtischer Steuerung. Alle Schritte waren getragen von technisch erschlossenen Energieträgern wie Brennstoff, Sprengstoff, Treibstoff und Strom sowie von ganz bestimmten Rohstoffen wie Metallen, über die kein anderes Lebewesen verfügen kann. Mit diesen Entwicklungsschritten nahm aber auch die Komplexität der Umwelt enorm zu.

3.1 Das Doppelwesen Mensch: Ergänzung des biologischen durch den humanitären Umweltkreis

Analog zum natürlichen Umweltkreis (siehe Abbildung 1) stelle ich die vom Menschen geschaffene kulturelle Umwelt als humanitären Umweltkreis dar, den ich ebenfalls in acht zu einem Netzwerk verknüpfte Bestandteile untergliedere (Abbildung 4): Macht, Arbeit, Bildung/Wissen, Sicherheit, Gerechtigkeit, Werte, Würde und Spiritualität. Als Säugetier teilt sich der Mensch den natürlichen Umweltkreis konkurrierend mit allen anderen Lebewesen. Als geistiges Wesen überlagert, ja durchdringt er ihn mit dem humanitären Umweltkreis, aber mit unterschiedlicher Gewichtung von Vernunft und Gefühl.

Abbildung 5 stellt beide Kreise nebeneinander, um sie aufeinander zu beziehen und den Menschen als Doppelwesen zu symbolisieren. So sieht ihn auch der indische Historiker Dipesh Chakrabarty: »[…] the science […] has doubled the figure of the human – you have to think of the two figures of the human simultaneously: the human-human and the nonhuman-human« (Chakrabarty 2012: 11).

Es ist aber in Abbildung 5 grafisch nicht darstellbar, dass die beiden Kreise nicht nur als solche, sondern mit jedem ihrer Bestandteile in ständigen, wiederum meist gegensätzlichen Wechselwirkungen stehen. Dabei erfasst der erwähnte Drang nach mehr alle Bestandteile jedes Kreises, wenn auch in unterschiedlicher Kombination und Bevorzugung. Denn die beiden Kreise sind nicht gleichrangig oder -wertig; der biologische Kreis hat Vorrang. Wenn in ihm etwas nicht funktioniert, wird der geis-

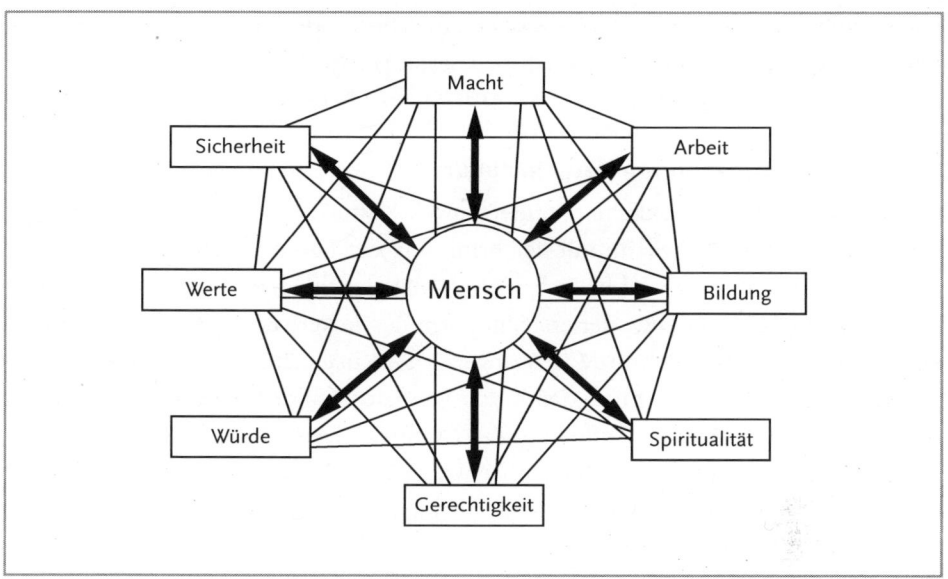

Abbildung 4: Die geistige Umwelt des Menschen – Modell in Analogie zum biologischen Umweltkreis der Abbildung 1.
Quelle: Haber 2011.

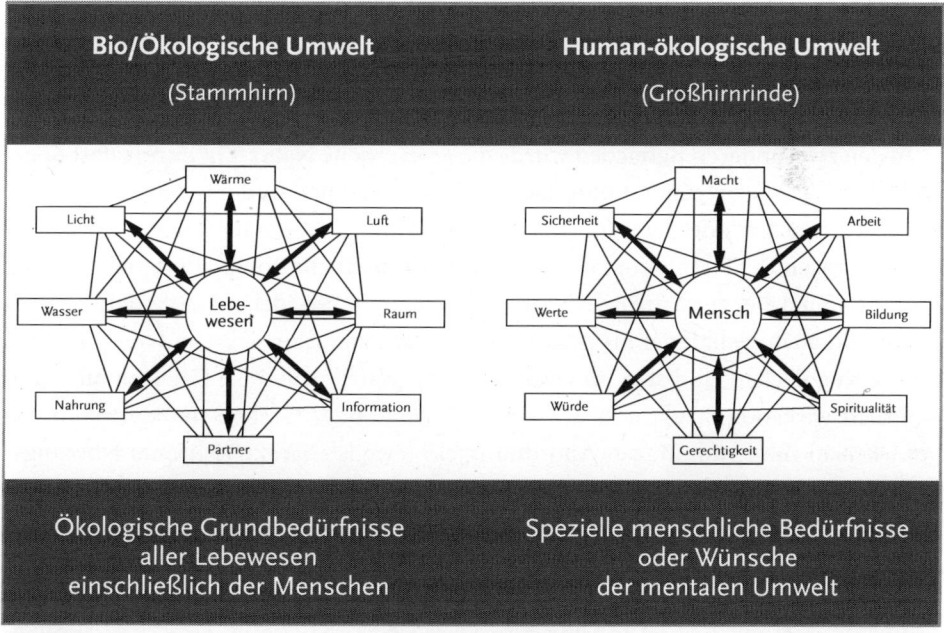

Abbildung 5: Modell des »Doppelwesens Mensch« mit seinen zwei Umwelten, die als solche und mit allen Bestandteilen vielfach miteinander verflochten sind.
Quelle: Haber 2013.

tige darauf angesetzt, um das Biologische zu sichern oder zu verbessern. Intellekt, Verstand oder Vernunft sind – Ausnahmen bestätigen die Regel – der schwächere Teil der menschlichen Doppelnatur (Haber 2011; Gray 2015; Kühnen 2015).

3.2 Die Transformation von Natur in Kultur

Die Schaffung der menschlichen Sonderumwelt Kultur als eines von der Natur klar abgrenzbaren Systems begann mit der Erfindung der Landwirtschaft. Diese besteht aus den zwei ökologisch und betriebsmäßig ganz verschiedenen Teilen Pflanzenbau und Viehhaltung, von denen der erste, in Form des Ackerbaus, zur Hauptnahrungsgrundlage der Menschen wurde (Parzinger 2015; Küster 2015). Er verlangt längere Sesshaftigkeit der Betreiber und damit den Bau dauerhafter Siedlungen. Aus diesen Ansprüchen ergab sich die Aufteilung der Natur des festen Landes in die vier Nutzungsbereiche Siedlung, Pflanzenbau, Viehweide und Restnatur, von denen letzterer für alle übrigen Bedürfnisse genutzt wird, vor allem zur Gewinnung von Holz als Bau-, Werk- und Brennstoff, von Lehm und Ton als weiteren Baustoffen sowie zur Jagd und Fischerei. Siedlung und Pflanzenbau, räumlich stets eng verbunden, erfordern sofortige totale Beseitigung der gewachsenen (wilden) Natur mit der darin lebenden Tierwelt, von denen dann nur bestimmte Bestandteile wieder zugelassen werden. Diese beiden Nutzungsbereiche sind also naturfremd und künstlich, wurden aber zu den menschlichen Hauptlebensgrundlagen und zur materiellen Basis von Kultur und Humanität. Insofern ist das Wesen der Kultur, und damit des Anthropozän, grundsätzlich *Nichtnatur*, obwohl es ja auf der Natur, in die es eingepflanzt wurde, beruht und von ihr abhängt.

In den zwei anderen Bereichen wurde die gewachsene Natur – in Europa fast überall Wald – als solche genutzt und dadurch nur allmählich und auch ungleichmäßig verändert. Das gilt vor allem für die Viehweide. Sie hat ja ein natürliches Vorbild in Gestalt grasender Tierherden, das die landwirtschaftliche Viehhaltung nachahmte, aber ihr Vieh dabei vor natürlichen Einflüssen schützte. Weideland wirkt daher naturhafter und auch vielfältiger als Ackerland. Alle Nutzungsbereiche und auch die einzelnen Nutzflächen sind stets voneinander abgegrenzt, wobei die Grenzen oft durch natürlich wirkende Strukturen wie Hecken, Wälle oder Gräben markiert sind. Sie bewirken in ihrer räumlichen Anordnung ein jeweils charakteristisches Nutzungsmuster, das als (Kultur-)Landschaft bezeichnet wird (Poschlod 2015).

Allgemein hat der Übergang zu dieser vierteiligen Landnutzung und -bewirtschaftung die menschlichen Lebensbedingungen verbessert und zur Bevölkerungszunahme geführt, die wiederum eine Intensivierung und Ausweitung der Nutzungen – und damit eine sich selbst verstärkende Entwicklung – veranlasste. Als die Landwirtschaft, gemäß dem menschlichen Drang zum Mehr, mehr Nahrung und Rohstoffe erzeugte, als sie selbst benötigte, führte dieser Überschuss zur Entstehung eines nicht landwirtschaftlichen Sektors der Bevölkerung. Er weitete das Siedlungsland in Dörfer und Städte aus und leitete dort eine neue Phase der kulturellen Evolution ein: die Stadtkultur. Sie übernahm mit den in ihr aufkommenden neuen sozialen Verhältnissen sowie der neuen Organisationsform der Staatlichkeit die kulturell-zivilisatorische Führungsrolle und wurde zum Hauptlebensort (Habitat) der Menschen.

Mit der Stadtkultur erhielt das Wort »Land« eine zusätzliche Bedeutung, nämlich als Gegenstück zur Stadt, aber auch, alle drei anderen Nutzungsbereiche zusammenfassend, als deren unentbehrliche ländliche Versorgungsgrundlage. Aus diesem Land-Stadt-Verhältnis ergibt sich ein Vorrang der Stadtmenschen vor den für ihre Versorgung tätigen Landmenschen, die stets mehr produzieren müssen, als sie selber brauchen – was die Stadtmenschen mit allen Mitteln sichern, fördern und vergüten. Beide Gruppen sind dadurch in gegenseitiger, aber asymmetrischer Abhängigkeit aneinandergebunden.

Aufgrund dieser Entwicklung kann man das Anthropozän aus ökologischer Sicht auf ein einziges Kriterium gründen: nämlich die weitestmögliche Zentralisierung des azentralen Systems Natur – mit seiner Transformation in Kultur – auf den menschlichen Nutzer mit dem Zentrum Stadt. Dieses entwickelte sich schon vor über 4.000 Jahren im heutigen Irak (Parzinger 2015) zu einem hoch komplexen technischen System, in dem die Menschen auf engem Raum dicht zusammenleben und Wohlstand und Sicherheit genießen. Doch aus ökologischer Sicht ist die Stadt ein Fremdkörper in der Natur, auch in der kultivierten ländlichen Natur, was auch viele Stadtmenschen intuitiv empfinden und sie immer wieder veranlasst, Kontakt mit ihr zu suchen.

4   Die städtische Zentralität und ihre Problematik

4.1 Vorherrschaft des westlichen Kulturkreises

Die Vierteilung der menschlichen Landnutzung mit der Zentralisierung auf die Stadt weist große kulturelle Unterschiede auf, die aus der Anpassung der Menschen an die Verschiedenartigkeit der Landnatur hervorgingen (vgl. Kapitel 3) und zur Ausbildung von mehreren, sich getrennt entwickelnden Kulturkreisen führten (Parzinger 2015). Von ihnen hat der sogenannte westliche Kulturkreis, dessen Ursprung in der Stadtkultur Europas liegt, in der kulturellen Evolution die bedeutendsten Fortschritte und eine globale Vorherrschaft erzielt. Dazu wurden aber die anderen Kulturkreise kolonial unterworfen, gewaltsam ausgebeutet und ihre Menschen versklavt, wobei Humanität in wesentlichen Teilen dieses Vorgehens keine Rolle spielte. Auch die gerade in diesem Kulturkreis, und zwar in seinen städtischen Zentren, im 18. Jahrhundert aufkommenden Ideen der Aufklärung, der Menschenrechte und der freiheitlichen Demokratie änderten wenig an den inhumanen Methoden seines Dominanzstrebens

(Harari 2013). Dieses wurde auch durch den – ebenfalls in diesem Kulturkreis erfolgenden – Aufschwung der Naturwissenschaften und darauf beruhenden neuen technischen Entwicklungen gefördert. Dazu gehörte die Umstellung auf fossile Energieträger, die den Übergang in die moderne Industriegesellschaft auslöste und die Welt
verwandelte (nach Osterhammel 2011).

Doch die Natur des Doppelwesens Mensch wandelte sich nicht. Die europäischen
Staaten setzten nicht nur ihre kolonialen Ausbeutungen fort, sondern führten auch
untereinander Kriege um Macht, Besitz, Ressourcen oder Einfluss, für die sie Intellekt
mit Wissenschaft und Technik einsetzten. Diese führten in den beiden Weltkriegen
des 20. Jahrhunderts, mit Millionen von Opfern, zu grauenhaften humanitären Katastrophen. Dann kam es zu einer Rückbesinnung auf Humanität und Vernunft, mit
einer internationalen Deklaration der Menschenrechte und formaler Beendigung des
Kolonialismus. Doch auch sie gehen vom westlichen Kulturkreis aus, der trotz seiner
schweren Verfehlungen zur *Ersten Welt* der Industrieländer und zum globalen Entwicklungsvorbild aufstieg (Tarnas 1997) – Kern des Anthropozän.

4.2 Von der Industrie- zur Konsumgesellschaft – Folgen für die Umwelt

Das Streben nach rascher Überwindung der Weltkriegsfolgen bewirkte eine enorme
Steigerung und Beschleunigung der technisch-industriellen Entwicklung, zu der
aber auch die von den Kriegen geförderte militärische Technik beitrug. Die städtische Industriegesellschaft wandelte sich zu einer Konsumgesellschaft mit immer grö
ßerer Produktion und Anhäufung von Gütern und Waren, was Pfister (1996) als das
»1950er Syndrom« auf der Basis billiger, unbegrenzt verfügbar erscheinender fossiler
Energieträger (Kohle, Erdöl, Erdgas) beschrieben hat. So begann *die Moderne* in den
westlichen Industrieländern und erreichte dann globale Ausmaße. Die damit verbundene, einseitig höhere Gewichtung der materiellen Seiten des menschlichen Wohls
nahm wenig Rücksicht auf Natur und Umwelt, auch nicht auf immaterielle menschliche Bedürfnisse. Es kam zu einer wachsenden Belastung von Luft, Gewässern, Böden
und Wäldern mit Schadstoffen und Abfällen aus den städtisch-industriellen Zentren,
und die davon ausgehende Technisierung und Industrialisierung der Landnutzungen
bewirkten schwere, großflächige Schädigungen der ländlichen Natur, vor allem einen
zunehmenden Schwund frei lebender Tier- und Pflanzenarten. Trotz zunehmender
Erkenntnis dieser Belastungen wurden alle diese Entwicklungen staatlich gefördert,
mit dem Ziel der Steigerung menschlichen Wohlergehens und bequemeren Lebens.

Die dadurch ausgelösten oder verstärkten Gegenmaßnahmen des staatlichen und
privaten Natur- und Umweltschutzes, gestützt durch die sich gleichzeitig als eigene
wissenschaftliche Disziplin etablierende Ökologie (Radkau 2011), hinkten diesen Entwicklungen meist hinterher. Und ihre Erfolge führten oft zu neuen Problemen in
Wirtschaft und Gesellschaft – sogar in der Umwelt selbst. In den Schwellen- und Ent-

wicklungsländern blieb der Umweltschutz sogar ohne Einfluss. Der wirtschaftliche und menschliche Wohlstand stieg gemäß statistischen Messgrößen an, aber zugleich wuchsen die Unterschiede zwischen Arm und Reich, Sicherheit und Gefahr.

Gemäß den inneren Widersprüchen im Doppelwesen Mensch entstanden in der sogenannten Zivilgesellschaft die Gruppen der Macher und der Bewahrer, die, beide rational wie emotional angetrieben, die Menschen insgesamt in ständigen Wechsel zwischen Wohlstandszufriedenheit und Problembesorgnis, zwischen Aufregung und Beruhigung versetzen. Dabei durchdringen wirtschaftliche, soziale und ökologische Aspekte einander mit unterschiedlichen Gewichten. Argumente und Appelle wiederholen sich seitdem. Presseschlagzeilen der 1970er-Jahre, zum Beispiel »Treibt uns die Technik in ein Chaos?« oder »In wenigen Jahren wird das Licht zeitweise ausgehen« kehren in den 2010er-Jahren fast gleichlautend wieder. Eine Schlagzeile von 1979 hieß: »Nur noch 10 Jahre Zeit für die Rettung der Zukunft«, und 2007 folgte ihr: »Nur noch 13 Jahre, um die Erde zu retten«. Die »Grenzen des Wachstums« (Meadows 1973) wurden zu »Planetaren Grenzen« (Rockström et al. 2009) und aus »Fortschritt durch Verzicht« (Cramer 1975) wurde »Befreiung vom Überfluss« (Paech 2012). Dies alles bringt zum Ausdruck, dass man sich mit Lösungen oder auch nur Milderungen der Fortschrittsprobleme sozusagen im Kreise dreht und die Natur weiter zerstört (Dippold 1990; McNeill 2003).

Doch seit Ende des 20. Jahrhunderts ist weitgehend Einigkeit über die Hauptumweltprobleme des Anthropozän erzielt worden, die mit den Schlagworten Klimawandel, Biodiversität (mit Ökosystemleistungen), Welternährung, Energieversorgung und Verstädterung sowie – alle übergreifend – nachhaltige Entwicklung gekennzeichnet sind. Sie alle betreffen Natur und Umwelt, durchdringen einander – und enthalten viele Wunschbilder. Dahinter steht die ökologische Erkenntnis, dass die vom intellektuellen Teil des Doppelwesens Mensch ausgehende kulturell-technische Entwicklung ihn weit mehr als alle anderen Lebewesen von Naturressourcen wie Energie, Nahrung und nutzbarem Land abhängig gemacht und ihn in »ökologische Fallen« (Haber 2007) geführt hat.

4.3 Welternährung zwischen humanitärer Pflicht und Naturbelastung

Ich konzentriere meine weiteren Ausführungen beispielhaft auf die Welternährung, die ich als das wichtigste und zugleich schwierigste Umweltproblem betrachte. Jeder städtische Mensch muss für jede Aktivität – ob als Macher oder Bewahrer – täglich mit Nahrung versorgt sein, die er, abgesehen von der Fischerei, nur aus der Landwirtschaft erhalten kann. Diese ist jedoch in jeder Form ein schwerer Eingriff in die Natur des Landes (Baeumer 1996) mit kaum ausgleichbaren ökologischen Folgen. So hängt der Ackerbau völlig von der unersetzbaren Naturressource Boden ab, muss diese aber unvermeidlich durch die dafür erforderliche Bearbeitung (mit CO_2-Frei-

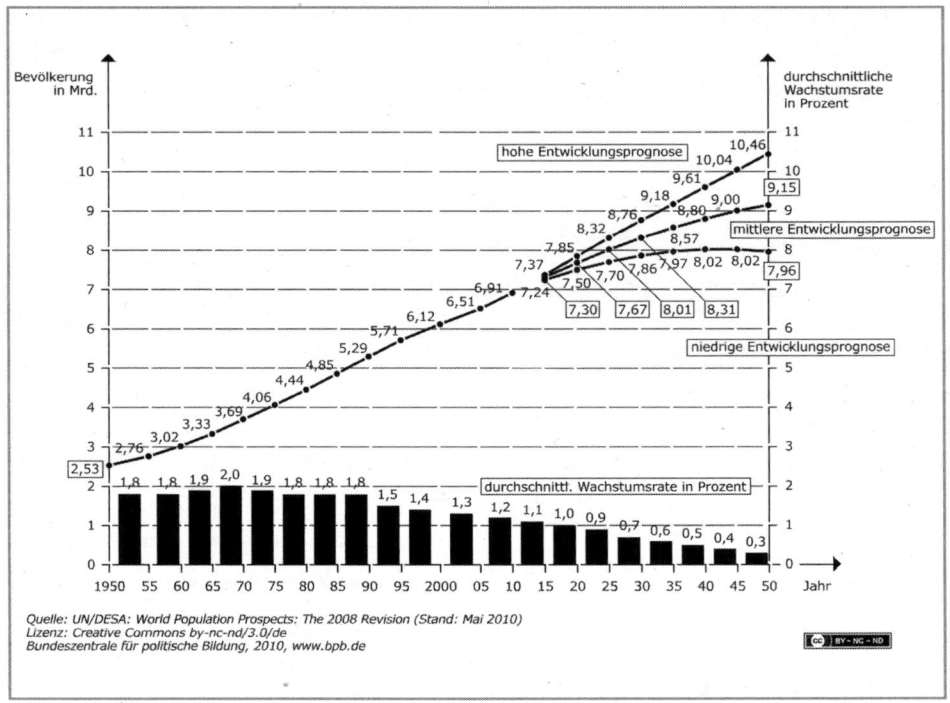

Abbildung 6: Entwicklung der menschlichen Weltbevölkerung 1950–2050 –
Entwicklung in absoluten Zahlen (oben) und Wachstumsraten pro Jahr (unten).
Quelle: Grafik der Bundeszentrale für politische Bildung.

setzung) sowie durch die davon ausgelöste Erosion und Verdichtung ständig schädigen. Als Hauptnahrungsgrundlage der Menschen ist Ackerbau im Grunde eine natur-
widrige Landnutzung.

Der Übergang in die städtisch-industrielle Gesellschaft auf der Basis fossiler Energieträger erfasste auch die Landwirtschaft und brachte ihr neue Probleme. Das Wachstum der Stadtbevölkerung beruht wegen der Anziehungskraft städtischen Wohl-
stands auf Land-Stadt-Migration und hat zur Folge, dass immer weniger Landwirte
immer mehr Nahrungsmittel erzeugen müssen. Das gelingt nur mittels Ersetzung
von menschlicher und tierischer Arbeitskraft durch Technik und synthetische Che-
mie, was die Natur- und Umweltbelastung, einschließlich der erwähnten Bodenschä-
digung, erheblich verstärkt und auch zum Klimawandel beiträgt. Der weiter steigende
Bedarf der Städte bedingt eine landwirtschaftliche Massenproduktion, die industriell
zu Lebensmitteln verarbeitet wird. So wurde die Landwirtschaft mit ihren vor- und
nachgelagerten Bereichen industrialisiert – und damit in die industrielle Konsumgesellschaft mit deren Vor- und Nachteilen, einschließlich Umweltbelastungen, voll
einbezogen.

Diese Entwicklung hat gemäß dem Begriff *Welternährung* aber noch eine globale Dimension. Weil sich die Menschen den ökosystemaren Regulierungen so weit wie möglich entzogen haben, steigt ihre Population mit immer kürzeren Verdoppelungszeiten ständig an und wird im Laufe des 21. Jahrhunderts die Zahl von neun bis zehn Milliarden erreichen. Um sie zu ernähren, bedarf es, unter Einschluss von Armutsbekämpfung und Versorgungssicherheit, einer mehr als 50-prozentigen Steigerung der Nahrungsproduktion mit Schwerpunkt Ackerbau. Die Landfläche der Erde wächst aber nicht mit, die weltweit knappen Ackerbaustandorte schrumpfen sogar durch Überbauung und werden vermehrt auch für den Anbau von Nichtnahrungspflanzen, vor allem zur Versorgung mit regenerativer Energie, genutzt. Die Priorität der Nahrungserzeugung muss aber gewährleistet bleiben (Haber 2012).

Eine Intensivierung der Landwirtschaft mit höheren Erträgen auf den verfügbaren, geeigneten Nutzflächen ist also unumgänglich. Wie sie unter Minderung der schon bisher von ihr verursachten – und mit Vermeidung künftiger – Umweltbelastungen erreicht werden kann, also nachhaltig erfolgt, ist ein offenes, kaum lösbar erscheinendes Problem, das die Menschen und die Gesellschaft mit ihrem Doppelwesen, mit ihren individuellen und kollektiven sowie kulturellen Unterschieden kontrovers und verwirrend diskutieren. Umstritten sind vor allem der Einsatz synthetisch hergestellter chemischer Substanzen für Düngung und Pflanzenschutz sowie der Anbau genetisch veränderter Pflanzen, auf die der ökologische (organische) Landbau verzichtet, aber wegen geringerer Erträge pro Hektar mehr Landfläche benötigt.

4.4 Erhaltung von Biodiversität – Dauerkonflikt mit Landwirtschaft

Die Sicherung der Welternährung erfordert auch eine Abstimmung mit den anderen Umweltproblemen. Dabei entstanden die größten Konflikte mit der Erhaltung der Biodiversität, die weithin zum Ersatzbegriff für Naturschutz geworden ist. Denn gerade die moderne Landwirtschaft vermindert in steigendem Ausmaß Zahl und Verbreitung frei lebender Tier- und Pflanzenarten, was als Beginn des sechsten großen Artensterbens auf der Erde aufgefasst wird (vgl. den Beitrag von U. Kutschera in diesem Band; ferner Kolbert 2015) und wegen unabsehbarer Folgen für Mensch und Natur zu verhindern ist. Daher erhielt der Artenschutz unter der wirkungsvolleren Bezeichnung »Erhaltung von Lebensvielfalt« (Farnham 2007) hohes politisches Gewicht, das in der von der Weltkonferenz für Umwelt und Entwicklung in Rio 1992 beschlossenen International Convention on Biological Diversity rechtlich fixiert wurde. Sie gab dem Naturschutz eine völkerrechtliche Basis und betonte die menschliche Verantwortlichkeit für das nicht menschliche Leben, das nicht weiter durch die Landwirtschaft gefährdet werden darf.

Der Konflikt Biodiversität–Landwirtschaft ist in Wirklichkeit aber ein Konflikt innerhalb des Doppelwesens Mensch, in dem zwei Verantwortungen, die auch als ethische Pflichten gelten, gegeneinanderstehen: eine für die Versorgung der Menschen mit lebensnotwendigen Gütern aus der Natur, die andere für die Erhaltung eben dieser Natur in ihrer Vielfalt, ihren Mitgeschöpfen und Werten (Vogt et al. 2013b). Daraus ergibt sich die Frage: Können wir den nicht menschlichen Lebewesen ein Existenzrecht gewährleisten, obwohl wir genau dieses – und zwar aus der humanitären Pflicht der Erhaltung jedes Menschenlebens – ständig weiter einschränken oder gar aufheben?

4.5 Differenzierung menschlichen Handelns als Ausweg?

Als Antwort komme ich auf die zu Anfang in Kapitel 2 beschriebenen beiden Grundantriebe der Lebewesen zum Umgang mit Natur zurück: Nutzung der Natur und Schutz vor der Natur. Sie gelten auch für den Menschen, der sie nun aus intellektueller, vor allem ökologischer Erkenntnis mit Schutz der Natur ergänzt. Er hat sich aber in seiner kulturellen, der Natur auferlegten Sonderumwelt den von ihm als inhuman empfundenen Selbstregulierungen der Natur weitgehend entzogen, vermehrt sich dadurch an Zahl und Ansprüchen und verstärkt jene beiden Grundantriebe der Nutzung der Natur und des Schutzes vor ihren Gefahren. Zugleich aber möchte er im Einklang mit der Natur, ja sogar *ökologisch* leben (Norton 2010) und verfällt daher – gerade aus der städtischen Wohlstandsperspektive – einer Idealisierung der Natur wie auch seiner selbst. Das ergreift sogar das Umweltrecht, in dem ein »guter ökologischer Zustand« vorgeschrieben wird, und die Wissenschaft, die Erkenntnisse wie »Ecosystems and Human Well-Being« (MEA 2005) publiziert. Die Nutzung der Natur oder ihrer Ökosysteme als Grundlage städtischen Wohlergehens wird dabei einfach als gegeben oder als Selbstverständlichkeit vorausgesetzt, obwohl das keineswegs der Fall ist.

Können diese prinzipiellen Gegensätzlichkeiten zwischen Nutzung und (zweifachem) Schutz überwunden, zumindest überbrückt werden? Ich sehe aus meiner ökologischen Sicht und Erfahrung für das mit Intellekt begabte Lebewesen Mensch nur den Ausweg der Kompromisse, um die freilich schon seit Jahrzehnten gerungen wird – vor allem seit der Einführung des Nachhaltigkeitsprinzips (vgl. Vogt 2013a: 134–179, 374–454; Haber 2013). Das bedeutet, in jeder Situation, an jedem Ort und zu jeder Zeit jeweils in Abwägung zwischen Vernunft und Gefühl dem einen oder dem anderen Ziel Vorrang zu geben. Das Schlüsselwort dafür heißt: Differenzieren, mit Inkaufnahme von Gewinnern und Verlierern, sogar möglicher Fehlentscheidungen. Darin sehe ich sowohl das Wesen als auch die Herausforderung des Anthropozän.

Die gewaltigen Schwierigkeiten der Differenzierung liegen nach Tickell (2011) zum einen in dem westlichen Denken der Gleichrangigkeit, Gleichwertigkeit und Gleichberechtigung begründet, das es in anderen Kulturen so nicht gibt und der natürlichen Lebensorganisation – einschließlich der biologischen Natur des Menschen – sogar völlig fremd ist. Zum anderen schwankt jeder Mensch auch in seiner geistigen Natur ständig zwischen Vernunft, Intuition, Wissen, Glauben und Gefühl und außerdem zwischen Individualität und Zugehörigkeit zu jeweils bestimmten gesellschaftlichen Gruppierungen oder Gemeinschaften. Vielfalt ist ein Lebensprinzip. Menschen erkennen es für das nicht menschliche Leben als zu schützende Biodiversität an, wollen es offenbar aber nicht auf sich selbst anwenden.

5   Ausblick und Fazit

Mein Fazit zu Humanität und Ökologie im Anthropozän enthält daher unbequeme Einsichten, denen wir uns stellen müssen, statt sie mit wohlklingenden Formeln wie »Leben im Einklang mit der Natur« oder »Bewahrung der Schöpfung« zu überdecken oder gar zu verdrängen:

◆ Humanität (Ethik, Gerechtigkeit, individuelle Rechte, Würde, Werte) und Ökologie (Organisation des Lebens in der Natur) sind grundsätzlich unvereinbar, aber im Doppelwesen Mensch miteinander verknüpft. Menschen brauchen die Humanität für ihr Zusammenleben und die Natur für ihre Existenz.

◆ Die Humanökologie, die beides zusammenführt, ist daher von einem tiefen inneren Widerspruch erfüllt: Das Humane kann unökologisch wirken, das Ökologische als inhuman empfunden werden. Nur durch ständige Kompromisse lässt sich der Widerspruch zeitweilig überbrücken.

◆ Die Übertragung humanitärer Prinzipien auf die Organisation allen Lebens auf der Erde (zum Beispiel bei der Erhaltung biologischer Vielfalt) wird scheitern – ihre Einhaltung gelingt ja nicht einmal innerhalb der Menschheit selbst.

◆ Stattdessen werden die ökologischen Selbstregulierungen schrittweise wieder auf die menschliche Population übergreifen, ohne dass diese es verhindern kann.

Literatur

Baeumer, Kord (1996): Landwirtschaft und Naturverständnis. Berichte über Landwirtschaft 74: 369–387

Chakrabarty, Dipesh (2012): Postcolonial studies and the challenge of climate change. New Literary History 43: 1–18

Cramer, Friedrich (1975): Fortschritt durch Verzicht. Ist das biologische Wesen Mensch seiner Zukunft gewachsen? Frankfurt a. M.: Fischer

Crutzen, Paul J. (2002): Geology of mankind. Nature 415: 23

Dippold, Michael (1990): Einige Gründe, warum wir Menschen die Natur zerstören. In: Klawitter, Jörg, Reiner Kümmel & Gerhard Maier-Rigaud (Hg.): Natur und Industriegesellschaft. Beiträge aus interdisziplinärer Sicht. Berlin/Heidelberg: Springer: 65–79

Ehlers, Eckart (2008): Das Anthropozän. Die Erde im Zeitalter der Menschen. Darmstadt: Wissenschaftliche Buchgesellschaft

Ellis, Erle C. (2011): Anthropogenic transformation of the terrestrial biosphere. Philosophical Transactions Royal Society A 369: 1010–1035

Farnham, Timothy J. (2007): Saving nature's legacy. Origins of the idea of biological diversity. New Haven, CT: Yale University Press

Gray, John (2015): Raubtier Mensch. Die Illusion des Fortschritts. Stuttgart: Klett-Cotta

Haber, Wolfgang (1993): Ökologische Grundlagen des Umweltschutzes. Bonn: Economica Verlag. (Umweltschutz – Grundlagen und Praxis Bd. 1)

Haber, Wolfgang (2007): Energy, food, and land – the ecological traps of humankind. Environmental Science & Pollution Research 14: 359–365

Haber, Wolfgang (2011): Die unbequemen Wahrheiten der Ökologie. München: oekom

Haber, Wolfgang (2012): Grundlagen und Entwicklung der Nahrungsversorgung in globaler Sicht. Rundgespräche der Kommission für Ökologie der Bayer. Akademie der Wissenschaften 40. München: Pfeil: 17–26

Haber, Wolfgang (2013): Nachhaltige Entwicklung zwischen Notwendigkeit, Tugend und Illusion. – In: Sächsische Carlowitz-Gesellschaft (Hrsg.): Die Erfindung der Nachhaltigkeit. Leben, Werk und Wirkung des Hans Carl von Carlowitz. München: oekom: 83–110

Haber, Wolfgang (2015): Regulation and control processes in ecosystems: Ecosystem function. In: Peter Wilderer & Martin Grambow (eds.): Global stability through decentralization? Berlin/ Heidelberg: Springer: Chapter 1.1

Haber, Wolfgang (2016): Entwicklungen des Naturschutzes und des Artenschutzes. Rundgespräche der Kommission für Ökologie der Bayer. Akademie der Wissenschaften 44. München: Pfeil: 117–136

Harari, Yuval Noah (2013): Eine kurze Geschichte der Menschheit. Schriftenreihe Band 1392. Bonn: Bundeszentrale für politische Bildung

Jöst, Frank (2001): Probleme der Umsetzung von Nachhaltigkeitsstrategien. Zeitschrift für Wirtschafts- und Unternehmensethik 2: 340–342

Kegel, Bernhard (2015): Die Herrscher der Welt. Wie Mikroben unser Leben bestimmen. Köln: Dumont

Kolbert, Elizabeth (2015): Das sechste Sterben. Wie der Mensch Naturgeschichte schreibt. Berlin: Suhrkamp

Kühnen, Ulrich (2015): Tierisch kultiviert. Menschliches Verhalten zwischen Kultur und Evolution. Berlin/Heidelberg: Springer Spektrum

Küster, Hansjörg (2015): Am Anfang war das Korn. München: C.H. Beck

Levit, Georgy S. (2001): Biogeochemistry – Biosphere – Noosphere. The growth of the theoretical system of Vladimir Ivanovich Vernadsky. Studien zur Theorie der Biologie, Band 4. Berlin: VWB Verlag für Wissenschaft und Bildung

Markl, Hubert (1998): Wissenschaft gegen Zukunftsangst. München: Hanser

McNeill, John R. (2003): Blue Planet. Die Geschichte der Umwelt im 20. Jahrhundert. Frankfurt a. M.: Campus.

MEA – Millennium Ecosystem Assessment (2005): Ecosystems and human well-being. Washington DC: Island Press

Meadows, Dennis, Donella Meadows, Erich Zahn & Peter Milling (1972): Die Grenzen des Wachstums. Stuttgart: DVA

Möllers, Nina, Christian Schwägerl & Helmuth Trischler (Hg.) (2015): Willkommen im Anthropozän. Unsere Verantwortung für die Zukunft der Erde. München: Deutsches Museum

Norton, Timothy (2010): The ecological thought. Cambridge, USA: Harvard University Press

Osterhammel, Jürgen (2011): Die Verwandlung der Welt. München: C.H. Beck

Paech, Nico (2012): Befreiung vom Überfluss. Auf dem Weg in die Postwachstumsökonomie. München: oekom

Parzinger, Hermann (2015): Die Kinder des Prometheus. Eine Geschichte der Menschheit vor der Erfindung der Schrift. 4. Auflage. München: C.H. Beck

Pfister, Christian (Hg.) (1996): Das 1950er Syndrom. Der Weg in die Konsumgesellschaft. 2. Auflage. Bern: Paul Haupt

Poschlod, Peter (2015): Geschichte der Kulturlandschaft. Stuttgart: Ulmer

Pyne, Stephen J. (2001): Fire. A brief history. Seattle/London: University of Washington Press

Radkau, Joachim (2011): Die Ära der Ökologie. Eine Weltgeschichte. München: C.H. Beck

Rockström, Johan et al. (2009): A safe operating space for humanity. Nature 461: 472–475

Steffen, Will, Paul J. Crutzen & John R. McNeill (2007): The Anthropocene: From global change to planetary stewardship. Ambio 40: 739–761

Steffen, Will, Jacques Grinevald, Paul Crutzen & John McNeill (2011): The Anthropocene: Conceptual and historical perspectives. Philosophical Transactions Royal Society A 369: 842–867

Stetter, Karl O. (2011): Leben nahe dem Siedepunkt von Wasser. Rundgespräche der Kommission für Ökologie der Bayer. Akademie der Wissenschaften 39. München: Pfeil: 17–27

Tarnas, Richard T. (1997): Idee und Leidenschaft. Die Wege des westlichen Denkens. Hamburg/ München: Rogner & Bernhard

Tattersall, Ian (2012): Masters of the planet. The search for our human origins. London/New York: Palgrave Macmillan

Tickell, Crispin (2011): Societal responses to the Anthropocene. Philosophical Transactions Royal Society A 369: 926-932

Vogt, Markus (2013a): Prinzip Nachhaltigkeit. Ein Entwurf aus theologisch-ethischer Perspektive. 3. Auflage. München: oekom

Vogt, Markus, Jochen Ostheimer & Frank Uekötter (Hg.) (2013b): Wo steht die Umweltethik? Argumentationsmuster im Wandel. Marburg: Metropolis

Wilson, Edward O. (1980): Biologie als Schicksal. Frankfurt a. M.: Ullstein

Der Verlust der (bio-)kulturellen Diversität im Anthropozän

Franz Mauelshagen

1   Haeckel und das anthropozoische Zeitalter

Ernst Haeckel prägte den Neologismus *Oecologie*. Auch der Mensch war bei ihm Gegenstand der Ökologie. Konsequent taucht der Begriff in seiner Unterteilung der Anthropologie auf einer Ebene mit der *Völker- und Weltgeschichte* sowie mit der Geografie auf (Haeckel 1866, Bd. 2: 433 f.). Haeckel gehörte auch zu den ersten Forschern, die von einem geologischen Zeitalter des Menschen sprachen. In seiner *Natürlichen Schöpfungsgeschichte* definierte er fünf stratigrafisch unterscheidbare Erdzeitalter. Für das letzte und mit Abstand kürzeste dieser Zeitalter, das Quartär, schlug er alternativ die Bezeichnungen *anthropolithisches* und *anthropozoisches Zeitalter* vor:

>»Den fünften und letzten Hauptabschnitt der organischen Erdgeschichte bildet die Quartärzeit oder Culturzeit, derjenige, gegen die Länge der vier übrigen Zeitalter verschwindend kurze Zeitraum, den wir gewöhnlich in komischer Selbstüberschätzung die ›Weltgeschichte‹ zu nennen pflegen. Da die Ausbildung des Menschen und seiner Cultur, welche mächtiger als alle früheren Vorgänge auf die organische Welt umgestaltend einwirkte, dieses Zeitalter charakterisirt, so könnte man dasselbe auch die Menschenzeit, das anthropolithische oder anthropozoische Zeitalter nennen. Es könnte auch das Zeitalter der Culturwälder oder der Gärten heißen, weil selbst auf den niedrigeren Stufen der menschlichen Cultur ihr umgestaltender Einfluß sich bereits in der Benutzung der Wälder und ihrer Erzeugnisse, und somit auch in der Physiognomie der Landschaft bemerkbar macht. Geologisch wird der Beginn dieses Zeitalters, welches bis zur Gegenwart reicht, durch das Ende der pliocenen Schichtenablagerung begrenzt. […]
>
>Der biologische Charakter der Quartärzeit liegt wesentlich in der Entwicklung und Ausbreitung des menschlichen Organismus und seiner Cultur. Weit mehr als jeder andere Organismus hat der Mensch umgestaltend, zerstörend und neubildend auf die Thier- und Pflanzenbevölkerung der Erde eingewirkt. Aus diesem Grunde, – nicht weil wir dem Menschen im Uebrigen eine privi-

legirte Ausnahmestellung in der Natur einräumen – können wir mit vollem Rechte die Ausbreitung des Menschen mit seiner Cultur als Beginn eines besonderen letzten Hauptabschnitts der organischen Erdgeschichte bezeichnen.« (Haeckel 1870: 347 f.)

Haeckel hatte ein elaboriertes, bisher übersehenes Vorläuferkonzept für das entwickelt, was wir seit Paul Crutzen und Eugene Stoermer *Anthropozän* nennen (Crutzen und Stoermer 2000; Crutzen 2002; Crutzen und Steffen 2003). Er nahm dabei bereits auf die umweltzerstörende Kapazität des Menschen Bezug, nicht nur auf seine transformative Fähigkeit der Verwandlung einer wilden ersten in eine *zivilisierte* zweite Natur. In seiner Argumentation spielte außerdem ein Stichwort eine zentrale Rolle, das den Wissenschaften vom Menschen – unter ihnen besonders den Geistes- und Sozialwissenschaften – noch heute auf den ersten Blick anschlussfähig erscheinen muss: Kultur. Auch in der Art, wie Haeckel diesen Begriff einsetzte, ist, trotz der seinerzeit üblichen Hierarchisierung verschiedener Kulturstufen, deutlich erkennbar, dass er über die traditionelle exklusive Verwendung für landwirtschaftliche Lebensformen hinausging. Durchaus modern erscheint Haeckels Anspruch, dass seine Terminologie nicht auf einer privilegierten Stellung des Menschen in der Natur beruhe. Die anthropologische Differenz, die er mit dem Stichwort *Kultur* markierte, ist deskriptiv, nicht normativ aufzufassen.

Um menschliche Kultur und den Wandel ihrer Vielfalt wird es auf den folgenden Seiten gehen. Im Mittelpunkt steht dabei jedoch nicht in erster Linie die anthropogene Umweltveränderung, sondern der Verlust der kulturellen Vielfalt als Indikator für den globalen Wandel selbst und ihr Zusammenhang mit dem Problem der Biodiversität.

2   Globaler Wandel im Anthropozän

Haeckels Argumentation für ein anthropozoisches Zeitalter war zutiefst *ökologisch*, indem er das kulturelle Wirken der Spezies Mensch in der Biosphäre in den Mittelpunkt seiner Argumentation stellte. Im Vergleich dazu stützt sich die Diagnose, dass die Menschheit in der Summe ihrer umweltverändernden Verhaltensweisen inzwischen zu einer quasigeologischen, den globalen Wandel antreibenden Kraft geworden sei, auf das deutlich breitere Spektrum der Erdsystemanalyse. Darin unterscheidet sich der Vorschlag von Crutzen und Stoermer, eine neue erdgeschichtliche Epoche unter der Bezeichnung *Anthropozän* einzuführen, von allen Vorläuferkonzepten (Hamilton und Grinevald 2015; Mauelshagen 2016). Die Erdsystemforschung legt dem globalen Wandel eine Reihe von Indikatoren zugrunde, die überdies zu einer anderen Datierung für den Beginn dieser neuen Epoche geführt haben. Crutzen und Stoermer haben zunächst für die Industrialisierung als Epochenschwelle plädiert (Crutzen und Stoermer 2000; Crutzen 2002), die in späteren Beiträgen in die lange Geschichte menschlicher Umweltveränderungen eingebettet wurde (Steffen et al. 2007, 2011; auch Glaser 2014: 34). Derzeit zeichnet sich jedoch ein Trend zur Präferenz eines noch späteren Datums nach dem Ende des Zweiten Weltkriegs ab (Zalasiewicz et al. 2015; Zalasiewicz 2015; S. L. Lewis und Maslin 2015). Diese Datierung stimmt mit der *großen Beschleunigung* überein, die in den statistischen Indikatoren des globalen Wandels ablesbar ist.

Mit Indikatoren für den Klimawandel (Treibhausgase in der Atmosphäre, Temperaturanstieg), Veränderungen in der Landnutzung (Verlust von Regenwald, Ausweitung landwirtschaftlicher Nutzflächen), Ozeanversauerung und den Biodiversitätsverlust werden einige der Kontrollvariablen genannt, die Rockström seinem Versuch der Beschreibung planetarischer Umweltgrenzen zugrunde legte (Rockström et al. 2009a, b). Inzwischen wurde dieser Ansatz aktualisiert und erweitert (Steffen et al. 2015; Schellnhuber 2015: 31–36). Der Klimawandel und der Verlust der Biosphärenintegrität gelten als Schlüsselgrößen für die Bestimmung jenes Risikobereichs in der anthropogenen Veränderung des Erdsystems, der als sicher eingeschätzt wird und jenseits dessen ein gefährlicher, den Fortbestand menschlicher Zivilisationen gefährdender Wandel einsetzen könnte. Als Maßstab dafür dient der relativ stabile Systemzustand des Holozäns. Steffen et al. (2015) argumentieren, die inzwischen 11.700 Jahre währende Epoche des Holozäns biete den einzigen bekannten planetarischen Zustand »that we know for certain can support contemporary human societies«. Dieser Zustand werde im Anthropozän destabilisiert. Der Planetary-Boundary-Ansatz dient der Einschätzung des Grades dieser Destabilisierung.

Es gibt in der Analyse des globalen Wandels und damit in der Beschreibung des Anthropozäns eine Reihe von Lücken im Verständnis sozialer Systeme und der Dynamik, die sie im Erdsystem entfalten. Mit quantitativen Indikatoren, wie sie Steffen und andere zusammengetragen haben, ist diese Dynamik nur ansatzweise beschrieben. Das Potenzial, das Sozial- und Geisteswissenschaften dazu beisteuern könnten, weil sie seit geraumer Zeit moderne Gesellschaften und ihre Entwicklung erforschen, ist bisher nicht einmal ansatzweise ausgeschöpft. Mein Beitrag unternimmt den Versuch, ein Problem in die Diskussion des globalen Wandels einzubringen, das sich für die gerade erst einsetzende interdisziplinäre Diskussion als zentral erweisen könnte: den Verlust der kulturellen Vielfalt als Merkmal des globalen Wandels im Anthropozän.

Um den Wandel der kulturellen Vielfalt und ihre Funktion in der Biosphäre zu beschreiben, wähle ich eine tiefenzeitliche Perspektive, die weit in die Menschheitsgeschichte zurückreicht und die Evolution kultureller Vielfalt über lange Zeiträume nachzeichnet. Natürlich kann dies nur in groben Zügen geschehen, die entlang einer Chronologie von drei Globalisierungsprozessen entwickelt werden sollen:

1) die Globalisierung der Spezies *Homo sapiens* im späten Pleistozän, vom Verlassen Afrikas bis zur ersten Einwanderung nach Amerika;

2) die Globalisierung landwirtschaftlicher Wirtschafts- und Lebensformen im Laufe des Holozäns, also etwa der letzten zwölftausend Jahre;

3) die Globalisierung des menschlichen Netzwerks, des *human web*, durch weltweiten Handel und Kommunikation. Sie ist heute zur Antriebskraft des globalen Wandels im Anthropozän geworden.

Von drei großen Globalisierungen der Menschheitsgeschichte zu sprechen, wie dies hier meines Wissens erstmals vorgeschlagen wird, bedeutet eine Erweiterung gegenüber einer Globalisierungsgeschichte, wie sie bisher betrieben wird, und die alleine auf die dritte der oben aufgezählten Globalisierungen fokussiert. Für die Robustheit der hier vorgeschlagenen Einteilung spricht vor allem, dass die drei genannten Globalisierungen aufeinander aufbauen. Die erste wurde zur Voraussetzung der zweiten und die zweite zur Voraussetzung der dritten, und zwar in dem schlichten Sinne, dass ohne die Globalisierung der Spezies *Homo sapiens* keine Globalisierung der Landwirtschaft und ohne diese ersten beiden Globalisierungen offensichtlich auch keine Globalisierung menschlicher Handels- und Kommunikationsnetzwerke über Kontinente und Ozeane hinweg stattgefunden hätte.

Diese Voraussetzungshaftigkeit der dritten Globalisierung bestätigt sich auch im Falle der kulturellen Diversität in ganz spezifischer Weise. Die beiden ersten Globalisierungen haben eine kulturelle Diversität geschaffen und transformiert, die im Verlauf der dritten Globalisierung wieder verloren zu gehen droht. Die Evidenz, die dieser Diagnose zugrunde liegt, werde ich in den nächsten drei Abschnitten skizzieren. Damit ist aber noch nicht geklärt, welche Schlussfolgerungen unter dem Gesichtspunkt der Resilienz zu ziehen sind und welche Rolle der Verlust der kulturellen Diversität bei der Bestimmung der planetarischen Umweltgrenzen spielen könnte. Um diese offenen Fragen einer Klärung näher zu bringen, werde ich mich gegen Ende des Beitrags auf Forschungen zur biokulturellen Diversität stützen, die nahelegen, dass der Verlust der Biodiversität in der Biosphäre nicht nur parallel zum Verlust der kulturellen Diversität in der Anthroposphäre verläuft, sondern beide Prozesse kausal verknüpft sind.

2.1 Erste Globalisierung *(Homo sapiens)*

Die historischen Wurzeln der kulturellen Vielfalt, die *Homo sapiens** entwickelte, liegen im Pleistozän. Wichtigste Voraussetzung für ihre Entfaltung war das, was mehr als jeder andere Vorgang in der Menschheitsgeschichte verdient, als erste Globali-

---

* Hier und im Folgenden der Kürze halber für *Homo sapiens sapiens*. Außerdem werden zur Abwechslung die Synonyme *anatomisch moderner Mensch* und *Jetztmensch* verwendet.

sierung bezeichnet zu werden: nämlich die Ausbreitung des anatomisch modernen Menschen in alle Erdteile. Mit Ausnahme der Antarktis hat er sich von Afrika aus global auf allen Landmassen oder Kontinenten verteilt und dabei, von einigen wenigen extremen Lagen abgesehen, die unterschiedlichsten natürlichen Ökosysteme bevölkert. Keine andere Art der Gattung *Homo* hat dies erreicht. So weisen die fossilen Überreste des Neandertalers zwar auf eine recht weite Ausbreitung von Westeuropa (heutige Britische Inseln) bis nach Zentralasien hin, aber von globalen Dimensionen blieb sie doch weit entfernt (Schnurbein und Hänsel 2014: 17–23, bes. Karte 9).

Die Globalisierung der Spezies *Homo sapiens* setzte ungefähr 100.000 Jahre vor heute (im Folgenden kurz v. h.) ein. *Homo sapiens* wanderte zunächst von Ostafrika aus in den Bereich des Roten Meeres und weiter auf die Arabische Halbinsel. Um 75.000 v. h. wurden die zentralasiatischen Steppen zwischen Aralsee und Kaspischem Meer erreicht, nur wenig später der indische Subkontinent. Etwa um 50.000 bis 60.000 Jahre v. h., als anatomisch moderne Menschen in das heutige Gebiet Chinas vordrangen, erreichten sie auch Australien, was größere seefahrerische Fähigkeiten voraussetzte. In das sehr viel leichter zugängliche Europa wagte sich *Homo sapiens* erst etwa 40.000 v. h. Umstritten ist nach wie vor, ob seine Ausbreitung nach Nordamerika bereits zwischen 35.000 und 40.000 v. h. oder erst deutlich später erfolgte. Aber in der Zeit nach 15.000 v. h. ist dort fest mit der Anwesenheit des anatomisch modernen Menschen zu rechnen (Parzinger 2014: 97).

Die Globalisierung von *Homo sapiens* wäre nicht möglich gewesen ohne den evolutionären Vorteil einer im Vergleich zum archaischen Menschen und anderen *Homo*-Spezies (noch) stärker ausgeprägten kulturellen Anpassungsfähigkeit, also die Fähigkeit, durch kollektive Verhaltensweisen und technologische Innovationen das Überleben in ihrer Umwelt zu sichern. Damit konnten sich *Homo-sapiens*-Gruppen, die manchmal kaum mehr als 100 Menschen umfassten, ökologische Nischen des Überlebens in Gebieten schaffen, die sowohl in ihrer Flora und Fauna als auch klimatisch höchst unterschiedlich waren. Zur naturräumlichen Diversität kamen beträchtliche Klimaschwankungen im Wechsel zwischen Eiszeiten und Warmzeiten hinzu, die für das mittlere und späte Pleistozän typisch waren. Die lange Dauer seit dem Verlassen Afrikas, in der *Homo sapiens* in kleinen Gruppen jagend und sammelnd unterwegs war, deutet auf die Resilienz der damit verbundenen Strategien der Habitatkonstruktion hin. Zu den wichtigsten Elementen der Flexibilität von Jäger-Sammler-Gruppen gehörten meist wohl eher kleinräumige Wanderungsbewegungen, die sich über längere Zeiträume zu großräumigen Bewegungen menschlicher Populationen aufaddieren konnten.

Die Expansion des Jetztmenschen nach Europa erfolgte vom Vorderen Orient aus. Schon während des Aurignacien (40.000 bis 34.000 v. h.) und während der anschließenden Zeit der Mammutjäger im sogenannten Gravettien (circa 34.000 bis

26.000 v. h.) lässt sich an zahlreichen Fundstellen eine kulturelle Explosion beobachten, die von Archäologen als »großer Sprung zu kultureller Modernität« aufgefasst wird (Parzinger 2014: 55–110; Schnurbein und Hänsel 2014: 24–41). Die archäologische Evidenz ist in Europa am dichtesten, aber nicht darauf beschränkt (Scarre 2013: 154). Auch Funde in Afrika (Südafrika und Marokko) und Palästina bieten frühe Hinweise auf modernes Verhalten um 75.000 bis 100.000 v. h.

Es gibt eine Reihe weitreichender Folgen der kulturellen Modernität, die den Pfad der menschlichen Geschichte nachhaltig geprägt haben. Zwar ist umstritten, ob die kulturelle Überlegenheit von *Homo sapiens* für das Aussterben anderer Vertreter der Gattung *Homo* verantwortlich gemacht werden kann. Während einige Archäologen zum Beispiel klimatische Erklärungen für das Aussterben des Neandertalers bevorzugen (zum Beispiel Parzinger 2014: 61), vermuten andere direkte Konflikte oder Vorteile von *Homo sapiens* in der Habitatkonkurrenz (zum Beispiel Diamond 1992: 52). Es kam dabei jedenfalls zu Kreuzungen, sodass genetische Spuren des Neandertalers im Erbgut heutiger Europäer und Asiaten erhalten sind (Fu et al. 2014). Der Neandertaler selbst starb relativ rasch nach der Einwanderung des Jetztmenschen in Europa aus (Higham et al. 2014).

Spätestens an der Schwelle zum Holozän, und damit zur agrarischen Transformation, war der *Homo sapiens* der einzige überlebende Vertreter der Gattung Mensch. Diese war damit auf den Pfad der *Monogenese* eingebogen, nicht nur biologisch (das heißt genetisch), sondern auch kulturell. Es hatte sich eine Form der kulturellen Evolution durchgesetzt, die sich vor allem durch eine beschleunigte Wandlungsfähigkeit im Vergleich zum Verhalten des archaischen Menschen (Neandertaler, *Homo erectus*) auszeichnete. Dieser hochflexible Typ kultureller Evolution wurde zur Grundvoraussetzung der Entstehung eines sehr hohen Grades an kultureller Diversität im langen Zeitraum des späten Pleistozän.

2.2 Zweite Globalisierung (Landwirtschaft)

Im Gegensatz zur Ausbreitung der Spezies *Homo sapiens* über alle Kontinente (mit Ausnahme der Antarktis) ging die Globalisierung der Landwirtschaft nicht von einem, sondern von mehreren Zentren aus, die archäologisch in Nordostamerika, Mittelamerika, Südamerika, Afrika, im Nahen Osten, in China und Neuguinea nachgewiesen werden konnten (Parzinger 2014). Sie entwickelten sich zu unterschiedlichen Phasen im Holozän, und zwar, nach allem, was wir wissen, unabhängig voneinander (Scarre 2013: 174 ff.; Barker 2009).

Hinter dem Begriff *Landwirtschaft* verbirgt sich eine neue kulturelle Vielfalt von domestizierten Pflanzen und Tieren, von Technologien und Formen gesellschaftlicher Selbstorganisation. Das zeigt sich schon an jenen frühen Zentren und ihren verschiedenen Nutzpflanzen und -tieren. Geografisch lagen sie nahezu alle im tropischen

Gürtel zwischen 23,5 Grad nördlicher und südlicher Breite. Nur die frühe Agrarkultur in Nordostamerika befand sich etwas außerhalb dieses Bereichs. Die chinesischen Gebiete profitierten klimatisch von der Nordverschiebung der innertropischen Konvergenzzone durch den Himalaja. Jedenfalls reichen die Ursprungsgebiete der Landwirtschaft nicht jenseits des 35. nördlichen Breitengrades. Die Verbreitung der Landwirtschaft darüber hinaus in die extremeren Lagen wurde erst durch spätere Schübe technologischer Innovationen ermöglicht. Das mildere Globalklima des Holozäns und seine relative Stabilität dürfen als wichtigste Umweltbedingungen für diese Ausbreitung angesehen werden. Sie gaben der kulturellen Evolution agrarischer Regime Zeit, neue Gebiete zu erobern.

Mit der Landwirtschaft und ihren verschiedenen Ausprägungen entstand ein völlig neues biokulturelles Resilienzmuster. Die Einschränkung auf ein relativ kleines Spektrum an Haustieren und anbaufähigen Pflanzen im Vergleich zum generell breiteren Nahrungsspektrum von Jägern und Sammlern erhöhte das mit Klimaschwankungen und anderen Umweltfaktoren (zum Beispiel Parasiten) verbundene Risiko für die Ernte. Dabei haben zum Beispiel Reis und Weizen sehr unterschiedliche Bedürfnisse. Vom Reis dominierte Agrarkulturen sind in der Regel sehr viel stärker von den Anforderungen des Wassermanagements geprägt, mit dessen Hilfe ein stabilerer sozial-ökologischer Systemzustand als beim Anbau von Weizen aufrechterhalten werden kann. Die verschiedenen Ausprägungen des agrarischen Regimes weisen ebenso wie Jäger-Sammler-Kulturen ein hohes Maß der Anpassung an lokale Umweltbedingungen (Boden, Flora, Fauna und Klima) auf, das heißt letztlich an die naturräumliche und klimatische Vielfalt des Planeten Erde. Dabei spielen jedoch gezielte Umweltveränderungen eine ungleich bedeutendere Rolle. Die Landwirtschaft war von Anfang an eine *Biotechnologie* (Haber 2014: 11). Genetische Veränderungen von Pflanzen und Tieren (Domestikation), die systematische Entwaldung von Flächen zur Schaffung von Ackerland, die technologisch unterstützte Bearbeitung des Bodens usw. stehen zugleich für eine neue Stufe in der Entwicklung der wissensgesteuerten Anpassungsfähigkeit. Kulturelle Anpassung ist also nicht als rein reaktives oder passives Verhalten zu verstehen, sondern schließt *aktive* Umweltveränderung durch den Menschen als Strategie mit ein.

Die Globalisierung landwirtschaftlicher Lebensformen im Holozän hat die pleistozäne Kulturvielfalt grundlegend transformiert und eine massive Reduktion dieser Vielfalt in Gang gesetzt. Diese Wirkung zu quantifizieren ist allerdings nicht ohne Weiteres möglich. Die Sprachenvielfalt, die ich bei der Schilderung der dritten Globalisierung als quantitativen Indikator heranziehen werde, steht für das späte Pleistozän und für die ersten Jahrtausende des Holozäns nicht zur Verfügung. Plausibel erscheint die beschriebene Wirkung dennoch aufgrund folgender Faktoren, die historisch mit dem Prozess der agrarischen Globalisierung verbunden waren:

1) Die Ausbreitung landwirtschaftlicher Wirtschafts- und Lebensweisen war nahezu überall auf der Welt mit der Ausbildung und Ausdehnung staatlicher Formen gesellschaftlicher Selbstorganisation verbunden (einzige Ausnahme: Neuguinea). Dies schloss die Kontrolle über ein bestimmtes Territorium sowie der darauf lebenden Menschen ein.

2) Wo landwirtschaftliche Produktionsweisen erfolgreich waren, haben sie Bevölkerungen mit einem im Vergleich zu Jäger-Sammlern weitaus größeren Wachstumspotenzial ausgestattet. Das hat die Entstehung großer Sprechergemeinschaften begünstigt, deren Wachstum einen Bedarf an territorialem Zuwachs mit sich brachte. Dies wiederum führte nicht nur zu Konkurrenz und Konflikt mit Jäger-Sammlern, Hirtennomaden oder Wanderfeldbau betreibenden Völkern, sondern auch zu kriegerischen Auseinandersetzungen zwischen agrarischen Zivilisationen.

3) Agrarische Zivilisationen werden durch ihre eigenen Wachstumslogiken angetrieben. Weil ihr wirtschaftlicher Erfolg im Wesentlichen von der Biomasseproduktion auf Landflächen abhängt, kann Wachstum nur durch eine Erhöhung der Produktivität vorhandener Flächen (Intensivierung) oder durch deren Ausdehnung (territoriale Expansion) erreicht werden. Die zweite Alternative bietet eine ökologisch fundierte Erklärung für imperiale Bestrebungen. Die *Fläche* ist für die Geschichte agrarischer Zivilisationen, was *fossile Energieträger* für das industrielle Zeitalter sind (Sieferle et al. 2006).

4) Imperiale Expansion war nicht nur ein wichtiger Antriebsfaktor bei der Globalisierung der Landwirtschaft. Zusammen mit der Ausbildung staatlicher Formen gesellschaftlicher Organisation trieb sie die Territorialisierung der Landmassen des Globus an (Richards 1990). Diese ging mit der Entwicklung und Verbreitung verschiedener Formen von Landbesitz einher. Vor allem die letzten fünf Jahrhunderte haben mit der Vertreibung oder Auslöschung indigener Bevölkerungen viele lokale Landnutzungsformen und Besitzansprüche zum Verschwinden gebracht. Im selben Zeitraum erodierten auch gemeinschaftliche Formen des Landbesitzes wie die Allmende (Richards 2003, 2009). Die Kommerzialisierung der Landwirtschaft wurde seit dem 17. Jahrhundert vor allem durch den britischen Kolonialismus angetrieben. Damals begann ein *großer Landrausch*, mit dem sich eine zuerst in England entwickelte Form staatlich garantierten privaten Landbesitzes im Raum der heutigen Anglosphäre (Großbritannien, USA, Kanada, Australien) und darüber hinaus (in Teilen der Karibik und Indiens) verbreitete (Weaver 2003). Ferdinand Mount hatte recht, als er Landbesitz, seine verschiedenen Formen, seine Verteilung und seine Geschichte als »große Ignorante« (»the great ignored«) der heutigen Politik bezeichnete (Mount 2014: 11). Der Prozess der Inbesitznahme des Erdbodens verdient als wesentlicher Bestandteil der agrarischen Transformation anerkannt

zu werden, der zu einer der wichtigsten Voraussetzungen der Entstehung des modernen Kapitalismus lange vor der Industrialisierung wurde (Linklater 2013).

5) Eroberungen (Imperien) und die mit ihnen verbundenen großen Migrationen erwiesen sich immer wieder als Schmelztiegel für kulturelle und sprachliche Vielfalt. Die Entstehung der großen Sprachfamilien, etwa der indoeuropäischen Sprachen, ist das Ergebnis solcher Vereinheitlichungsprozesse, aus denen jeweils eine neue Vielfalt erwachsen ist (Haarmann 2010: 164–210). Ein weiteres Beispiel für die Evolution neuer Sprachenvielfalt bietet das Schicksal des Lateinischen nach dem Zusammenbruch des Römischen Reiches in Westeuropa. Die anschließende Trennung in mehrere romanische Sprachen kehrte gewissermaßen den Trend zur Vereinheitlichung durch Bildung einer großen, imperialen Sprachgemeinschaft um. Solche Transformationen sprachlicher Vielfalt waren dennoch weit mehr als neue Konjunkturen der Vielfalt. Wo sich agrarische Regime dauerhaft durchsetzten, zeigte die Vielfalt ein neues Gesicht.

2.3 Dritte Globalisierung *(human web)*

Die dritte und jüngste Globalisierung mit einem Wort angemessen zu charakterisieren, fällt angesichts der Vielzahl kursierender Vorschläge und Globalisierungstheorien nicht ganz leicht. Ich halte mich hier an den Vorschlag des *human web* (menschliches Netzwerk), dessen Entwicklung McNeill et al. (2003) über die gesamte Menschheitsgeschichte verfolgen, das aber erst nach und nach seit der europäischen Expansion globale Dimensionen angenommen hat. Mit dem *human web* alleine ist die moderne Globalisierung freilich unzureichend charakterisiert. Die Faktoren des globalen Wandels, die das Erdsystem betreffen, zeigen, dass auch die Umweltprobleme heute global geworden sind. Ohne das globale Netz menschlicher Verbindungen wären diese Probleme nicht entstanden, weil der Bestand dieses Netzes selbst auf der globalen Allokation materieller Ressourcen beruht.

Die gegenwärtigen globalen Verflechtungen wären undenkbar ohne eine Reihe technologischer Innovationen in den Bereichen Mobilität (besonders Transport, vgl. Sieferle 2008: bes. 34–36) und Kommunikation. Bis heute beruhen alle diese Innovationen auf einem neuen Energieregime, das im Vergleich zu allen früheren Energieregimen durch Überfluss charakterisiert ist. Fossile Brennstoffe waren bislang Träger dieses neuen Regimes, und es ist eine offene Frage, ob und wie genau sie nachhaltig ersetzt werden können.

Für den Wandel der kulturellen Vielfalt in der dritten Globalisierung gibt es einen weitgehend anerkannten Indikator: die Sprachenvielfalt. Sprache als Kommunikationsmedium ist die Grundlage gemeinsamen Handelns, der Entstehung kollektiver Praktiken und Rituale, der mündlichen oder schriftlichen Weitergabe von Erinnerung und folglich der Geschichte einer Gruppe. Sie ist damit Grundlage jeder kulturellen Identität (Ostler 2005: xix, 7). Zweifellos vermag Austausch auf der Ebene der materiellen Kultur auch Sprachgrenzen zu überwinden. Dennoch markieren Sprachen die am besten beobachtbaren Grenzen sozialer Gruppenbildung, weil sie eine Barriere der zwischenmenschlichen Verständigung sind, uneingeschränkten kulturellen Austausch erschweren und damit verbundene Homogenisierungstendenzen zwischen verschiedenen Gruppen von Menschen begrenzen. Das Erlernen von zwei oder mehreren Sprachen gehört zu den bewährten Strategien, um diese Barriere zu überwinden. Sprachgrenzen sind natürlich keine absoluten kulturellen Grenzen, und diese sind keineswegs nur durch Mehrsprachigkeit überwindbar. Sie verschwinden, wenn Sprachen sterben und durch andere ersetzt werden, die in größeren Sprachgemeinschaften gesprochen werden.

Globale Indizes der Sprachenvielfalt weisen auf einen Verlust von 30 Prozent der Sprachen seit 1970 hin. Die *Dokumentation bedrohter Sprachen (DOBES)* geht von einem Bestand von rund 7.000 Sprachen aus und rechnet damit, dass zwei Drittel davon bis Ende des 21. Jahrhunderts aussterben werden. Die Datenbank *Ethnologue*

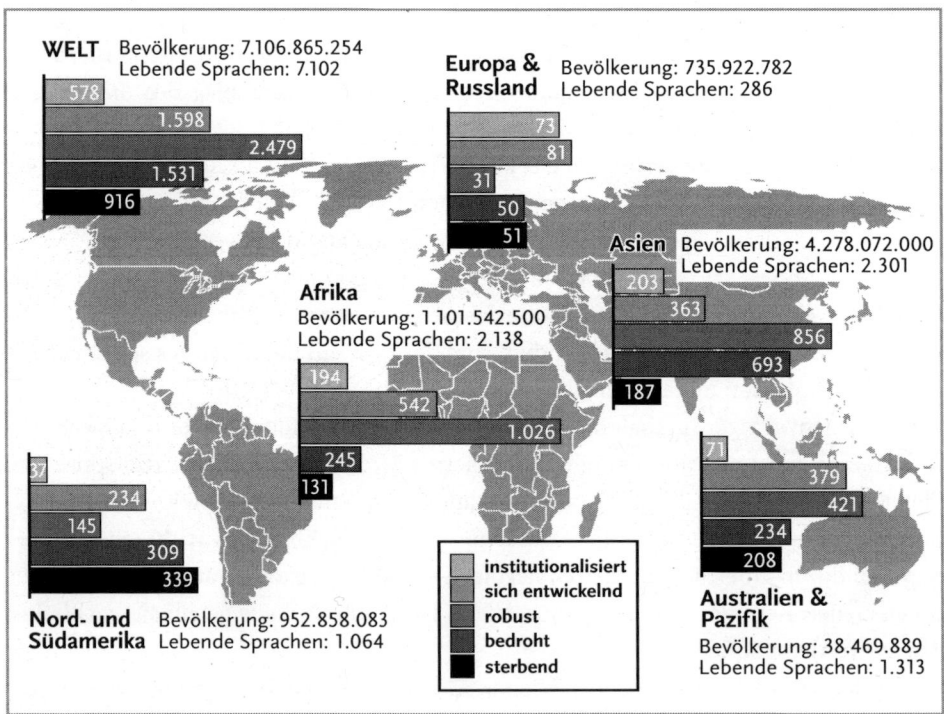

Abbildung 1: Vielfalt heute lebender Sprachen und ihr Status (Gefährdungsgrad) global und nach Regionen (Stand Januar 2015).
Quelle: Daten und Kategorisierung mit Erläuterungen bei M. P. Lewis et al. (2015).

bietet einen Gesamtüberblick zur Sprachenvielfalt heute bekannter lebender Sprachen und ihrer Gefährdung (Abbildung 1).

Weltweit gelten derzeit rund 34 Prozent der Sprachen als bedroht oder sterbend. Dieser Anteil ist in den beiden Amerikas und im Pazifikraum, vor allem in Australien, noch deutlich höher. Am wenigsten gefährdet erscheint die große Sprachenvielfalt Afrikas. Europa und Russland (hier zusammengefasst) fallen dagegen durch die weitaus geringste Sprachenvielfalt relativ zu ihrer Bevölkerung ins Auge. Offensichtlich ist dort der Prozess der Bildung großer Sprachgemeinschaften und des damit verbundenen Sprachensterbens am weitesten fortgeschritten. Die größte Sprachenvielfalt relativ zur Bevölkerungszahl findet sich im Pazifik (mit Neuguinea als Spitzenreiter). Hier wurde die Evolution der linguistischen und kulturellen Diversität geografisch durch die insulare Zersplitterung begünstigt, die schon Darwin auf seiner Beagle-Fahrt als eine der Grundlagen auch für biologisch-genetische Vielfalt identifizierte. Heute scheint die bestandssichernde Wirkung dieser Geografie allerdings infrage gestellt.

Wie weitgehend das menschliche Netz der dritten, ökonomisch-sozialen Globalisierung das Merkmal der Bildung großer Sprachgemeinschaften aufweist, ist daran ablesbar, dass etwa die Hälfte der heutigen Weltbevölkerung eine der 19 meistgesprochenen Sprachen spricht (Abbildung 2). Alle übrigen Sprachen, immer noch mehr als 7.000, verteilen sich auf die andere Hälfte. Nicholas Ostler hat bemerkt, dass nicht weniger als neun der 19 großen Sprachen in Zivilisationen verwurzelt sind, deren landwirtschaftliches Haupterzeugnis Reis ist – Bengalisch, Japanisch, Koreanisch, Mandarin und Wu-Chinesisch, Javanesisch, Tamil, Marathi und Vietnamesisch. Reisanbau sei offensichtlich in der Lage, dichte und große Bevölkerungen zu tragen, und seine Kultivierung durch kontrollierte Überflutung (Bewässerung) mache ein hohes Maß an gesellschaftlicher Organisation erforderlich (Ostler 2005: 528).

Die Entstehung aller großen Sprachgemeinschaften stützt sich auf den Faktor des organischen Wachstums, also eine Zunahme der Bevölkerung durch demografische Faktoren wie höhere Geburtenraten, geringere Kindersterblichkeit und erhöhte Lebenserwartung. Gleichwohl gibt es unterschiedliche Pfade einer Sprache zu einer großen Zahl von Sprechern. Der Faktor Bevölkerungsexplosion erklärt den Fall China, der erfolgreichsten Agrarwirtschaft der Geschichte. Daneben sticht das imperiale Muster der Sprachverbreitung hervor, das an die Geografie imperialer Expansion gebunden ist wie im Falle Russlands und der europäischen Imperien der Neuzeit. Auch frühere Imperien bieten Beispiele dafür. In der Geschichte des imperialen Verbreitungsmusters gibt es gleichwohl einen bedeutsamen Einschnitt: Vor 1492 wurden Sprachen stets regional über die Landrouten verbreitet. Erst danach erlangten einige Sprachen erstmals globale Verbreitung, indem sie sich über die natürliche Barriere von Ozeanen hinaus bewegten (Ostler 2005: 325–521). Die europäische Expansion brachte also eine neue Qualität in den imperialen Verbreitungspfad: die *Transplanta-*

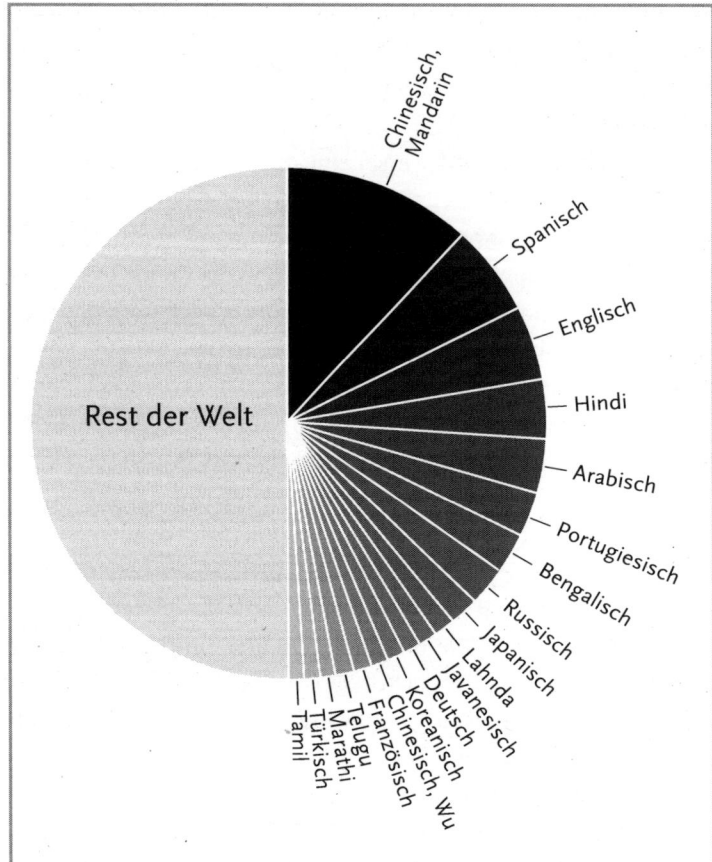

Abbildung 2:
Verteilung lebender
Sprachen gemäß
ihrer Sprecherzahl.
Quelle: Daten
M. P. Lewis et al. (2015).

tion einiger regionaler, indoeuropäischer Sprachen auf andere Kontinente, wo sie sich auf Kosten der dort zuvor existierenden Sprachenvielfalt durchsetzten. In Analogie zu invasiven Spezies, die heute bei der Bedrohung biologischer Artenvielfalt eine wichtige Rolle spielen, könnte man von invasiven Sprachen sprechen.

Die dritte Globalisierung, die den Planeten mit menschlichen Handels- und Kommunikationsnetzen überzog, hat viele der Faktoren, die bereits in der agrarischen Globalisierung eine Rolle spielten, noch einmal verstärkt und beschleunigt: Die staatlich-territoriale Selbstorganisation menschlicher Bevölkerungen beherrscht heute alle Landmassen und hat ihren Kontrollanspruch noch weit darüber hinaus in die Küstengebiete der Ozeane, in die Tiefen der Erde und in die Atmosphäre ausgedehnt. Zur Kontrolle der Landflächen, auf die sich agrarische Regime ausrichteten, ist die dritte Dimension hinzugekommen. Diese hat eine eigene Signatur menschlicher Umweltveränderungen im ganzen Erdsystem geschaffen, die über die Biosphäre und die Hydrosphäre in die Atmosphäre, die Lithosphäre und die Kryosphäre hinausreichen.

Das fossile Energieregime hat eine historisch einzigartige Bevölkerungsexplosion auf der kurzen Zeitskala von ein bis zwei Jahrhunderten hervorgebracht und dabei die gewachsenen Sprachgemeinschaften erfolgreicher Agrarkulturen weiter begünstigt. Die globalen Handels- und Kommunikationsnetze schließlich haben den Kulturaustausch über alle Grenzen und Ozeane hinweg intensiviert. Man kann insgesamt von einer großen Beschleunigung auf dem Weg zur globalen Gesellschaft des Anthropozäns sprechen. Sie setzte mit der europäischen kolonialen Expansion ein, erhielt aber erst durch den modernen, industriell-kapitalistisch unterfütterten Imperialismus im 19. Jahrhundert eine ideologische Antriebskraft, die den westlichen Entwicklungspfad zur Norm erhoben hat, die auch nach der Dekolonisierung der 1960er-Jahre aufrechterhalten wurde (Escobar 1995). Sie gehört bis heute zur »Last des kolonialen Erbes« (Haber 2010: 64 f.), wie an den Millenniums-Entwicklungszielen zu erkennen ist.

3   Transformation und Funktion kultureller Vielfalt

Im Laufe der ersten Globalisierung entstand kulturelle Vielfalt. Durch die zweite Globalisierung wurde diese transformiert. Ihr Verlust in der dritten Globalisierung verläuft parallel zum Verlust der biologisch-genetischen Vielfalt. Manche Forscher bezeichnen letzteren bereits als das sechste große Artensterben in der Erdgeschichte (Wake und Vredenburg 2008; Kolbert 2015; vgl. den Beitrag U. Kutschera in diesem Band). Diese Schlüsselvariable bietet heute den größten Anlass zur Sorge in der Bewertung der planetarischen Grenzen. Biologische Diversität gilt als kritischer Indikator für die Resilienz von Ökosystemen (Magurran 1988; Holling 1973; Walker et al. 2004).

Die Parallelität von Artensterben und Sprachensterben in unserer Gegenwart wirft die Frage nach der Beziehung beider Phänomene auf. Ihr haben sich in den letzten Jahren Studien zur biokulturellen Diversität gewidmet, die mit Sprachenvielfalt und ihrem Rückgang als Indikator argumentieren. Sie gehen davon aus, dass kulturelle und biologische Vielfalt in einer Wechselbeziehung stehen und in komplexen sozial-ökologischen Anpassungssystemen mit einiger Wahrscheinlichkeit sogar koevolvieren (Maffi und Woodley 2010; Maffi 2001, 2005; Loh und Harmon 2005). Kartiert man die Verteilung linguistischer und biologischer Diversität auf dem Globus, zeigt sich eine starke Überlappung. Eine Reihe geografischer und meteorologischer Faktoren korrelieren positiv sowohl mit einem hohen Grad an linguistischer als auch an biologischer Diversität. Zu diesen Faktoren gehören tropische oder subtropische Breitenlage, Küstenlinien, Höhenlagen (Gebirge), größere durchschnittliche Niederschlagsmengen und höhere Temperaturen (Maffi und Woodley 2010).

Diese Sichtweise wird von der historischen Langzeitperspektive untermauert, die ich in diesem Beitrag darzustellen versucht habe: Die Verbreitung der Spezies *Homo sapiens* über alle Landmassen der Erde während der ersten Globalisierung hat ein hohes Maß an kultureller Diversifizierung hervorgebracht, die sich aus der Anpassung kleiner Gruppen an die naturräumlichen Bedingungen und die klimatischen Schwankungen ergab – und zwar in dem menschheitsgeschichtlich (nicht erdgeschichtlich) langen Zeitraum mehrerer Jahrzehntausende. In der Globalisierung agrarischer Wirtschafts- und Lebensformen wurde diese Vielfalt in ein neues Resilienzmuster transformiert, das mit dem früheren Muster konkurrierte und es nach und nach zurückdrängte. Die Funktion der kulturellen Vielfalt für die Stabilität vom Menschen beeinflusster Ökosysteme hat sich damit verändert, aber sie blieb insofern erhalten, als auch die Biomasseproduktion in landwirtschaftlichen Regimen an eine Vielfalt unterschiedlicher naturräumlicher und klimatischer Bedingungen angepasst sein musste. Das gilt sogar noch für die moderne Landwirtschaft, wenn auch mit Einschränkungen.

Die Frage liegt auf der Hand, was der Verlust dieser kulturellen Diversität – nennen wir sie: die traditionelle – im Verlauf der dritten Globalisierung bedeutet. Wie beim Artensterben in der biologischen Evolution ließe sich argumentieren, dass das Aussterben von Sprachen und Kulturen in der kulturellen Evolution der Normalfall ist. Die Bewertung wird zusätzlich durch einen wichtigen Unterschied zum biologischen Artensterben kompliziert, der darin besteht, dass heute Sprachen und Kulturen sterben, ohne dass dieser Vorgang mit einer demografischen Krise der Spezies Mensch verbunden ist. Offensichtlich ist heute vor allem das Gegenteil der Fall: Die Zahl gleichzeitig auf der Erde lebender Menschen wächst schneller als je zuvor. Die Krise der Kulturvielfalt lässt sich also nicht als biologische Krise der Spezies *Homo sapiens* interpretieren, jedenfalls nicht direkt, allenfalls indirekt: über Folgeprobleme in der Biosphäre, die sich mit zeitlicher Verzögerung auf das Überleben moderner Zivilisationsformen auswirken könnten. Bisher gilt aber das Gegenteil: Die Dynamiken des Bevölkerungswachstums in der zweiten und dritten Globalisierung haben expansive Sprachgemeinschaften begünstigt und damit den Mechanismus, der mehr als jeder andere für das Verschwinden von Sprachen- und Kulturvielfalt verantwortlich gemacht werden kann.

Verschwindet sie ersatzlos und räumt ihren Platz für eine homogene Globalkultur, deren Konturen heute schon im Reich der globalen Eliten erkennbar werden? Die meisten Historiker und Sozialwissenschaftler dürften da eher skeptisch sein und Homogenisierungstendenzen, wie sie in modernen Gesellschaften auftreten, als Übergangsstadium in der Genese neuer Formen kultureller Diversität verstehen. Wichtige Anhaltspunkte dafür bietet die materielle Kultur, die sich mit dem erhöhten materiellen Durchsatz der Gesellschaft stärker denn je verändert hat (Smil 2014). Zwar kann die ökologische Krise als Indiz gelten, dass moderne Gesellschaften, in all ihren bisherigen Ausprägungen, weit vom Pfad der Nachhaltigkeit abgewichen sind. Damit ist die Transformation der traditionellen kulturellen Vielfalt aber noch nicht abschließend im Hinblick auf ihre Folgen für Resilienz und Nachhaltigkeit sozial-ökologischer Systeme bewertet. Entscheidend dürfte sein, ob sich in ihrem Verlauf Diversifizierungsprozesse einstellen, die zur Stabilisierung des Verhältnisses zwischen Menschen und der sie umgebenden Biosphäre beitragen. Dabei geht es letztlich um die Identifikation kultureller Praktiken, die sich im Hinblick auf die Biosphärenintegrität funktional äquivalent zu den Faktoren der biokulturellen Diversität verhalten. Hier liegt möglicherweise eine der Schlüsselherausforderungen für eine Transformation zur Nachhaltigkeit auf dem Pfad zu einem *guten Anthropozän*.

Literatur

Barker, Graeme (2009): The agricultural revolution in prehistory: Why did foragers become farmers? 2. Aufl. Oxford: Oxford University Press

Crutzen, Paul J. (2002): Geology of mankind. Nature 415: 23

Crutzen, Paul J. & Will Steffen (2003): How long have we been in the anthropocene era? Climatic Change 61: 251–257

Crutzen, Paul J. & Eugene F. Stoermer (2000): The »Anthropocene«. Global Change Newsletter 41: 17–18

Diamond, Jared (1992): The third chimpanzee: The evolution and future of the human animal. New York: HarperCollins

Escobar, Arturo (1995): Encountering development: The making and unmaking of the Third World. Princeton NJ: Princeton University Press

Fu, Qiaomei et al. (2014): Genome sequence of a 45,000-year-old modern human from western Siberia. Nature 514: 445–449

Glaser, Rüdiger (2014): Globaler Wandel. Das neue Gesicht der Erde. Darmstadt: Primus Verlag

Haarmann, Harald (2010): Weltgeschichte der Sprachen von der Frühzeit des Menschen bis zur Gegenwart. 2. Auflage. München: C.H. Beck

Haber, Wolfgang (2010): Die unbequemen Wahrheiten der Ökologie. Eine Nachhaltigkeitsperspektive für das 21. Jahrhundert. München: oekom

Haber, Wolfgang (2014): Landwirtschaft und Naturschutz. Weinheim: Wiley-VCH

Haeckel, Ernst (1866): Generelle Morphologie der Organismen. Allgemeine Grundzüge der organischen Formen-Wissenschaft, mechanisch begründet durch die von Charles Darwin reformirte Descendenz-Theorie. Berlin: Reimer

Haeckel, Ernst (1870): Natürliche Schöpfungsgeschichte: Gemeinverständliche wissenschaftliche Vorträge über die Entwickelungslehre im allgemeinen und diejenige von Darwin, Goethe und Lamarck im besonderen. 2. Auflage. Berlin: Georg Reimer

Hamilton, Clive & Jacques Grinevald (2015): Was the Anthropocene anticipated? The Anthropocene Review 2: 59–72

Higham, Tom et al. (2014): The timing and spatiotemporal patterning of Neanderthal disappearance. Nature 512: 306–309

Holling, Crawford S. (1973): Resilience and stability of ecological systems. Annual review of ecology and systematics 4: 1–23

Kolbert, Elizabeth (2015): Das sechste Sterben. Wie der Mensch Naturgeschichte schreibt. Berlin: Suhrkamp

Lewis, M. Paul, Gary F. Simons & Charles D. Fennig (2015): Ethnologue languages of the world. 8. Aufl. Dallas TX: SIL International – zugegriffen 15.01.2016

Lewis, Simon L. & Mark A. Maslin (2015): Defining the Anthropocene. Nature 519: 171–180

Linklater, Andro (2013): Owning the earth: The transforming history of land ownership. New York: Bloomsbury

Loh, Jonathan & David Harmon (2005): A global index of biocultural diversity. Ecological Indicators 5: 231–241

Maffi, Luisa (2001): On biocultural diversity: Linking language, knowledge, and the environment. Washington DC/London: Smithsonian Institution Press

Maffi, Luisa (2005): Linguistic, cultural, and biological diversity. Annual Review of Anthropology 34: 599–617

Maffi, Luisa & Ellen Woodley (2010): Biocultural diversity conservation: A global sourcebook. London: Earthscan

Magurran, Anne E. (1988): Ecological diversity and its measurement. Princeton, NJ: Princeton University Press

Mauelshagen, Franz (2016): Geology of mankind: The history of an idea and why it matters. In: Deane-Drummond, Celia, Markus Vogt, Sigurd Bergmann & Michael Northcott (eds.): Religion and the Anthropocene. In Vorbereitung

Mount, Ferdinand (2014): That disturbing devil (review of Owning the Earth: The Transforming History of Land Ownership by Andro Linklater). The London Review of Books 36: 11–14

Ostler, Nicholas (2005): Empires of the word: A language history of the world. London: HarperCollins

Parzinger, Hermann (2014): Die Kinder des Prometheus. Eine Geschichte der Menschheit vor der Erfindung der Schrift. München: C.H. Beck

Richards, John F. (1990): Land transformation. In: Turner, Billie Lee & Montine Jordan (eds.): The earth as transformed by human action: Global and regional changes in the biosphere over the past 300 years. Cambridge: Cambridge University Press: 163–178

Richards, John F. (2003): The unending frontier: An environmental history of the early modern world. Berkeley CA: University of California Press

Richards, John F. (2009): Toward a global system of property rights in land. In: Burke, Edmund & Kenneth Pomeranz (eds.): The environment and world history. Berkeley CA: University of California Press: 54–78

Rockstrom, Johan et al. (2009a): A safe operating space for humanity. Nature 461: 472–475

Rockström, Johan et al. (2009b): Planetary boundaries: Exploring the safe operating space for humanity. Ecology and Society 14: 32

Scarre, Christopher (ed.) (2013): The human past: World prehistory & the development of human societies. 3. Auflage. London: Thames & Hudson

Schellnhuber, Hans Joachim (2015): Selbstverbrennung. Die fatale Dreiecksbeziehung zwischen Klima, Mensch und Kohlenstoff. München: C. Bertelsmann

Schnurbein, Siegmar von & Bernhard Hänsel (Hg.) (2014): Atlas der Vorgeschichte. Europa von den ersten Menschen bis Christi Geburt. 3. Auflage. Darmstadt: Theiss

Sieferle, Rolf Peter (2008): Transportgeschichte. Berlin: LitVerlag

Sieferle, Rolf Peter, Fridolin Krausmann, Heinz Schandl & Verena Winiwarter (2006): Das Ende der Fläche: Zum gesellschaftlichen Stoffwechsel der Industrialisierung. Köln: Böhlau

Smil, Vaclav (2014): Making the modern world: Materials and dematerialization. Chichester: Wiley

Steffen, Will, Paul J. Crutzen & John R. McNeill (2007): The Anthropocene: Are humans now overwhelming the great forces of nature? AMBIO: A Journal of the Human Environment 36: 614–621

Steffen, Will et al. (2015): Planetary boundaries: Guiding human development on a changing planet. Science 347: 150–158

Wake, David B. & Vance T. Vredenburg (2008): Are we in the midst of the sixth mass extinction? A view from the world of amphibians. PNAS 105: 11466–11473

Walker, Brian, Crawford S. Holling, Stephen R. Carpenter & Ann Kinzig (2004): Resilience, adaptability and transformability in social-ecological systems. Ecology and Society 9: 5

Weaver, John C. (2003): The great land rush and the making of the modern world, 1650–1900. Montreal: McGill-Queen's University Press

Zalasiewicz, Jan (2015): Die Einstiegsfrage: Wann hat das Anthropozän begonnen. In: Renn, Jürgen & Bernd Scherer (Hg.): Das Anthropozän. Zum Stand der Dinge. Berlin: Matthes & Seitz: 160–180

Zalasiewicz, Jan et al. (2015): When did the Anthropocene begin? A mid-twentieth century boundary level is stratigraphically optimal. Quaternary International 383: 196–203

Der Mensch und das Anthropozän – Hat das sechste Massenaussterben bereits begonnen?

Ulrich Kutschera

1   Einleitung

Im Jahr 1808 beendete der damals auf dem Höhepunkt seiner Karriere stehende französische Naturforscher Georges Cuvier (1769–1832) umfassende geologisch-paläontologische Freilanduntersuchungen im Pariser Becken. In Kooperation mit einem Kollegen hatte Cuvier entdeckt, dass in den bergigen Bereichen der Bucht von Paris enorme Sedimentformationen ausgebildet sind. Dort konnte der Forscher in jeder darüberliegenden Schicht, scheinbar ohne Übergänge, komplexer gebaute (»höher stehende«) Arten entdecken, die wie aus dem Nichts hervorgegangen als Versteinerungen (Fossilien) erhalten sind (das Schwerpunktthema seiner Studien waren die Wirbeltiere). Auf Grundlage seines wörtlich verstandenen Bibelglaubens interpretierte Cuvier diese scheinbare Abfolge ausgestorbener, zu Stein gewordener Lebewesen, unterbrochen durch fossilienfreie Sedimentschichten, als Beweise für die damals populäre Annahme einer Unveränderbarkeit (Konstanz) der Arten. Cuvier verband dieses biblische Konzept mit einer bereits um 1800 bekannten Umwelt-Umwälzungs-Idee zur sogenannten *Katastrophentheorie* der Wirbeltierabfolge, die bald unter dem Namen *Cuvierismus* verbreitet worden ist. Der heute populäre Begriff des Artenaussterbens (Extinktion), oft im Zusammenhang mit dem Wort *Anthropozän* genannt (vgl. Crutzen 2002), kann somit auf Cuviers Entdeckungen und Interpretationen zurückgeführt werden.

2   Extinktion: Wallace und das Anthropozän

Gemäß der Cuvier'schen Kombination eines angenommenen, periodisch abgelaufenen Schöpfungszerstörungs-Szenarios, mit der biblischen Sintflut als letzter globaler Katastrophe, sind die Arten immer wieder aufs Neue durch »Erschaffungsprozesse des biblischen Gottes« ins Dasein gerufen worden. Dieser 1811 veröffentlichte, christlich motivierte *Cuvierismus* (vgl. Cuvier 1813) wurde von seinem Erfinder als intellektuelle Waffe gegen die »gottlose«, von Jean-Baptiste de Lamarck (1744–1829) im

Abbildung 1: Der britische
Naturforscher Alfred Russel
Wallace (1823–1913) war
Autodidakt. Dennoch stieg er
zu einem der angesehensten
Biologen seiner Zeit auf.
Wallace gilt als Vordenker
des Anthropozän-Konzepts.
Quelle: Kutschera (2013a).

Geburtsjahr von Charles Darwin (1809–1882) formulierte Theorie einer stufenwei-
sen Artenumwandlung entlang der Zeitachse (das heißt Evolution) eingesetzt (vgl.
Lamarck 1809). In öffentlichen Reden und Schriften diffamierte Cuvier seinen Pariser Kollegen Lamarck so heftig, dass Charles Darwin im historischen Vorspann seines Hauptwerks *On the Origin of Species* (Darwin 1859) Cuvier, dessen Fossilienstu-
dien der damals aufkeimenden Evolutionsforschung wichtige Anregungen gab, in
keinem Satz erwähnte. Lamarck, den eigentlichen Urgroßvater des Evolutionsprin-
zips, verehrte Darwin jedoch zeitlebens: Es ist wenig bekannt, dass Darwin im Prinzip
Lamarckist war und mangels Alternative die Vorstellung von einer Vererbung erwor-
bener Eigenschaften in seine Gedanken- und Theoriensysteme integriert hatte.

   Das von Charles Darwin unter Verweis auf zahlreiche Vorgänger etablierte Thesen-
system zum Artenwandel wurde im 19. Jahrhundert unter anderem auch als *Darwinismus* bekannt. Heute sprechen wir nicht mehr vom Darwinismus, sondern verwenden
den Terminus *Darwin-Wallace-Prinzip der natürlichen Selektion*, um den Mitentde-
cker der Theorie der Auslese im Freiland, Alfred Russel Wallace (1823–1913), seinen
Verdiensten gemäß zu würdigen (vgl. Abbildung 1). Sowohl zum Ursprung (Origin)
der ersten Lebensformen als auch zu den Prozessen der Artbildung (Speziation) ver-

rät uns Darwin (1859) nur wenig. Der Urvater der Evolutionsforschung belegte allerdings, dass die Tier- und Pflanzenarten der Erde aus Urformen entstanden sind, biblische Schöpfungsmythen (das heißt religiöse Glaubensinhalte) in den Naturwissenschaften keine Existenzberechtigung haben, und dass die natürliche (bzw. sexuelle) Selektion als eine entscheidende Triebkraft des Artenwandels zu betrachten sei (vgl. Kutschera 2009, 2015).

In Darwins Fünf-Theorien-System zur Evolution (Abstammung mit Abänderung), einem realhistorischen Prozess, der heute auch als Phylogenese bezeichnet wird, finden wir nur vage Thesen zum Aussterben der Tiere und Pflanzen. Darwin vertrat unter anderem die Ansicht, dass durch Konkurrenz überlegener, »perfekter organisierter« Spezies die weniger gut angepassten Vorläuferarten verdrängt werden und dann aussterben (Extinktion). Diese Teilaussage des klassischen Darwinismus konnte, ebenso wie die lamarckistische Vererbungs-Hypothese des britischen Naturforschers, durch weiterführende Forschungen nicht generell bestätigt werden (Aussterbeereignisse auf Inseln, wie zum Beispiel dem Galapagos-Archipel durch vom Menschen eingeschleppte Haustiere, stellen Beispiele für Darwins Verdrängungsthese dar). Sein jüngerer Kollege Alfred Russel Wallace hat allerdings die Konsequenzen menschlicher Aktivitäten auf die Tier- und Pflanzenwelt klar erkannt – er gilt daher als Vordenker des Anthropozänkonzepts in der Geologie und Biologie (vgl. Kutschera 2013a, b).

3   Paläobiologie und die menschliche Aussterbeforschung

Zu Darwins Zeit war eine Altersdatierung von Sedimentgesteinen in Millionen Jahre vor heute noch nicht möglich. Unter Einsatz geochronologischer Methoden und anderen Verfahren konnte man jedoch seit 1950 Sedimentformationen, wie sie unter anderem von Cuvier vor 200 Jahren untersucht worden sind, exakt datieren (vgl. Abbildung 2). Die vor über sechs Jahrzehnten in Ansätzen skizzierte und erst kürzlich ergänzte Geologische Zeitskala 2012 (Nullpunkt = 1950), kombiniert mit den bekannten Fossilfunden, belegt, dass bereits im Präkambrium, das heißt vor etwa 570 Millionen Jahren, eine große Gruppe skelettloser Weichkörperorganismen gelebt hat. Diese sind im frühen Kambrium, das heißt vor etwa 540 Millionen Jahren, ausgestorben. Die Ediacara-Lebewesen, die auch als erloschener Tierstamm Vendobionta bezeichnet werden, wurden vermutlich von den Kiefern tragenden Kambrischen Trilobiten und anderen Meeres-Räubern eliminiert. Die wirbellose Tiergruppe der Trilobitomorpha (Dreilapper) überlebte nahezu 300 Millionen Jahre lang in unzähligen Generationenabfolgen: Trilobiten waren die großen Gewinner der kambrischen Explosion. Die ersten Vertreter dieser Hartschaler sind aus nahezu 520 Millionen Jahre alten Schichten des unteren Kambrium bekannt. Die letzte Spur dieser erfolgreichsten Tiergruppe der gesamten Erdgeschichte erlischt mit dem vierten und größten der fünf Massenaus-

ÄRA Periode/*Epoche*	Beginn (vor Mio. Jahren)	Entwicklung der Wirbeltiere/Pflanzenwelt
KÄNOZOIKUM	0 (heute)	*Homo sapiens* dominiert die Erde (Anthropozän)
Quartär/*Holozän*	0,01	Moderner Mensch *(Homo sapiens)*
Pleistozän	2,6	Eiszeiten, Großsäuger werden ausgerottet
Tertiär/*Pliozän*	5,3	Zwischenform: Uraffe/Mensch *(Sahelanthropus)*
Miozän	23	Zwischenformen: Huftiere/Wale *(Ambulocetus)*
Oligozän	34	Zwischenform: Landwirbelier/Seekuh *(Pezosiren)*
Eozän	56	
Paleozän	66	
MESOZOIKUM		◄ Massenaussterben (Vulkanismus, Meteorit)
Kreide		Nadelgewächse, Blütenpflanzen
		Erste Blütenpflanzen *(Archaefructus)*
		Zwischenform: Dinosaurier/Vogel *(Microraptor)*
	145	Urvogel mit Reptilmerkmalen *(Archaeopteryx)*
Jura		Riesendinosaurier, Flug- und Fischsaurier
		Umfassende Nadelwälder
	201	Zwischenformen: Reptil/Säuger *(Thvrinaxodon)*
Trias		Zwischenform: Landreptil/Fischsaurier *(Utatsusaurus)*
		Erste Dinosaurier
	252	
PALÄOZOIKUM		◄ Massenaussterben (Vulkanismus)
Perm		Reptilien dominant, Amphibien rückläufig
		erste Gymnospermien, Nadelbäume
	299	
Karbon		Amphibien, erste Reptilien
		Farnwälder, Bärlappe, Schachtelhalme
	359	Zwischenform: Amphibium/Landwirbeltier *(Pederpes)*
Devon		Zwischenform: Fisch/Amphibium *(Panderichtys)*
	419	Moose, Farne, Schachtelhalme
Silur		Landpflanzen, Meeresfische mit Kieferapparat
	444	
Ordovizium		Algen, kieferlose Meeresfische
	485	
Kambrium		Kambrische Explosion: Hartschaler, Urfische
	541	
PROTEROZOIKUM		Präkambrische Mehrzeller (Schwämme, Urtiere)
		Mehrzellige Algen *(Bangiomorpha)*
		Erste echte Zellen (Eucyten)
	2500	Cyanobakterien (Protocyten)
ARCHAIKUM		Urlebewesen (älteste Mikrofossilien)
		Chemische Evolution (Urprotocyten)
	4600	Entstehung der Erde

(Linke Randbeschriftung: **Phanerozoikum** umfasst Känozoikum bis Kambrium; **Präkambrium** umfasst Proterozoikum und Archaikum.)

Abbildung 2: Die geologische Zeitskala 2012. Die beiden letzten der fünf großen Massenaussterbe-Ereignisse (Nr. 4 und 5) sowie einige fossile Zwischenformen sind eingezeichnet.
Quelle: Kutschera (2015).

sterbe-Ereignisse in der neueren Erdgeschichte, das vor 251 Millionen Jahren gegen Ende des Erdmittelalters (Mesozoikum) stattgefunden hat (Übergang Perm/Trias). Bedingt durch weltweite Vulkanausbrüche, deren geologische Ursachen wir heute recht gut rekonstruieren können, starben damals innerhalb von weniger als einer Million Jahren nahezu 90 Prozent aller Meeres- und Landorganismen aus. Die *Lystrosaurus*-Herden des Urkontinents Pangaea, die an heute lebende Schweine erinnern, und andere kleinere Reptiliengruppen überlebten dieses globale Desaster. Die Schaufelreptilien der Gattung *Lystrosaurus* wurden allerdings im folgenden Erdmittelalter von den ersten Dinosauriern (reptilienartige Landlauftiere mit Greifarmen und langem Schwanz) nach und nach verdrängt und somit ausgerottet – ganz im Darwin'schen Sinne (Verdrängung durch besser angepasste und somit überlegene Lebensformen).

Die Dinosaurier beherrschten – als Gewinner des vierten großen Massenaussterbens – nahezu 160 Millionen Jahre lang das Festland der Erde, bis deren letzte Vertreter vor 66 Millionen Jahren, bedingt durch weltweiten Vulkanismus und einen gewaltigen Meteoriteneinschlag, infolge globaler Klimakatastrophen eliminiert worden sind. Dieses Massenaussterbe-Ereignis Nummer fünf ist sehr gut dokumentiert. Die aus nachtaktiven rattenähnlichen Urformen hervorgegangenen Landsäugetiere – die Erben der Dinosaurier – erfuhren in den nachfolgenden 20 Millionen Jahren einen spektakulären Evolutionsschub, der wiederum vom Aussterben zahlreicher urtümlicher Säugetiergruppen begleitet war. Am bekanntesten ist der während der letzten Eiszeit ausgestorbene Irische Riesenelch *(Megaloceros)*, aber auch das größte Landsäugetier der Erdgeschichte, ein bis zu sieben Meter hohes Rhinozeros *(Indricotherium)*, gehört zu den Verlierern der Wirbeltierevolution (vgl. Kutschera 2009, 2015).

Wie bereits erwähnt, war Alfred R. Wallace, der »Mann im Schatten von Charles Darwin«, ein Urvater bzw. Vordenker des Anthropozänkonzepts, welches im nächsten Abschnitt thematisiert wird.

4   Naturkatastrophe Mensch: Landegel und Baumsalamander

Bezüglich der Evolution der menschenartigen Herrentiere (Hominiden), die vor etwa sechs bis sieben Millionen Jahren in Afrika begann, ist das Erlöschen unserer Schwesterart, des Neandertalers, das bekannteste Phänomen. Die Frage, warum diese robusten Eiszeitmenschen vor etwa 30.000 Jahren von unseren Vorfahren verdrängt und zum Aussterben gebracht worden sind, können wir noch nicht befriedigend beantworten. Auch heute, im sogenannten Anthropozän (das heißt des vom Menschen dominierten geologischen Zeitalters), sterben viele Tier- und Pflanzenarten aus, weil die Spezies *Homo sapiens*, gleich einer Naturkatastrophe, seit etwa 1800 (Beginn der industriellen Revolution) die Natur radikal-egoistisch nach ihren Bedürfnissen umgestaltet und hierbei rücksichtslos wütet. Der vom Herdentier Mensch verursachte (anthropogene) Klimawandel ist eine Konsequenz dieser egomanen Umtriebe und zeigt bereits erste negative Folgen.

So konnte ich mit Kooperationspartnern aus Österreich (Universität Graz) zum Beispiel nachweisen, dass eine der seltensten Spezies unserer Erde, von der weniger als 100 Individuen gefunden werden konnten, der 1868 entdeckte, Kälte liebende Europäische Landegel *(Xerobdella lecomtei)*, in ihrem ursprünglichen Habitat in den letzten Jahrzehnten nahezu ausgestorben ist. Ringelwürmer (Anneliden) – zu denen Egel und Regenwürmer zählen – existieren seit dem Kambrium. Möglicherweise stammen sie von den oben erwähnten, circa 570 Millionen Jahre alten präkambrischen Ediacara-Wesen ab. In den Buchenwäldern um Graz (Österreich) hat die durchschnittliche Sommertemperatur von 1960 bis 2001 um +3 °C zugenommen. Dieser Anstieg hat zu einer stellen- und zeitweisen Austrocknung der Böden geführt, ohne dass die Wälder aber heute eine andere Struktur hätten als vor vier Jahrzehnten – bei oberflächlicher Betrachtung ist alles beim Alten geblieben.

Nach jahrelangen vergeblichen Suchexkursionen fanden wir 2002 in jenen Waldregionen, wo um 1960 noch vereinzelt ausgewachsene Tiere aufgesammelt werden konnten, nur einen einzigen Jungegel. Dieser nur etwa zehn Millimeter lange »einsame George der Ringelwürmer« – genannt nach einer berühmten, isoliert vorkommenden Galapagos-Schildkröte (Lonesame George, gestorben 2012) – wurde von mir über Monate hinweg in einem kleinen kühlen Terrarium kultiviert, gefüttert und beobachtet. Nach dem Absterben des kleinen Wurms haben wir unser *Xerobdella*-Exemplar zur Erbgut-(DNA-)Extraktion verwendet. Eine spezielle Gensequenz konnte gewonnen werden, die unter der Internet-Genbank-Nr. EF 125040, deponiert im Jahr 2007, unseren Ringelwurm unsterblich gemacht hat. Diese DNA-*Barcoding*-Gensequenz wurde daraufhin zur Erstellung eines Stammbaums verwendet, aus dem unter anderem folgt, dass *Xerobdella* kein Verwandter der tropischen Landblutegel ist, wie bisher angenommen worden war. Unsere Gensequenz ist ein Spezifikum dieser seltenen Tierart und wird, kombiniert mit dem Artnamen *X. lecomtei* Frauenfeld 1868, in Zukunft in zahlreichen Stammbäumen – veröffentlicht in der evolutionsbiologischen Fachliteratur – immer wieder dargestellt werden (vgl. Kutschera et al. 2007).

Ein Klimaskeptiker wird einwenden, dass der oben genannte Temperaturanstieg von +3 °C (gemessen während der Sommerzeit) im Verlauf von 40 Jahren auch eine natürliche Ursache gehabt haben könnte – unabhängig von den Aktivitäten der Menschen in Mitteleuropa. Dieser Annahme steht aber der Befund entgegen, dass zwischen 1961 und 2010 die Zahl der Pkw in Österreich um circa das Zehnfache zugenommen hat – ein klarer Beleg für eine vom Menschen hervorgerufene (anthropogene) Klimaerwärmung. Zahlreiche unabhängige Studien haben ergeben, dass das Autoabgas-Kohlendioxid (CO_2) als Treibhausgas fungiert und ursächlich für die Zunahme der Erdtemperatur verantwortlich ist (vgl. Haber 2011).

Ein zweites Beispiel aus meiner eigenen Forschung soll die oben gezogene Schluss-folgerung bezüglich eines Realwelt-Aussterbeereignisses, hervorgerufen durch den Menschen, verdeutlichen. Seit 2007 bin ich zweimal jährlich als Visiting Professor an der kalifornischen Stanford University tätig, um dort unter anderem in Zusam-menarbeit mit Molekularbiologen pflanzliche Steroidhormone zu erforschen. Neben-bei interessiere ich mich unter anderem auch für die in der Bucht von San Francisco (Bay Area) seit Jahrzehnten vielfach beschriebenen kalifornischen Baumsalamander *(Aneides lugubris)*. Diese aggressiv-bissigen Schwanzlurche leben unter anderem auf Eichen und pflanzen sich dort in feuchten Baumhöhlen fort. Kollegen hatten mir er-zählt, dass diese Brutpflege treibenden *Alligatorlurche* regelmäßig angetroffen werden können. Trotz intensiver Suchaktionen konnte ich aber nur im September 2010 zwei adulte Exemplare finden und diese in einem Terrarium verhaltensbiologisch studie-ren. Bis 2015 ist in der von mir untersuchten Eichenwaldregion kein weiterer Baum-salamander aufgetaucht. Da seit 2012 in Kalifornien der Regen mehr oder weniger ausbleibt und seither eine verheerende Trockenperiode nicht nur der Natur, son-dern auch den Menschen wachsende Probleme bereitet, ist es sehr wahrscheinlich, dass diese nicht vom Aussterben bedrohte Art lokal dennoch erlischt (zu trockene Böden bzw. Bäume, um zu überleben und Nachkommen zu hinterlassen). Die kali-fornische Klima-Trockenkatastrophe ist mit hoher Wahrscheinlichkeit eine Folge an-thropogener Klimaeingriffe. Die beiden Beispiele aus meiner eigenen Forschung zei-gen, dass der Klimawandel ein Realweltphänomen darstellt und lokal zum Aussterben von Arten führen kann, ohne dass man diese verborgenen Vorgänge beim Betrachten der freien Natur erkennt.

5   Alfred Russel Wallace und der Mensch als Destruent

Der bereits oben eingeführte britische Naturforscher Wallace (vgl. Abbildung 1) ist noch heute im Wesentlichen als Hintergrundfigur bekannt – man hat ihn mehr oder weniger als einen *Darwin-Epigonen* gekennzeichnet, eine Deklarierung, die erst in seinem Todesjahr korrigiert werden konnte (Publikationen zu Leben und Werk von Wallace: zum Beispiel Kutschera 2013a, b). Im Gegensatz zu seinem älteren Kollegen Darwin war Wallace aber nicht nur ein vielseitiger Biologe (Anthropologe, Zoologe/ Botaniker, Geologe, Naturschützer), sondern auch Psychologe, Frauenrechtler und Ökonom/Politiker (Sozialist).

Diese vielfältigen Interessen haben dazu geführt, dass der Forschungsreisende Wallace als einer der Ersten die Umweltzerstörung der Menschen beobachtet und durch eindrucksvolle Schilderungen dokumentiert hat. Wallace argumentierte zum Beispiel – sinngemäß übersetzt – in seinem populären Buch *The Wonderful Century* wie folgt:

»Die Erde wird von verantwortungslosen Menschen, die nur ihren Reichtum im Sinn haben, geplündert […] eine rücksichtslose Zerstörung abgelagerter Naturprodukte findet statt, wie sie während der gesamten vorherigen Menschheitsentwicklung nicht anzutreffen war […] und die Rodung tropischer Wälder zur Einrichtung von Kaffee-Plantagen wird vorangetrieben.« Er schlussfolgerte, dass »die Zerstörungen durch die großen Despoten des Mittelalters und des Altertums in unserer Zeit wiederholt worden sind.« (Wallace 1898: 373)

In seinem kurz vor dem Tod verfassten Werk *The World of Life* sind die folgenden Zeilen abgedruckt:

»Das Zeitalter der menschlichen Destruktivität begann mit der systematischen Nutzung von Feuer und dem Waffengebrauch zur Jagd.« (Wallace 1910: 307)

Weiterhin argumentierte der Naturforscher, dass »die Auslöschung vieler großer Säugetiere am Ende des Pleistozäns von Menschen verursacht worden ist« (Wallace 1910: 306). Mit diesen Sätzen hat Wallace die Jahrzehnte später formulierte *Overkill-Hypothese* vorhergesagt. Diese geht davon aus, dass rücksichtslos jagende Menschen, nicht aber natürliche Klimaschwankungen die Verarmung der Tierwelt vor circa 10.000 Jahren verursacht haben (Aussterben der meisten Großsäugerarten, wie zum Beispiel der Mammuts).

Aus diesen Gründen wurde Wallace als Vordenker des Konzepts des Anthropozäns gewürdigt (vgl. Kutschera 2013a, b). Es sei allerdings erwähnt, dass bereits Ernst Haeckel (1834–1919) in seinen Buchveröffentlichungen vom »Zeitalter des Menschen« spricht (vgl. den Beitrag von F. Mauelshagen in diesem Band). Die Ausführungen von Wallace sind jedoch, verglichen mit jenen Haeckels, wesentlich präziser und überzeugender.

6   Katastrophentheorie, Massenaussterben und die Bakterien

Was ist von George Cuviers eingangs vorgestellter Katastrophentheorie heute erhalten geblieben? Sehen wir von seinen imaginären biblischen »Schöpfungsakten«, kombiniert mit der *Sintflut* ab – diese kreationistischen Thesen sind religiöse Glaubensinhalte – so hatte der Mitbegründer der Wirbeltier-Paläontologie im Jahr 1812 nicht ganz unrecht. In der Tat gab es im Verlauf der Erdgeschichte wiederholt verheerende, durch Umweltkatastrophen verursachte Massenaussterbe-Ereignisse, die unter anderem als *The Big Five* in der Fachliteratur bekannt sind (vgl. Kutschera 2009, 2015). Heute verursacht die Massenspezies Mensch durch zu intensive Ressourcennutzung, aktive Umweltzerstörung und die damit verbundene Klimaerwärmung ein sechstes Massenaussterben, das in seinem Ausmaß möglicherweise alle vorhergegangenen

Abbildung 3: Originalaufnahme von Methylobakterien auf einer Blattoberfläche. Bakterien sind die ältesten Lebensformen und dominieren heute die Biosphäre als Komensalen, Symbionten und Parasiten (Cyanobakterien zählen ebenfalls dazu, die wesentliche Teile des Meeresplanktons ausmachen). Die prokaryotischen Mikroben werden nach derzeitigem Kenntnisstand auch das Anthropozän, mit zahlreichen Aussterbe-Ereignissen, überleben.
Quelle: Originalaufnahme U. Kutschera (2010).

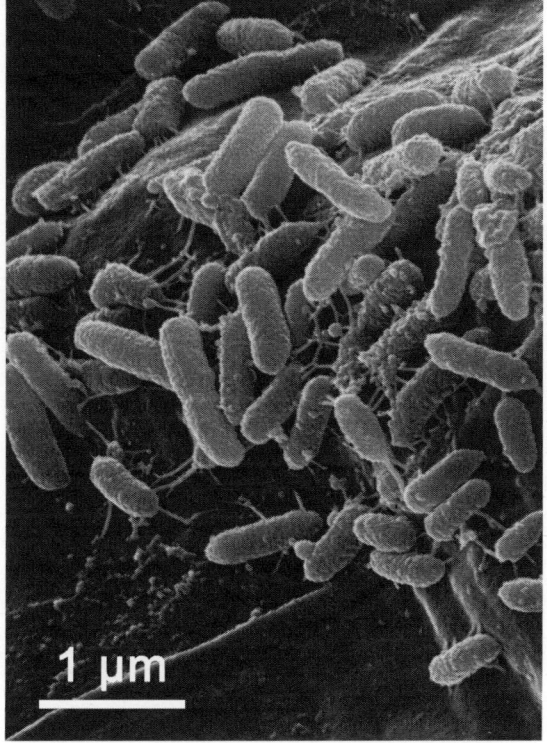

Umweltkatastrophen der Erdgeschichte überschatten wird. Die im Titel dieses Kapitels aufgeworfene Frage kann somit mit Ja beantwortet werden.

Die eigentlichen Gewinner der Evolution sind die seit etwa 3.500 Millionen Jahre existierenden Bakterien (vgl. Abbildung 3), die heute über 50 Prozent der protoplasmatischen Biomasse der Erde ausmachen. Als Symbionten von Tieren und Pflanzen sind die Mikroben winzige Helfer. Leider umfasst das Reich der Mikroorganismen aber auch zahlreiche Krankheitserreger, die zum Teil tödlich verlaufende bakterielle Infektionskrankheiten bei Mensch und Tier verursachen. Da Bakterien extrem anpassungsfähig sind und sich durch Zweiteilung rasch vermehren können, werden sie auch dieses anthropogene Desaster überleben und vermutlich noch jahrmillionenlang in ihren jeweiligen abgeänderten Nachkommen überdauern.

Literatur

Crutzen, Paul J. (2002): Geology of mankind. Nature 415: 23

Cuvier, Georges de (1813): Essay on the theory of the earth. Edinburgh: William Blackword

Darwin, Charles (1859): On the origin of species by means of natural selection, or the preservation of favoured races in the struggle for life. London: John Murray

Haber, Wolfgang (2011): Die unbequemen Wahrheiten der Ökologie. Eine Nachhaltigkeitsperspektive für das 21. Jahrhundert. 2. Auflage. München: oekom

Kutschera, Ulrich (2009): Tatsache Evolution. Was Darwin nicht wissen konnte. München: Deutscher Taschenbuch-Verlag

Kutschera, Ulrich (2013a): Design-Fehler in der Natur. Alfred Russel Wallace und die Gott-lose Evolution. Berlin: LIT-Verlag

Kutschera, Ulrich (2013b): The age of man: A father figure. Science 340: 1287

Kutschera, Ulrich (2015): Evolutionsbiologie. Ursprung und Stammesentwicklung der Organismen. 4. Auflage. Stuttgart: Eugen Ulmer

Kutschera, Ulrich, Ina Pfeiffer & Ernst Ebermann (2007): The European land leech: Biology and DNA-based taxonomy of a rare species that is threatened by climate warming. Naturwissenschaften 94: 967–974

Lamarck, Jean-Baptiste de (1809): Philosophie zoologique. Paris: Verdiere

Wallace, Alfred R. (1898): The wonderful century. London: Swan Sonnenschein

Wallace, Alfred R. (1910): The world of life. London: Chapman & Hall

Planet ohne Affen?
Zur Zukunft unserer Mitprimaten

Volker Sommer

1   Die Rote Liste wird länger

Was hat der Hainan-Schopfgibbon in China gemein mit dem Goldkapuziner in Brasilien, dem Großen Bambuslemuren auf Madagaskar und dem Hellköpfigen Schwarzlanguren Vietnams? Von ihnen überleben in ihren Heimaten lediglich ein paar Dutzend Individuen. Leider sind diese nicht menschlichen Primaten keine traurige Ausnahme. Es geht unseren nächsten Verwandten generell nicht gut.

Zwar bevölkern als beredte Zeugen einer Millionen Jahre langen Evolution ein paar Hundert Formengruppen von Halbaffen, Affen und Menschenaffen unseren Planeten. Auf der Roten Liste der IUCN (International Union for the Conservation of Nature) wird jedoch bereits die Hälfte dieser Arten und Unterarten als bedroht aufgeführt – wobei die Fraktion täglich wächst (vgl. Caldecott und Miles 2005; Rainer et al. 2014).

Bevor die zerstörerische Dynamik des Primatensterbens analysiert werden soll, sei eine spezielle Dimension dieses Niedergangs betont. Denn wenn unsere Mitprimaten verschwinden, findet nicht nur ein gigantischer Genozid statt. Nicht nur einmaliges genetisches Erbe wird ausgerottet. Vielmehr sterben auch Kulturen. Je nachdem, wo Affen und Menschenaffen leben, entwickelten nämlich ihre Bevölkerungen, obwohl zur gleichen Art gehörend, unterschiedliche Sitten und Gebräuche. Schimpansen etwa benutzen nur mancherorts Steinwerkzeuge, planschen in Teichen oder verzehren Termiten. Andernorts tun sie das nicht, obwohl es dort ebenfalls Steine, Wasser oder Insekten gibt. Unterschiedliche Verhaltensprofile konstituieren ihre jeweilige lokale Identität. Deshalb sprechen wir Verhaltensforscher von *Tierkulturen* (Sommer und Parish 2010). Der Verlust genetischer Vielfalt ist darum auch Verarmung kultureller Vielfalt.

Fazit: In dem Maße, wie wir Menschen uns auf unserem Planten breitmachen, werden wir einsamer.

2   Unsere Mitprimaten

Taxonomisch gesehen repräsentieren Primaten (vgl. Mitani et al. 2012) eine Ordnung
der Säugetiere – auf der gleichen Stufe biologischer Klassifikation wie Fledermäuse,
Hasen, Paarhufer, Unpaarhufer oder Nagetiere. Innerhalb der Primaten werden zwei
Gruppen unterschieden. Zu den *Feuchtnasenaffen* (Strepsirrhini) zählen zwei Zwei-
ge, die Lemuren und Loris, die – auf Afrika und Südasien beschränkt – überwiegend
nachtaktiv sind. Feuchte Nasen reflektieren den im Dunkeln nützlichen Mechanis-
mus, Geruchsstoffe einfangen und mittels olfaktorischer Sinne nutzen zu können.
Die *Trockennasenaffen* (Haplorrhini) umfassen drei Zweige: die Tarsier Südostasiens
(Koboldmakis, nachtaktiv wie Lemuren und Loris) sowie die tagaktiven Neuweltaffen
Mittel- und Südamerikas (etwa Kapuziner- und Krallenaffen) und die Altweltaffen
Asiens und Afrikas (etwa Makaken, Paviane und Schlankaffen).

Als Untergruppe der Altweltaffen lassen sich die Menschenaffen abgrenzen. Zu diesen *Hominoidea* zählen die *Kleinen Menschenaffen* – verschiedene Gibbons, die sich
schwinghangelnd in Baumkronen der südasiatischen Wälder bewegen – und die *Großen Menschenaffen*. Letztere umfassen die Formengruppen der Orang-Utans – heute
auf die südostasiatischen Inseln Sumatra und Borneo beschränkt – sowie in den Tropen Afrikas die Gorillas und die Schwesterngruppe der Schimpansen und Bonobos.

Die afrikanischen Menschenaffen sind behaarte Knöchelgänger. Gleichwohl trügt
der Augenschein, der verleiten könnte, uns nackte Zweibeiner einer eigenen Gruppe
zuzurechnen, möglichst – wie gerne gemacht – in gebührendem Abstand zu den
Menschenaffen. Moderne Genetik, vergleichende Anatomie und Paläoanthropologie
beweisen jedoch zweifellos, dass wir vor vier bis sechs Millionen Jahren einen gemeinsamen Vorfahren mit Schimpansen und Bonobos teilten, während sich die führende
Stammlinie der heute lebenden Gorillas bereits früher abgespalten hatte. Mit anderen
Worten: Nicht Gorillas sind die nächsten Verwandten der Schimpansen und Bonobos, sondern wir Menschen. Zoologisch zählen wir damit selbst zu den *Großen Menschenaffen* (vgl. Sommer und Ammann 1998).

Manche Zeitgenossen fühlen sich durch solche Erkenntnisse in ihrer »Würde«
verletzt. Ihnen wäre zu raten, es als beglückend zu empfinden, mit anderen Lebensformen durch einen äonenlangen Strom der Evolution verbunden zu sein. Es macht
unsere Existenz gewiss nicht ärmer, sondern reicher, dass wir – wie alle anderen Primaten – von affenähnlichen Vorfahren abstammen.

Trotz aller Gemeinsamkeit unterscheiden wir uns von anderen Primaten, weil wir
als anatomisch moderne Menschen unser Habitat zunehmend ausgeweitet haben
und, vom Ursprungsareal in Afrika ausgehend, allmählich andere Regionen des Globus besiedelten. Diese Migration ging mit zunehmender Ausbeutung und Umgestal-
tung der Erdoberfläche einher. Als Konsequenz der seit 100.000 Jahren währenden

Dynamik finden wir uns im *Anthropozän* vor – einem Erdzeitalter, dessen prägende und gestaltende Kräfte nicht mehr geologische oder astronomische Einflüsse sind, sondern unsere eigenen Aktivitäten (vgl. Hockings et al. 2015).

Dank Intelligenz und Erfindungsgabe tummeln sich mittlerweile Milliarden unserer Artgenossen auf dem Globus. Eine solche Vermehrung geht selbstredend auf Kosten anderer Lebensformen – einschließlich unserer Mitprimaten. Das Ende ihres freien Erdenlebens ist vorprogrammiert, weil wir den Halbaffen, Affen und Menschenaffen seit Mitte des 20. Jahrhunderts in stetig wachsendem Maß sieben Plagen bescheren: Bevölkerungswachstum, Landwirtschaft, extraktive Industrien, Klimaveränderung, Kriege, Krankheiten, Jagd. In vollem Gange sind diese Prozesse speziell in den Tropen, eben dort, wo die Mehrzahl der Affen und sämtliche Arten der Feuchtnasenprimaten und nicht menschlichen Menschenaffen leben.

Zu einer Schilderung der Destruktion gehört die Klarstellung, dass negative anthropogene Einflüsse nicht nur Primaten, sondern das Überleben wilder Fauna und Flora schlechthin beeinträchtigen. Dass gleichwohl das Schicksal der Primaten herausgestrichen wird, hat mehrere Gründe:

♦ Zum Ersten repräsentieren Primaten gute Indikatoren für den Zustand eines Habitats. Speziell Affen oder Menschenaffen sind großwüchsig und damit gewöhnlich die Ersten, die in die Ausrottung getrieben werden. Wo Primaten überleben, ist also – zumindest im Prinzip – noch etwas zu retten. Ihre Anwesenheit erlaubt deshalb, Prioritäten beim Naturschutz zu setzen.

♦ Zum Zweiten kommt deshalb der Schutz von Primaten auch anderen Konstituenten des Regenwaldes zugute. Wenn Orang-Utan und Co. effektiv geschützt werden, dann profitieren davon ebenfalls Schmetterlinge wie der Atlasspinner und Orchideen wie der Frauenschuh. Primaten gelten somit als Schirmarten *(umbrella species)*.

♦ Zum Dritten wird das Schicksal von Primaten öffentlich eher zur Kenntnis genommen als jenes von *Attacus atlas* und *Paphiopedilum rothschildianum*. Denn die unmittelbare Bedrohung charismatischer Megafauna mobilisiert mehr Schutzanstrengungen.

♦ Zum Vierten wirken sich anthropogene Einflüsse ziemlich schnell negativ gerade auf Bevölkerungen von Primaten aus. Diese Säugetiere pflanzen sich, verglichen etwa mit Nagern oder Fledermäusen, sehr viel langsamer fort. Das Extrem findet sich bei Menschenaffen. Hier verstreichen unter Wildnisbedingungen leicht vier bis sechs Jahre zwischen zwei Geburten. Gestörte Populationen brechen deshalb rasch zusammen, ohne echte Chance auf Regeneration.

◆ Zum Fünften sind andere Primaten unsere beste Verbindung zur eigenen Vergangenheit. Wir können keine Zeitmaschine bauen, um den Ablauf unserer Evolution zu rekonstruieren. Doch das, was wir über heute lebende Mitprimaten hinsichtlich Unterschieden und Gemeinsamkeiten lernen, hilft uns, den historischen Prozess der Menschwerdung besser zu verstehen.

3   Die primatologische Perspektive

In meine Analysen und Prognosen fließt jenseits aller Zahlen und Fakten eine breite persönliche Erfahrung als Freilandforscher ein, die mittlerweile fast vier Jahrzehnte umfasst. Während dieser Zeit richtete ich mein Interesse vor allem auf drei Primaten. Zunächst begann ich ab 1981, Tempelaffen am Rande der indischen Wüste in Rajasthan zu untersuchen (vgl. Sommer 1996). Darauf folgten seit 1989 Studien an Gibbons im Khao-Yai-Regenwald in Thailand (vgl. Sommer und Reichard 2000). Seit 1999 schließlich leite ich ein Forschungs- und Naturschutzprojekt im Bergwald des Gashaka Gumti National Parks in Nigeria, Refugium der seltensten Unterart von Schimpansen (vgl. Sommer 2008). Forscher und Studenten aus zahlreichen Nationen nutzen diese Studiengebiete als Freilandlabor, um Daten für ihre Baccalaureus-, Master- oder Doktorarbeit zu erheben, oder um als etablierte Forscher speziellen Fragestellungen nachzugehen. Zudem arbeiten meine Schüler und Mitarbeiter auch in anderen Heimaten von Primaten, etwa in Costa Rica mit Kapuzineraffen, in Südamerika mit Krallenaffen, in Kamerun mit Gorillas, im Kongo mit Bonobos, in Tansania mit Schimpansen, in Sri Lanka mit Lorisen oder auf Borneo mit Orang-Utans.

Bei aller regionalen Expertise vereint diese Primatologen neben dem wissenschaftlichen Interesse zunehmend eines: die leidvolle Realisierung, dass heutzutage keine Habitate von Primaten mehr existieren, die von zerstörerischen Einflüssen der Menschheit verschont wären. Eine typische Karriere in der Primatologie ist deshalb die Entwicklung von anfänglicher Freilandforschung hin zum nachfolgenden Engagement im Naturschutz. Drei Pionierinnen seien hier stellvertretend genannt – die zu recht berühmten Trimates:

◆ Als Jane Goodall 1962 ihre bahnbrechenden Untersuchungen an wilden Schimpansen in Tansania begann, standen ihre Studiengruppen über zusammenhängende Wälder mit damals riesigen Beständen des übrigen Ostafrika im Kontakt (vgl. Goodall 1971). Obwohl Goodall um 1985 die Forschung aufgab und sich seither ausschließlich dem Artenschutz widmet, konnten Millionen eingeworbener Dollar es nicht verhindern, dass im heutigen Gombe-Stream National Park lediglich eine isolierte Inselpopulation einiger Dutzend Schimpansen überlebt. Ihre Nachbarn sind flächendeckend verschwunden.

- Dian Fossey ging 1966 in die Vulkanlandschaft Ostafrikas, um wilde Berggorillas zu erforschen (vgl. Fossey 1983). Fossey geriet in einen Strudel politischer Wirren, kämpfte gegen traditionelle Jagd und Tierhandel und wurde 1985 im Zusammenhang mit ihrem Engagement ermordet.

- Birutė Galdikas widmete sich ab 1971 den Orang-Utans auf Borneo (vgl. Galdikas 1995). Statt sich auf wilde Tiere zu konzentrieren, sah sie sich alsbald gezwungen, eine Auffangstation für verwaiste und vertriebene Menschenaffen aufzubauen. Dieses sogenannte Rehabilitationszentrum ist heutzutage ein Inselchen am Rande längst kahl geschlagener Wildnis.

4   Sieben apokalyptische Plagen

In den 1960er-Jahren begann ein goldenes Zeitalter der Freilandprimatologie, das uns faszinierende Einblicke in Leben und Treiben unserer wilden Verwandten bescherte. Mittlerweile steht es meist schlecht um ihre Bevölkerungen. Ihr Überleben ist *indirekt* durch Habitatvernichtung und *direkt* durch Jagd bedroht. Dabei sind es nicht vorwiegend Menschen in den Herkunftsländern von Primaten, von denen die zerstörerische Dynamik ausgeht. Vielmehr wird der größte Sog von jenem Lebensstil erzeugt, den wir uns als Bewohner sogenannter entwickelter Nationen angewöhnt haben (zum Folgenden vgl. Caldecott und Miles 2005; Rainer et al. 2014).

4.1 Bevölkerungswachstum

Bunte Paletten von Primatenarten evolvierten in Gegenden mit hohem Niederschlag, die noch dazu geografisch reich untergliedert sind. Solch feuchte Landschaften mit Bergen, Tälern und Flüssen finden sich etwa an der Bucht von Biafra in Kamerun und Nigeria oder in Bergregionen des Sunda-Archipels. Doch entstanden hier nicht nur Zentren von Biodiversität (vgl. Oates et al. 2004). Dank natürlichen Reichtums ziehen solche Gegenden auch Menschen an. Straßenbau repräsentiert deshalb die erste Stufe der Zerstörungskaskade, auf die alsbald Siedlungen entlang der Schneisen folgen. Es ist somit kein Zufall, dass die menschliche Bevölkerungsdichte in *biodiversity hotspots* besonders hoch ist – was wenig Gutes für 300 überlebende Cross-River-Gorillas oder immerhin noch 6.000 Orang-Utans auf Sumatra verheißt.

4.2 Landwirtschaft

Wo sich Menschen niederlassen, schlagen sie Wälder ab – jene Biotope, auf die Primaten meist spezialisiert sind. Bäume weichen, um Hackbau und Landwirtschaft zu betreiben oder Plantagen anzulegen. Um den Boden rascher zu bestellen, wird gefälltes Holz oder noch stehender Urwald abgebrannt. Berüchtigt ist die Umwandlung in

Brasilien, damit Kühe grasen können, oder der Kahlschlag in Indonesien und Malaysia, um Monokulturen von Ölpalmen zu schaffen. Wenn wir Hamburger, Nutella und Pralinen verzehren, mit Ariel waschen und uns mit Nivea-Creme einreiben, geht das somit auf Kosten der Goldenen Löwenäffchen, der Nasenaffen und Sunda-Koboldmakis.

Auf Borneo und Sumatra hat Waldumwandlung eine weitere Konsequenz. Hier wächst Vegetation auf Torfmoorböden. Verschwindet der Wald, entwässert sich die Landschaft und die bis zu 8.000 Jahre alten Böden werden porös. Durch Brandstiftung, Zigarettenstummel oder das Prisma einer Glasscherbe entzünden sich der trockene Torf und darin gespeichertes Methangas. Beißende Rauchwolken bilden sich, die selbst auf dem fernen Festland von Malaysia und in Singapur zur Schließung von Schulen und Behörden führen und ein normales Alltagsleben der dort lebenden Menschen verunmöglichen. Im August des Jahres 2015 musste eine meiner Master-Studentinnen ihre Forschungen zum Mutter-Kind-Verhalten wilder Orang-Utans auf Borneo abbrechen, weil die Sicht keine zehn Meter betrug und sie selbst mit einer Rauchmaske vor dem Gesicht kaum mehr genügend atmen konnte. Sie reiste nach Bali aus. Den rothaarigen Waldmenschen steht diese Möglichkeit nicht offen. Sie sterben damit selbst dann vermehrt, wenn ihnen noch nicht die Bäume unter dem Körper weggefällt wurden.

4.3 Extraktive Industrien

Wälder verschwinden auch deshalb, weil die Baumstämme selbst einen begehrten Rohstoff darstellen. Bis Ende des 20. Jahrhunderts gingen 90 Prozent des Tropenholzes in die Europäische Union. Dann machten sich asiatische Tigerstaaten (Hongkong, Singapur, Südkorea, Taiwan) verstärkt über Waldreste her – Folge wachsenden wirtschaftlichen Wohlstandes. Nunmehr grasen chinesische Heuschreckenfirmen die Tropen ab. Bis 2014 war etwa der abgeschiedene Nordosten Nigerias noch relativ unversehrt. Jetzt türmen sich Halden von Rohholz am Straßenrand, die Dorfbewohner an periodisch mit Lastwagen anfahrende Händler verkaufen.

Extraktive Begehrlichkeiten richten sich verschärft auch auf unterirdisch lagernde Wertstoffe – die deshalb Bodenschätze heißen. Globalen Schaden verursachen dabei jene Großkonzerne, die zur Befriedigung unserer Lebensstilbedürfnisse Öl fördern, Kupfer oder Diamanten schürfen. Umweltrichtlinien werden dabei lediglich auf dem Papier eingehalten. Selbst derlei Augenwischerei entfällt, wenn Amateure Minen betreiben *(artisanal mining)*. Zu Beginn des 21. Jahrhunderts erlebte der Osten der Demokratischen Republik Kongo einen Koltan-Rausch. Heerscharen von Ausgräbern, viele davon eigentlich Kleinbauern, förderten ein Erz, das in Mobiltelefonen zum Einsatz kommt – und das mitten im Kahuzi-Biega National Park, der für das Überleben der östlichen Flachlandgorillas kritisch ist. Um die Horden illegaler Ausgräber zu ernähren, wurden Tausende dieser Menschenaffen im Umfeld der Grabungen abgeschlachtet.

Am Rande des Mambilla-Plateaus in Nigeria wiederum buddeln seit 2013 Tausende, weil sie hoffen, bezüglich des blauen Steins fündig zu werden. Die Landschaft ist mit Kratern überzogen – und alsbald wird das Ausgraben weitergehen im nahen Gashaka Gumti National Park. Die umliegenden Bergwälder, in denen Reliktpopulationen von Drillaffen, Preuss-Stummelaffen, Schimpansen und Gorillas überleben, dienen als wichtige Wasserspeicher (vgl. Adanu et al. 2011). Bäume und Boden saugen wie riesige Schwämme die Wolkenbrüche der Regenzeit auf. Sie entlassen das Wasser langsam, das Jahr hindurch – auch und gerade während der sechsmonatigen Trockenzeit. So führen wichtige Zuflüsse zum Niger stets klares sauberes Wasser, wovon Millionen Menschen profitieren. Sind die Bäume abgeschlagen, trägt Sturzregen den Mutterboden ab, Schlammlawinen wälzen sich zu Tal, woraufhin Flussbette verflachen. Auf verheerende Überschwemmungen folgen dann ebenso katastrophale Dürren.

In den Vorbergen des Himalaja ist das Endstadium dieses Erosionsprozesses evident: nackter Fels so weit das Auge reicht – dort, wo vor 40 Jahren noch Goldlanguren durchs Geäst sprangen.

4.4 Klimaänderung

Ein Anstieg der Durchschnittstemperatur der erdnahen Atmosphäre und der Meere seit der Industrialisierung wird von Klimatologen beinahe täglich neu belegt. Zu den Verursachern zählen jene Praktiken, die wilden Primaten ohnehin zu schaffen machen: Waldvernichtung, Feuer, fossile Brennstoffe. Sollten die Prognosen nur halbwegs stimmen, werden die restlichen Tropenwälder ihre Wachstumszyklen verändern und Primaten damit auch die letzten Lebensgrundlagen entziehen.

Umgekehrt dürften jetzt trockene Gegenden wie die Grasflächen des äthiopischen Hochlands feuchter werden. Dort sind Blutbrustpaviane zu Hause, die auf Grasnahrung spezialisiert sind. Beginnen dank erhöhten Niederschlages Bäume zu wachsen, verlieren diese auf Bodenleben und Samen spezialisierten Primaten ihre Heimat.

4.5 Krankheiten

Je mehr Menschen in Wäldern Siedlungen und Felder anlegen oder Vieh weiden lassen, umso leichter werden Krankheiten von Tier zu Mensch übertragen *(Zoonose)*, jedoch auch von Mensch zu Tier *(Anthropozoonose)*. Dass dies speziell auch Primaten betreffen kann, wurde ab Mitte der 1960er-Jahre erkannt, als Menschenaffen an Lungeninfektionen und Polio verstarben, die Primatologen unwissentlich eingeschleppt hatten. Aktuell leiden die Berggorillas der ostafrikanischen Vulkanlandschaft an von Haustieren übertragener Räude. An der Elfenbeinküste wiederum verstarben Menschenaffen an Milzbrand.

Die schlimmste Gefahr stellt Ebola dar. Der Virus tötet etwa 50 Prozent der befallenen Menschen – jedoch 77 Prozent aller Schimpansen und 95 Prozent aller Gorillas. Im Kongo hatten Primatologen die Kopfzahl der Menschenaffen über die Dichte ihrer Schlafnester in ausgewählten Waldabschnitten hochgerechnet. Nach einem Ebola-Ausbruch des Jahres 2003 waren kaum noch frische Nester zu finden; die Populationen waren praktisch ausgelöscht.

4.6　Bewaffnete Konflikte

Die dunklen Seiten menschlicher Existenz – politische Instabilität, Krieg und Flüchtlingsdramen, Armut und Hungersnöte – werfen ihre Schatten auch auf nicht menschliche Primaten und lassen Schutzbemühungen im Chaos versinken.

So holzten ruandische Flüchtlinge in Zaire in den Jahren 1994 bis 1997 weite Teile des *Parc National des Virungas* ab, um sich mit Feuerholz zu versorgen. Die Hauptquartiere des Parks wurden geplündert und zerstört. Im Osten des zentralafrikanischen Kongobeckens kamen in den letzten Jahrzehnten Millionen Menschen ums Leben. Die Region scheint in einem Teufelskreis gefangen, bei dem brutale Konflikte und Stellvertreterkriege mit Friedensverhandlungen und Entwaffnungen abwechseln – bis ein neuer Zyklus beginnt. Millionenfach gelangten dadurch Feuerwaffen, speziell Kalaschnikows, in Umlauf. Mit ihnen durchkämmen auch im Inneren des Kongo organisierte Gruppen systematisch die Wälder. Sie schießen alles ab, was sich regt – Antilopen, Gürteltiere und Elefanten ebenso wie Gorillas und Stummelaffen. Resultat: Vielerorts stehen im Kongobecken noch Bäume. Doch die Wälder sind leer *(empty forest syndrome).*

4.7　Jagd und Haustierhandel

Viele Leute, inklusive die Bewohner deutscher Lande, essen gerne Wildtiere, weil die angeblich besser schmecken als Haustiere. Insofern konstituiert Wildfleisch – in Afrika »Buschfleisch« *(bushmeat)* genannt – nicht etwa das Brot des armen Mannes. Es ist vielmehr ein begehrter Luxusartikel (vgl. Peterson und Ammann 2003).

Jagd war für Bestände wilder Primaten keine existenzielle Bedrohung, solange sie traditionell mit Pfeil und Bogen erfolgte und dem Dorfhäuptling und dessen Günstlingen zugute kam. Die Einführung von Feuerwaffen aber hatte für die Fauna den gleichen katastrophalen Effekt wie der Ersatz einfacher Äxte durch Motorsägen für die Flora. Primaten, die bei Bedrohung in die Wipfel fliehen – etwa die schweren und damit begehrten Drillaffen oder Roten Stummelaffen – sind dadurch leichte Beute. Dank der Gewehre weitete sich die Jagd auf Affen zum lukrativen Handel an wohlhabende Städter aus. In Yaoundé, Kameruns Hauptstadt, wird Gorillafleisch geräuchert, als Steak und als Eintopf angeboten. Flugreisende transportieren Primatenfleisch aus Afrika in den Rest der Welt. Buschfleisch wird deshalb selbst auf Speisekarten in Paris,

Brüssel und London offeriert (vgl. Wood et al. 2014). Aufhören werden die Massaker erst, wenn die Populationsdichte der Primaten so sehr gesunken ist, dass sich die Jagd zeitlich nicht mehr lohnt.

Buschfleisch ist überdies begehrt, weil ihm dank wilder Herkunft eine spirituelle Komponente innewohnt – was speziell für Primaten gilt. Mitteleuropäer mögen die Nase rümpfen, vielleicht, weil Affen uns so menschenähnlich erscheinen. Sie zu essen, wäre damit nahe am Kannibalismus. Besonders in Afrika werden sie genau darum gerne gegessen, gehen doch die einem Gorilla oder Schimpansen innewohnenden Kräfte in die Konsumenten über (vgl. Nyanganji et al. 2011). Die Übertragung magischer, lebenspendender Energie entspringt nicht der Fantasie von Menschen, die in Industriegesellschaften *Primitive* genannt werden, sondern ist kulturell und religiös weltweit in verschiedenen Formen verbreitet (vgl. Girard 2011).

Primatenkinder, die ein Massaker am schützenden Bauch ihrer erschossenen Mütter zufällig überleben, werden als Beiprodukt der Fleischgewinnung als Spieltiere verhökert. Sie fristen ein leidvolles Dasein in Restaurants, Hotelanlagen oder Privathaushalten. Etwa jedes Zehnte dieser Waisenkinder landet am Ende dieser Tortur in einer Auffangstation (vgl. Hughes et al. 2011). So kümmern sich mittlerweile Dutzende dieser Institutionen um Tausende von Schimpansen und Tausende von Orang-Utans. YouTube-Clips von kulleräugig in die Kamera blickenden Halbaffen wie Pottos und Plumploris heizen die Haustierdynamik zusätzlich an. Speziell Asiaten wollen statt eines süßen Hamsters lieber einen kuscheligen Halbaffen besitzen – was zur regelrechten Ausplünderung ihrer Habitate führt.

5 Blick nach vorn

Vor 100 Jahren bevölkerten Millionen von Gorillas, Orang-Utans, Bonobos und Schimpansen die Tropen. Was heute an Großen Menschenaffen in der Wildnis überlebt, dürfte in ein, zwei Fußballstadien passen; wobei die Zahl der leeren Plätze jeden Tag zunimmt. Es führt jedenfalls kein Weg an der Erkenntnis vorbei, dass unsere nächsten Verwandten bald in vielen, ja den meisten ihrer Urheimaten verschwunden sein werden. Vielerorts ist das bereits Fakt. In ein paar Jahrzehnten werden bestenfalls Überlebensinseln übrig bleiben – mehr oder weniger große Parks, mehr oder weniger gut geschützt, mehr oder weniger geschätzt von Einheimischen und Touristen.

Lässt sich der Niedergang irgendwie aufhalten (vgl. Cowlishaw und Dunbar 2000)? Staatliche Nationalparks in tropischen Ländern existieren oft nur pro forma. Nicht selten werden sie von Wildhütern betrieben, die selbst Tierpopulationen ausbeuten oder sich von Wilderern und Holzfällern bestechen lassen. Schutzmaßnahmen wirken deshalb bestenfalls punktuell. Wir konnten errechnen, dass zumindest die Präsenz von Forschern ein wenig hilft, lokale Populationen zu schützen (vgl. Tranquilli et al. 2014). Beispielsweise überleben im Umkreis der Forschungsstationen von Tai/Elfenbeinküste, Boussou/Guinea, Budongo/Uganda oder Gombe/Tansania noch Schimpansen, während ihre Artgenossen ringsum ausgerottet sind.

Tourismus ist nicht sonderlich hilfreich, weil viele Primaten in politisch unsicheren Gegenden leben. Deshalb können Besucher bei akuten Konflikten rasch ausbleiben. Allerdings existiert ein Positivbeispiel (vgl. Robbins et al. 2011). Der Berggorilla-Tourismus um die Virunga-Vulkane in Ostafrika schwemmt Millionen von Dollar in die Kassen von Ruanda, Uganda und der Demokratischen Republik Kongo. Deren Regierungen haben deshalb sehr strukturiert in den Schutz ihrer schwarzen Riesen investiert. Deshalb nahmen die Berggorillas von lediglich 250 am Ende der 1970er-Jahre auf heute um die 600 zu. Das Zahlen von 1.000 Dollar für eine Stunde Wildnisabenteuer können allerdings lediglich Gorillas einfordern. Sie ziehen in kohäsiven Gruppen auf dem Boden umher und lassen sich aus nächster Nähe betrachten – ein absolut unvergessliches Erlebnis. Bei Schimpansen wird es schwieriger, weil diese alleine oder in Grüppchen umherziehen. Wer sie sehen will, erhascht oft nur einen Blick in den Baumkronen.

Wir müssen uns damit abfinden, als Primaten bald ziemlich allein zu sein auf diesem Planeten. Nun ja, hier und dort und in Zoos werden einige Verwandte überleben – als traurige Echos einer einstmals wundervoll reichen natürlichen Sinfonie. Das dürfte jedoch lediglich wenige Exemplare von *Homo sapiens* wirklich kümmern – beispielsweise Primatologen wie mich selbst, die die Ausrottung an vorderster Front miterleben. Für die weitaus meisten Menschen wird der Verlust von Spinnenaffen, Sifakas oder Löwenäffchen nicht schmerzhaft sein, haben sie von diesen Mitprimaten doch nie etwas gehört, geschweige denn sie persönlich gekannt. Auch ich leide nicht mehr darunter, dass in meiner nordhessischen Heimat vor 200 Jahren noch Bären und Wölfe lebten. Ich kenne sie aus Grimm'schen Märchen und Filmen von Walt Disney. Abenteuer im Kopf können ein akzeptabler Ersatz sein – wie ja auch das Beispiel der Dinosaurier lehrt. Primaten verschwinden übrigens nicht deshalb, weil wir Menschen uns »unnatürlich« verhalten würden. Im Gegenteil. Wir benutzen ein natürlich entstandenes Organ, unser Gehirn, um die Ressourcen unseres Planeten zum eigenen Vorteil auszubeuten. Das mag kurzsichtig sein, ist aber keineswegs ein Sondermerkmal des Menschen.

Schimpansen beispielsweise essen gerne Palmenherzen. In Westafrika zerstoßen sie deshalb mit entlaubten Blattstielen diese Vegetationskegel zu Brei, den sie sichtlich zufrieden verzehren. Jede zehnte Palme stirbt nach dieser Prozedur. Sollte es zukünftige Generationen von Schimpansen geben, wären die solcher Leckerbissen deshalb zunehmend beraubt – so wie es unseren Kindeskindern versagt sein wird, Hainan-Schopfgibbon, Goldkapuziner oder Bambuslemuren selbst in Augenschein nehmen zu können.

Primatologen, die in tropischen Wäldern gegen das Unvermeidliche ankämpfen, haben es schwer, nicht deprimiert, zornig oder zynisch zu werden. Ich habe mir eine Lebensphilosophie zugelegt, die mir erlaubt, weiterhin als Forscher und Artenschützer aktiv zu sein.

Zum einen will ich die Zerstörung zumindest verzögern. Zuweilen gibt es sogar kleine Siege. So sollte ab August 2015 eine breite Straße durch den Cross-River National Park in Nigeria gebaut werden. Unser Netzwerk an Umweltaktivisten mobilisierte Medien und Politiker. Und siehe da: Präsident Buhari verweigerte den symbolischen Spatenstich. Damit ist das Projekt erst einmal vom Tisch (vgl. Premium Times 2015).

Zum anderen handele ich nicht aus einem Glauben an einen schlussendlichen Erfolg. Ich stelle mich lediglich einem Problem, das ich nicht selbst gewählt habe. Ähnlich deutet Albert Camus die Arbeit des Sisyphos (vgl. Camus 1956). Der wuchtet seinen Stein stets erneut zum Berggipfel, wo er kurz zuvor entgleitet und talwärts rollt. Gerade weil Sisyphos die Absurdität akzeptiert, bleibt er Meister über seine Tage. Der Prozess des Widerstandes verleiht ihm Würde und Kraft: »Wir müssen uns Sisyphos als einen glücklichen Menschen vorstellen.«

Mein privates Glück nährt sich vom Bewusstsein, das wilde Leben der Letzten ihrer Art aus allernächster Nähe geteilt zu haben. Diese Erfahrung hat mein Leben ungemein bereichert. Teilen will ich sie gerne.

Literatur

Adanu, Jeremiah, Volker Sommer & Andrew Fowler (2011): Hunters, fire, cattle. Conservation challenges in eastern Nigeria, with special reference to chimpanzees. In: Volker Sommer & Caroline Ross (eds.): Primates of Gashaka. Socioecology and conservation in Nigeria's biodiversity hotspot. New York: Springer: 55–100 (Kap. 03)

Caldecott, Julian & Vera Miles (eds.) (2005): World atlas of great apes and their conservation. Los Angeles: University of California Press

Camus, Albert (1956): Der Mythos von Sisyphos. Ein Versuch über das Absurde. Düsseldorf: Karl Rauch

Cowlishaw, Guy & Robin Dunbar (2000): Primate conservation biology. Chicago: University of Chicago Press

Fossey, Dian (1983): Gorillas in the mist. London: Hodder & Stoughton

Galdikas, Birute M.F. (1995): Reflections of Eden: My years with the orangutans of Borneo. London: Little Brown & Co

Girard, René (2011): Das Heilige und die Gewalt. Ostfildern: Patmos

Goodall, Jane (1971): In the shadow of man. London: Collins

Hockings, Kimberley J. et al. (2015): Apes in the Anthropocene: Flexibility and survival. Trends in Ecology & Evolution 30: 215–222

Hughes, Nicola et al. (2011): Will the Nigeria-Cameroon chimpanzee go extinct? Models derived from intake rates of ape sanctuaries. In: Volker Sommer & Caroline Ross (eds.): Primates of Gashaka. Socioecology and conservation in Nigeria's biodiversity hotspot. New York: Springer: 493–523 (Kap. 14)

Mitani, John et al. (eds.) (2012): The evolution of primate societies. Chicago: University of Chicago Press

Nyanganji, Gilbert et al. (2011): Monkeys and apes as animals and humans. Ethno-primatology in Nigeria's Taraba region. In: Volker Sommer & Caroline Ross (eds.): Primates of Gashaka. Socioecology and conservation in Nigeria's biodiversity hotspot. New York: Springer: 101–134 (Ch. 04)

Oates, John F., Richard A. Bergl & Joshua M. Linder (2004): Africa's Gulf of Guinea forests: Biodiversity patterns and conservation priorities. Advances in Biodiversity Science 6. Washington DC: Conservation International Center for Applied Biodiversity Science

Peterson, Dale & Karl Ammann (2003): Eating apes. California: University of California Press

Premium Times (2015): Buhari cancels visit to Cross River for groundbreaking of 260km highway. http://www.premiumtimesng.com/news/top-news/190264-buhari-cancels-visit-to-cross-river-for-groundbreaking-of-260km-highway.html – Zugegriffen am 17. 09. 2015

Rainer, Helga, Alison White & Annette Lanjouw (eds.) (2014): State of the apes 2013. Extractive industries and ape conservation. Cambridge: Cambridge University Press

Robbins, Martha M. et al. (2011): Extreme conservation leads to recovery of the Virunga mountain gorillas. PLoS ONE 6: e19788: 1–10

Sommer, Volker (1996): Heilige Egoisten. Die Soziobiologie indischer Tempelaffen. München: C.H. Beck

Sommer, Volker (2008): Schimpansenland. Wildes Leben in Afrika. München: C.H. Beck

Sommer, Volker & Karl Ammann (1998): Die Großen Menschenaffen: Orang-Utan, Gorilla, Schimpanse, Bonobo. München: BLV

Sommer, Volker & Amy Parish (2010): Living differences. The paradigm of animal cultures. In: Ulrich Frey, Charlotte Störmer & Kai Willführ (eds.): Homo novus – A human without illusions. The Frontiers Collection. Heidelberg: Springer: 17–31

Sommer, Volker & Ulrich Reichard (2000): Rethinking monogamy: The gibbon case. In: Peter Kappeler (eds.): Primate males: Causes and consequences of variation in group composition. Cambridge: Cambridge University Press: 159–168

Tranquilli, Sandra et al. (2014): Protected areas in tropical Africa: Assessing threats and the impact of conservation activities. PLoS ONE 9: e114154: 1–21. DOI: 10.1371/journal.pone.0114154

Wood, Kathy L. et al. (2014): CITES-listed species at risk from the illegal trafficking of bushmeat. Results of a 2012 study in Switzerland's international airports. Unpublished Report to CITES. Zürich: Tengwood

Teil 2

Humanitäre Maßstäbe

Inklusiv denken:
Eine Kritik der Entgegensetzung
von Humanität und Natur

Uta Eser

1   Einleitung

Aus den »unbequemen Wahrheiten der ökologischen Wissenschaften« hat Wolfgang Haber (2013) zwei persönliche Konsequenzen gezogen: Für ihn zählen »[e]thische Argumente zur Erhaltung von Natur und Biodiversität [...] nicht mehr«, und er bezeichnet »die kulturell-technische Entwicklung der Menschheit und ihre Humanität (Ethik, Gerechtigkeit, individuelle Rechte, Gleichrangigkeit) als mit der Ökologie (Organisation des nicht menschlichen Lebens) nicht (mehr) vereinbar« (Haber 2013: 464). Dass Ökologie und Humanität in einem unauflöslichen Widerspruch stünden, ist eine Auffassung, die im Diskurs des Anthropozän zwar selten so pointiert formuliert, von vielen aber geteilt wird. Als Umweltethikerin teile ich diese Auffassung nicht. Ich denke, dass man die Erhaltung der Natur ohne Ethik nicht begründen kann und dass wir eine Vorstellung von Humanität entwickeln müssen, die unserer menschlichen Naturhaftigkeit besser gerecht wird. Der vorliegende Beitrag will diese Kritik an der Entgegensetzung von Humanität und Ökologie entwickeln und begründen. Ich betrachte also das Verhältnis von Menschen und Natur nicht empirisch-deskriptiv, sondern reflexiv und normativ.

Einleitend erläutere ich Begriff und Anliegen der Ethik. Danach zeige ich, dass die Vorstellung eines notwendigen Konflikts zwischen »Mensch« und »Natur«, die den Umweltdiskurs prägt, auf einem zu einseitig biologischen Menschenbild beruht. Dieser Einseitigkeit möchte ich eine inklusive Sicht des Menschen entgegensetzen. Dabei beschränke ich mich auf zwei Aspekte: die Reduktion der Vielfalt menschlicher Lebenswirklichkeiten auf das Kollektivsubjekt »der Mensch« und die Reduktion menschlicher Bedürftigkeit auf naturale Bedürfnisse. Abschließend plädiere ich für einen inklusiven Humanismus.

2   Aufgabe der Ethik

»Ethik ist die Ermittlung des guten und richtigen Handelns unter gegebenen
Bedingungen und Handlungsmöglichkeiten, bezogen auf Situationen (›Fälle‹),
auf die Haltungen von Personen und auf Institutionen« (Mieth 1995: 505).

So habe ich es bei meiner Ausbildung am Zentrum für Ethik in den Wissenschaften
der Universität Tübingen gelernt. Anhand dieser Definition lassen sich einige verbreitete Missverständnisse von Ethik ausräumen:

Erstens weiß, wer Ethik betreibt, nicht bereits, was gut und richtig ist, sondern
will es erst herausfinden, und zwar durch Reflexion. Ethik hat es also mit Vernunft-
gebrauch zu tun. Sie ist keine rein gefühlsmäßige, subjektive Angelegenheit.

Die *Unterscheidung von »gutem« und »richtigem« Handeln weist*, zweitens, auf zwei
unterschiedliche Anliegen ethischen Bemühens hin:

❖ Das Attribut *gut* bezieht sich auf Handlungen oder Haltungen, die für ein erfülltes
   Leben erstrebenswert sind. Sie sind Gegenstand der Strebensethik.

❖ Das Attribut *richtig* hingegen zeichnet Handlungen aus, die moralisch geboten
   sind. Hier geht es um ein (unbedingtes) Sollen, das vom Wollen und Streben der
   Einzelnen unabhängig ist.

Moralische Vorschriften müssen, drittens, auf die *konkreten Bedingungen und Handlungsmöglichkeiten* der Adressaten bezogen sein. »Ultra posse nemo obligatur« (»Jenseits seines Könnens ist niemand verpflichtet«) lautet ein Rechtsgrundsatz, der auch
für die normative Ethik gilt. Damit soll verhindert werden, dass die Ethik idealistische
Wolkenkuckucksheime entwirft, die anthropologische, soziale oder biologische Rea-
litäten verkennen.

Und schließlich geht es, viertens, in einer anwendungsorientierten Ethik nicht nur
um persönliche Haltungen, sondern auch um die *institutionelle Ebene*. Ethik ist also
nicht auf individuelle Tugendhaftigkeit zu beschränken.

Anwendungsorientierte Umweltethik hat es nicht nur allgemein mit dem Verhältnis *des Menschen* zur Natur zu tun. Vielmehr stellt sie im Hinblick auf konkrete Umweltprobleme ganz konkrete Fragen:

❖ Welche Handlungen sind im Hinblick auf dieses Problem geboten, welche verbo-
   ten?

❖ Welche Handlungen und Haltungen können wir Menschen empfehlen, wenn auch
   nicht vorschreiben?

Dabei sind die empirischen Bedingungen des Handelns wesentlich: Wie sind die kausalen Zusammenhänge? Wer hat tatsächlich welche alternativen Möglichkeiten? Wenn wir in dieser sehr konkreten Weise nicht nur fragen, um welches Handeln, sondern auch um wessen Handeln es geht, können wir die Entgegensetzung von Humanität und Ökologie hinter uns lassen.

3   Mensch vs. Natur: eine überkommene Alternative

Zunächst einmal müssen wir jedoch den beklagten Gegensatz zur Kenntnis nehmen. Denn in der Tat geht im Natur- und Umweltschutz die Wertschätzung der Natur häufig mit einer Geringschätzung des Menschen und menschlicher Errungenschaften einher. Ein unter Umweltschützern verbreiteter Witz soll diese Beobachtung illustrieren:

> Treffen sich zwei Planeten. Sagt der eine: »Na, wie geht's?« – »Schlecht«, antwortet der andere, »ich habe *Homo sapiens*.« – »Keine Sorge«, erwidert darauf der erste, »das geht vorüber!«

Dass die Spezies Mensch hier als Krankheitserreger dargestellt wird, ist symptomatisch für die latente Misanthropie einer politisch gewendeten Ökologie. Ähnlich pejorativ sind Darstellungen der Menschheit als Schädling, als invasive Art, als Krebsgeschwür oder als Zeitbombe. In all diesen Bildern erscheint *der Mensch* als eine Bedrohung für den Planeten, die bekämpft werden muss. Ein zentrales Motiv eines solchen ökologisch motivierten Menschheitspessimismus ist das Wachsen der Weltbevölkerung. Es gilt vielen Ökologen als Hauptursache der Umweltkrise. So konstatiert der Zoologe Charles Elton in dem invasionsbiologischen Klassiker *The ecology of invasions by animals and plants*:

> »The reason behind this, the worm in the rose, is quite simply the human population problem. The human race has been increasing like voles or giant snails, and we have been introducing too many of ourselves into the wrong places« (Elton 1958: 144).

David Ehrenfeld, einer der Begründer der akademischen Disziplin *Conservation Biology*, vergleicht gar die menschliche Bevölkerung mit einer Zeitbombe: »The population bomb: Population control or race to oblivion« (Ehrenfeld 1968). Humanitäre Ideale, so die gängige Argumentation, führten zu einem nicht mehr natürlich regulierten Wachstum der Bevölkerung und stünden damit im Widerspruch zu ökologischen Gesetzmäßigkeiten. In Ehrenfelds einflussreichem Buch *The arrogance of humanism* (1978) erscheint Humanismus schließlich als Synonym für eine menschliche *Hybris*, die meint, alle Probleme des Lebens mit den Mitteln von Technik und Vernunft lösen zu können.

Die skizzierte pessimistische Sicht auf die Rolle des Menschen in der Natur findet sich auch in der Umweltethik. Insbesondere die ökologische Ethik US-amerikanischer Provenienz bestreitet die moralische Sonderstellung des Menschen in der Natur und ist notfalls bereit, zugunsten der Natur humanitäre Ziele einzuschränken. So vertritt etwa Holmes Rolston (1996) in seinem umstrittenen Aufsatz *Feeding people vs. saving nature* die Auffassung, die Bekämpfung des Hungers sei nur im Prinzip ein ehrbares Ziel; wenn aber jeder hungrige Mensch nur eine weitere Zelle in einem Krebsgeschwür sei, verkehre sich die an sich gute Tat in eine schlechte. Auf die heftige Kritik, die sein Beitrag auslöste, erklärte der Philosoph und bekennende Christ: »I run the risk of being misanthropic; that is better than to risk being an arrogant humanist« (Rolston 1998: 357).

Dabei ist heute den meisten bewusst, dass die rein quantitative Betrachtung der Weltbevölkerung zu kurz greift. Nicht die Anzahl der Menschen ist entscheidend, schreibt Cord Aschenbrenner in seinem von der Stiftung Weltbevölkerung preisgekrönten Artikel, sondern die Konsumgewohnheiten und fehlende Verteilungsgerechtigkeit:

> »Nicht die schiere Menge der Menschen ist entscheidend. […] Die ökologische Katastrophe wird eher den Bewohnern der reichen Länder mit ihren wenigen Kindern, vielen Autos und ihrem umfassenden Raubbau an der Erde geschuldet sein als den Habenichtsen im Süden und ihren Kindern« (Aschenbrenner 2011).

Auch Holmes Rolston (1996) konzediert in seinem Beitrag diese drei Grundprobleme: Überbevölkerung, Überkonsum und ungenügende Verteilung. Um die genannten Probleme zu lösen, brauchen wir meines Erachtens nicht weniger, sondern mehr Humanität. Denn »Humanität« bedeutet nicht einfach »Leben bewahren«, sondern ein »menschenwürdiges Leben ermöglichen«. Ein umfassendes Verständnis von Humanität, das die oben genannten drei Probleme adressieren kann, muss (mindestens) drei Aspekte umfassen:

- *reproduktive Freiheit* als Antwort auf das Wachsen der Bevölkerungsgröße,
- *Rücksichtnahme* auf die Bedürfnisse anderer als Antwort auf das stetige Wachsen der Bedürfnisse,
- *moralische Anerkennung* der gleichen Rechte aller Menschen als Antwort auf die extreme Ungleichverteilung von Umweltnutzen und Umweltschäden.

Um zu einem solchen Verständnis von Humanität zu kommen, müssen wir die Gegensätze überwinden, die bislang das Diskursfeld strukturieren (vgl. Tabelle 1).

Auch in der Debatte um das Anthropozän werden die hier unter der Überschrift Humanität vs. Ökologie gegenübergestellten Begriffe in der Regel als exklusiv gedacht: entweder Humanität oder Ökologie, entweder Freiheit oder Naturgesetz (vgl. exem-

Tabelle 1: Gegensatzpaare, die den Naturschutzdiskurs prägen.

Humanität	Ökologie
Freiheit	Naturgesetze
Gleichheit, Gerechtigkeit	Natürliche Unterschiede
Mensch als bestimmender Faktor	Mensch in Natur eingebunden
Individuum	Gesamtheit / Kollektiv
Menschliche Bedürfnisse	Selbstwert der Natur
Kultur	Wildnis
Entwicklung	Bewahrung
Anthropozentrik	Biozentrik

Quelle: Eigene Darstellung.

plarisch Steffen et al. 2007). Diesem Entweder-oder müssen wir entkommen und die Begriffe als Pole eines Sowohl-als-auch denken. Wir müssen die unterschiedlichen Seiten anerkennen, aber die Unterscheidung im Sinne einer Vermittlung auf einer übergeordneten Ebene aufheben. Gefordert ist dabei ein *inklusives Verständnis von Menschsein*, das die Spannung zwischen den Polen aushält, statt sie einseitig zugunsten einer Seite aufzulösen. Weder kultureller noch biologischer Reduktionismus werden der Doppelnatur des Menschen als Natur- und Kulturwesen gerecht – und auch nicht den Problemen, mit denen es die Umweltethik zu tun hat (vgl. Eser 2003). Was wir brauchen, ist ein inklusiver Begriff von Humanismus, der sich nicht durch Ab- und Ausgrenzung definiert: »What is commonly meant by the word anthropocentric today«, so die Philosophin Mary Midgley, »could also be called exclusive humanism, as opposed to the hospitable, friendly, inclusive kind« (Midgley 1994: 11).

4   Der Mensch – die Grenzen der Gattungsperspektive

Die Vorstellung, dass der Mensch sich durch sein technologisches Handeln *langfristig* den Ast absägt, auf dem er sitzt, ist im Umweltdiskurs weit verbreitet (vgl. Abbildung 1). Ein vernünftigerer Umgang mit der Natur erscheint im Rahmen dieser Metapher als ein Gebot der Klugheit. Ethische Erwägungen sind, so scheint es, angesichts solcher *Dummheit* entbehrlich.

Hinter dem suggestiven Kollektivsubjekt *der Mensch* wird freilich nicht recht deutlich, *welche* Handlungen und *wessen* Handlungen genau gemeint sind. Diese Fragen sind aber aus ethischer Sicht entscheidend: Wer genau sägt hier eigentlich? Und wer fällt?

Betrachten wir als konkretes Beispiel eine Palmölplantage auf Borneo, für die ein Regenwald gerodet wird. Vom Fällen der Bäume profitieren diejenigen, die Palmöl zu

vielfältigsten Zwecken verwenden, also *wir* hier und heute. Die Folgen der Rodungen betreffen aber nicht (nur) uns selbst, sondern (auch) andere:

◆ die Menschen, die vor der Rodung in diesem Regenwald lebten,

◆ die Menschen in Zukunft, für die es dort keinen Regenwald mehr geben wird, und

◆ alle anderen Lebewesen, die diesen Regenwald bewohnen.

Täter und *Opfer* sind also in diesem Fall nicht identisch. Aus ethischer Perspektive ist das zentral: Wer anderen den Ast absägt, auf dem sie sitzen, muss sich rechtfertigen (zur Unterscheidung von klugheits-, gerechtigkeits- und glücksethischen Aspekten ausführlich Eser et al. 2011).

Gerechtigkeit gegenüber zukünftigen Generationen ist ein klassisches Thema des Umweltdiskurses. Es lässt sich schön am ökologischen Fußabdruck der Weltbevölkerung veranschaulichen. Dieser übersteigt bei Weitem die verfügbare Fläche der Erde. Derzeit verbrauchen alle Menschen zusammen etwa eineinhalb Erden, Tendenz steigend. Das bedeutet: Wir haben unser Budget an natürlichen Ressourcen schon vor Jahresende verbraucht. Von da an leben wir auf Kosten der zukünftigen Menschen. Diesen Tag nennt man den Earth Overshoot Day. Er lag 1993 noch im Oktober, mittlerweile ist es schon im August so weit (vgl. Global Footprint Network 2015).

Weit weniger im Bewusstsein (und weit unbequemer) ist die Tatsache, dass wir hier in Deutschland zusätzlich auf Kosten anderer Menschen in den anderen Regionen der Welt leben. Wir sitzen zwar alle im selben Boot, jedoch tragen wir nicht alle dieselbe Verantwortung. Dies wird deutlich, wenn wir uns die Zahlen in Tabelle 2 anschauen.

Die Menschen in den reichen Ländern tragen weit mehr zum Ressourcenverbrauch bei als die Menschen in armen Ländern des Südens. Hier stellen sich aus ethischer

Tabelle 2: Anzahl der Planeten, die wir bräuchten.

Wenn jeder Mensch leben würde wie ein Bürger dieses Landes, ...	... würden wir so viele Erden brauchen:
USA	4,6
Großbritannien	2,6
Japan	2,4
Deutschland	2,0
Russland	1,8
Costa Rica	1,1
Indien	0,4

Quelle: Global Footprint Network (2009).

Perspektive *Fragen intragenerationeller Gerechtigkeit*, die gar nicht in den Blick geraten, so lange wir nur die Weltbevölkerung als Ganze betrachten. Die größte Herausforderung liegt nun in der *Kombination* inter- und intragenerationeller Gerechtigkeit:

♦ Im Hinblick auf die zukünftigen Generationen gilt es, den ökologischen Fußabdruck der Weltbevölkerung zu reduzieren – das ist das berechtigte Anliegen des Umweltschutzes.

♦ Im Hinblick auf Hunger und Armut gilt es, globale Ungleichheiten zu reduzieren – das ist das gleichermaßen berechtigte entwicklungspolitische Anliegen.

Beide Anliegen galten lange als sich ausschließend. *Umwelt oder Entwicklung* ist eine Variante des Gegensatzes von Ökologie oder Humanität (vgl. Tabelle 1). Schon seit geraumer Zeit ist aber dieser vermeintliche Gegensatz im Diskurs der Nachhaltigen Entwicklung aufgehoben (vgl. Eser 2011). Die Brundtland-Kommission hat die Ziele des Umweltschutzes und der Entwicklungspolitik in ihrer Definition *Nachhaltiger Entwicklung* programmatisch verbunden:

»Unter ›dauerhafter Entwicklung‹ verstehen wir eine Entwicklung, die den Bedürfnissen der heutigen Generation entspricht, ohne die Möglichkeit zukünftiger Generationen zu gefährden, ihre eigenen Bedürfnisse zu befriedigen und ihren Lebensstil zu wählen« (Hauff 1987: XV).

Beim Umweltgipfel in Rio de Janeiro 1992 hat die Weltgemeinschaft Nachhaltige Entwicklung dann endgültig auf die politische Agenda gesetzt. Ihr erklärtes Ziel ist es, alle heute lebenden Menschen mit allem zu versorgen, was sie brauchen, unter der Maßgabe, dass dies im gleichen Umfang auch den zukünftigen noch möglich sein soll. Was genau *Bedürfnisse* sind, was Menschen also wirklich brauchen und nicht lediglich wollen, stellt dabei die Schlüsselfrage Nachhaltiger Entwicklung dar.

5   Bedürfnisse: Was braucht der Mensch?

Die Herausforderung der Nachhaltigen Entwicklung besteht darin, den Lebensstandard der Armen dieser Welt zu verbessern, ohne dabei den Planeten zu ruinieren. Zentral ist hierbei die Verteilungsfrage: Derzeit verbraucht ein Fünftel der Weltbevölkerung vier Fünftel der Ressourcen. Wenn wir die Menschen im letzten Fünftel besser stellen wollen, haben wir zwei Möglichkeiten: den Kuchen zu vergrößern oder die Verteilung zu ändern. Wenn wir den Kuchen vergrößern, bekommen alle mehr und die Verteilung kann unangetastet bleiben. Das ist der Weg, den wir bislang gegangen sind. Das permanente Wirtschaftswachstum hat ganz wesentlich den Sinn, Verteilungskämpfe zu vermeiden und dennoch den Wunsch der schlechter Gestellten nach Besserstellung befriedigen zu können.

Wir haben aber nur eine Erde, deren Ressourcen sich nicht nach Belieben vermehren lassen. Wenn wir nicht inhuman sein wollen und allen Menschen das gleiche Recht auf ein angemessenes Leben zugestehen, dann gibt es keinen anderen Weg, als die bestehende Verteilung zu ändern: Unser Anteil am Ressourcenverbrauch muss dramatisch sinken! Oder, um es mit einem Mahatma Gandhi zugeschriebenen Sinnspruch zu sagen: Wir müssen uns entscheiden, einfacher zu leben, damit andere einfach leben können.

Was aber bedeutet *einfach leben*? In seinem Nachwort zur Studie *Grenzen des Wachstums* hat der Club of Rome seinerzeit betont, dass es nicht darum geht, ob wir als biologische Spezies überleben können (das wäre die Populationsperspektive der Ökologie), sondern ob wir überleben können, »ohne in eine Existenzform zurückzufallen, die nicht lebenswert erscheint« (Meadows et al. 1973: 176).

Mit dem Wort *lebenswert* ist nun ein brisantes Thema angesprochen. Denn die Frage, was ein Leben lebenswert macht, ist die Frage nach dem Glück. Sie wird in einem modernen freiheitlichen Staat nicht von der Politik beantwortet, sondern von jedem Einzelnen. Sie ist klassischerweise eine Frage der Strebensethik, die jede und jeder für sich selbst beantworten muss und darf. Eine weitere Herausforderung des Ideals einer Nachhaltigen Entwicklung besteht also darin, dass wir angesichts der erforderlichen Unterscheidung wirklicher Bedürfnisse von bloßen Wünschen nicht umhinkommen, normativ gehaltvolle und allgemein verbindliche Aussagen zu einer Frage zu machen, die traditionell als Privatsache gilt. Oder, ethisch gesprochen: Wir müssen strebensethische und sollensethische Fragen verbinden (vgl. Krämer 1998). Das bedeutet: Wir müssen prüfen, welche Ansprüche an unser Leben so gerechtfertigt werden können, dass nicht nur wir, sondern auch alle anderen ein Recht darauf haben.

Die Weltgemeinschaft hat sich diesbezüglich ziemlich weit vorgewagt. Im ersten Grundsatz der Rio-Deklaration wird nicht nur das humanitäre Anliegen proklamiert, dass Menschen im Mittelpunkt der Bemühungen um eine Nachhaltige Entwicklung stehen. Es wird darüber hinaus auch ausbuchstabiert, was das bedeutet: »Sie haben ein Recht auf ein gesundes und produktives Leben im Einklang mit der Natur« (United Nations 1992: 1).

Diese Formulierung enthält nun eine mögliche Antwort auf die Frage, was Menschlichkeit bezogen auf die Koevolution von Pflanze, Tier und Mensch bedeuten kann. Das in Rio postulierte Verständnis von Menschlichkeit umfasst drei Rechte: das Recht auf ein gesundes Leben, das Recht auf ein produktives Leben und – dies scheint mir bemerkenswert – das *Recht auf ein Leben im Einklang mit der Natur*. Nicht länger auf Kosten der Natur, sondern im Einklang mit der Natur sollen Menschen gesund und produktiv sein können. Hier zeichnet sich eine inklusive Sicht ab, die das Wohlergehen von Menschen und Natur nicht länger entgegensetzt, sondern zusammendenkt. Wie ließe sich ein solches Recht auf ein Leben im Einklang mit der Natur begründen?

Der Schlüssel für eine solche Begründung liegt meines Erachtens im Begriff der *Naturverbundenheit*. Naturverbundenheit soll hier die Fähigkeit des Menschen bezeichnen, in Verbundenheit mit der Natur zu leben und pfleglich mit ihr umzugehen. Die Philosophin Martha Nussbaum erachtet sie als eine Grundfähigkeit des Menschen und damit als eine Option des Guten Lebens (vgl. Nussbaum 1999: 57 f.). Das Gute Leben besteht in der aristotelischen Tradition darin, die spezifisch menschlichen Fähigkeiten zu verwirklichen. Die Fähigkeit zur Naturverbundenheit könnte das nötige Bindeglied zwischen Sollens- und Strebensethik darstellen: Man muss sie nicht verwirklichen, aber man hat ein Recht darauf, es zu können. Naturverbundenheit wird damit zu einem zentralen Element eines inklusiven Humanitätsbegriffs.

Statt Menschen und Natur entgegenzusetzen, betont ein inklusiver Ansatz also die Beziehung zwischen beiden. Ein solches Ansinnen kann sich auf zahlreiche philosophische, theologische und psychologische Ansätze stützen, von denen ich einige exemplarisch nennen möchte.

Die Umweltpsychologie kennt das Konzept der *wesensmäßigen Relationalität* des Menschen, demzufolge Beziehungen konstituierende Bestandteile der Person sind (vgl. Wiggins et al. 2012: 211). Dies gilt sowohl für Beziehungen zur menschlichen als auch zur nicht menschlichen Umwelt.

Martin Buber hat mit seiner Schrift *Ich und Du* eine Philosophie der Beziehung vorgelegt. Im Unterschied zur rein instrumentellen Bezugnahme auf Menschen und Dinge, die er mit dem Begriffspaar »Ich – Es« kennzeichnet, beruht eine wirkliche Beziehung auf Gegenseitigkeit. Eine solche dialogische Beziehung können Menschen nicht nur mit ihresgleichen oder mit Gott, sondern laut Buber »aus Willen und Gnade in einem« auch mit der Natur erfahren (Buber 1984: 11 [1923]).

Und schließlich beruhen auch einige Ansätze der Tiefenökologie auf einem inklusiven Humanismus, indem sie die Verwirklichung eines wahrhaft menschlichen

Selbst an die Verbundenheit mit der übrigen Welt binden (vgl. zum Beispiel Naess 1995).

Im Unterschied zur Betonung menschlicher Angewiesenheit auf Natur hat das Konzept der Naturverbundenheit freiheitliche Züge. Naturverbundenheit ist eine Option, die man wählen kann, aber nicht wählen muss. Wenn man sie wählt, ist dies ein Akt der Humanität, nicht eine Unterwerfung unter vermeintliche Gesetze der Natur. Diesen Unterschied zwischen Freiheit und Abhängigkeit möchte ich mit Erich Fromms Unterscheidung von kindlicher und reifer Liebe markieren. Kindliche Liebe resultiert aus existenzieller Angewiesenheit. Sie sagt: »Ich liebe dich, weil ich dich brauche.« Im Unterschied dazu konstituiert reife Liebe erst das Bedürfnis nach dem anderen. Sie sagt: »Ich brauche dich, weil ich dich liebe« (Fromm 1999: 464 [1956]). Die verbreiteten nutzenbezogenen Naturschutzgründe (einschließlich des Konzepts der Ökosystemdienstleistungen) entsprechen dem Modell kindlicher Liebe: Natur schützen, weil wir sie brauchen. Das Modell reifer Liebe böte hierzu eine wichtige Ergänzung: Natur schützen, weil wir sie lieben. Die Liebe zur Natur ist eine humane Begründung des Naturschutzes, die Nützlichkeitserwägungen weit hinter sich lässt, aber dennoch diesseits von moralischem Selbstwert und Rechten der Natur bleibt.

6   Fazit

Die Entgegensetzung von Humanität und Natur habe ich aus drei Gründen kritisiert:

- Erstens beruht sie auf einem negativen Menschenbild, das mit einem positiven Naturbild korrespondiert. *Der Mensch*, der sich nicht den Gesetzen der Natur unterwirft, gilt als Ursache der Umweltkrise.

- Die Verwendung des Kollektivsubjekts *der Mensch* verschleiert dabei, zweitens, wesentliche Unterschiede, zum Beispiel zwischen Tätern und Opfern, Nutznießern und Leidtragenden der Umweltzerstörung. Sie verhindert damit die Wahrnehmung moralisch relevanter Unterschiede zwischen Menschen. Nicht *der Mensch* ist schlecht, sondern bestimmte Handlungen bestimmter Menschen.

- Das Problem ist, drittens, nicht die Menschheit als Ganze, sondern ein extrem ressourcenintensiver Lebensstil bestimmter Menschen auf Kosten anderer Menschen und der Natur. Zur Bekämpfung von Überbevölkerung, Überkonsum und ungerechter Verteilung brauchen wir nicht weniger, sondern mehr Humanität. Ich habe daher für einen inklusiven Humanismus plädiert, der ökologische und humanitäre Anliegen nicht gegeneinander ausspielt, sondern zu verbinden sucht.

Das 1992 in Rio de Janeiro verabschiedete Programm stellt einen solchen Versuch dar. Es ist humanitär begründet, insofern es Natur als Lebensgrundlage von Menschen

Abbildung 2:
Logo der 10. Vertragsstaaten-
konferenz der Convention on
biological diversity in Nagoya,
Japan, 18.–29. 10. 2010.
Quelle: https://www.cbd.int/cop10/ –
Zugegriffen am 19. 10. 2010.

heute und in Zukunft bewahren will. Ein umfassendes Wohlbefinden von Menschen setzt dabei auch das Wohlergehen der Natur voraus. Inklusiv ist diese Sicht insofern, als sie Menschen nicht nur als biologische Bedürfniswesen, sondern auch als Kultur-wesen in den Blick nimmt, die soziale, kulturelle, individuelle oder spirituelle Bedürf-nisse haben, für deren Verwirklichung sie ebenfalls auf Natur angewiesen sind. Die Fähigkeit, in Verbundenheit mit der Natur zu leben, spielt hier eine zentrale Rolle.

Im Mittelpunkt einer inklusiven Betrachtung steht also weder *der Mensch* noch *die Natur*, sondern die Art der Beziehung zwischen beiden. Die Verbindung zwischen Ökologie und Humanität umschreibt das Logo der zehnten Vertragsstaatenkonferenz der Biodiversitätskonvention 2010 in Aichi/Nagoya (vgl. Abbildung 2).

Zwar stehen hier die Menschen im Mittelpunkt, aber sie stehen nicht über den sie umgebenden Naturwesen, sondern in Beziehung zu ihnen. Der moralische Imperativ, dass eine Menschheit sei, ist dabei konstitutiv: Es ist gut, dass es Menschen gibt, und es soll sie auch in Zukunft geben! Ebenfalls konstitutiv ist die Anerkennung der glei-chen Rechte aller und jedes einzelnen Menschen. Sie fordert von uns, die Vor- und Nachteile aus der Nutzung der Natur weitaus gerechter zu teilen, als das heute der Fall ist. Und schließlich ist die menschliche Naturverbundenheit ein zentrales Merkmal dieser Sicht: Sich emotional mit Natur zu verbinden, ist ein menschliches Bedürfnis, eine zutiefst menschliche Fähigkeit und ein Recht, das dem Recht auf ein gesundes und produktives Leben ebenbürtig ist.

Literatur

Aschenbrenner, Cord (2011): Wie viele Menschen kann die Erde ernähren? natur 10/2011. http://www. natur.de/de/10/Wie-viele-Menschen-kann-die-Erde-ernaehren,1,0,1060.html – Zugegriffen am 22. 10. 2015

Buber, Martin (1984): Das dialogische Prinzip. Heidelberg: Lambert Schneider [Orig. 1923]

Ehrenfeld, David (1968): The population bomb. New York: Ballantine Books

Ehrenfeld, David (1978): The arrogance of humanism. New York: Oxford University Press

Elton, Charles S. (1958): The ecology of invasions by animals and plants. London: Methuen

Eser, Uta (2003): Einschluss statt Ausgrenzung. Menschen und Natur in der Umweltethik. In: Marcus Düwell & Klaus Steigleder (Hg.): Bioethik. Eine Einführung. Frankfurt a. M.: Suhrkamp: 344–353

Eser, Uta (2011): Bewahrung und Entwicklung: Nachhaltige Entwicklung als dialektische Figur. In: StudierendenInitiative Greening the University (Hg.): Wissenschaft für nachhaltige Entwicklung. Multiperspektivische Beiträge zu einer verantwortungsbewussten Wissenschaft. Marburg: Metropolis: 27–44

Eser, Uta, Ann-Kathrin Neureuther & Albrecht Müller (2011): Klugheit, Glück, Gerechtigkeit. Ethische Argumentationslinien in der nationalen Strategie zur biologischen Vielfalt. Naturschutz und Biologische Vielfalt 107. Bonn-Bad Godesberg: Bundesamt für Naturschutz

Fromm, Erich (1999): Die Kunst des Liebens. In: Rainer Funk (Hg.): Erich-Fromm-Gesamtausgabe. Band IX. München: DTV: 437–518 [Orig. 1956]

Global Footprint Network (2009): Earth Overshoot Day 2009. Media Backgrounder. URL: http://www.footprintnetwork.org/images/uploads/E O_Day_Media_Backgrounder.pdf – Zugegriffen am 1.12.2015

Global Footprint Network (2015): Earth Overshoot Day. http://www.footprintnetwork.org/de/index.php/GFN/page/earth_overshoot_day/ – Zugegriffen am 22.10.2015

Hauff, Volker (Hg.) (1987): Unsere gemeinsame Zukunft. Der Brundtland-Bericht der Weltkommission für Umwelt und Entwicklung. Greven: Eggenkamp

Krämer, Hans (1998): Integrative Ethik. In: Joachim Schummer (Hg.): Glück und Ethik. Würzburg: Königshausen & Neumann: 93–107

Meadows, Dennis, Donella Meadows, Erich Zahn & Peter Milling (1973): Die Grenzen des Wachstums. Bericht des Club of Rome zur Lage der Menschheit. Reinbek bei Hamburg: Rowohlt

Midgley, Mary (1994): The end of anthropocentrism? In: Robin Attfield (ed.): Philosophy and the natural environment. Cambridge: Cambridge University Press: 103–112

Mieth, Dietmar (1995): Ethische Evaluierung der Biotechnologie. In: Thomas von Schell & Hans Moor (Hg.): Biotechnologie – Gentechnik. Eine Chance für neue Industrien. Berlin: Springer: 505–530

Naess, Arne (1995): The deep ecology movement. Some philosophical aspects. In: George Sessions (ed.): Deep ecology for the twenty-first century. Boston/London: Shambhala: 64–84

Nussbaum, Martha (1999): Gerechtigkeit oder das gute Leben. Frankfurt a.M.: Suhrkamp

Rolston, Holmes (1996): Feeding people versus saving nature? In: William Aiken & Hugh LaFolette (eds.): World hunger and morality. Englewood Cliffs NJ: Prentice-Hall: 248–267

Rolston, Holmes (1998): Saving nature, feeding people, and the foundation of ethics. Environmental Values 7: 349–357

Steffen, Will, Paul J. Crutzen & John R. McNeill (2007): The Anthropocene: Are humans now overwhelming the great forces of nature. Ambio 36: 614–621

United Nations (1992): Rio-Erklärung über Umwelt und Entwicklung. http://w ww.un.org/depts/german/conf/agenda21/rio.pdf – Zugegriffen am 22.10.2015

Wiggins, Bradford J., Joseph A. Ostenson & Dennis C. Wendt (2012): The relational foundations of conservation psychology. Ecopsychology 4: 209–215

Humanökologie –
Neuinterpretation eines Paradigmas
mit Seitenblick auf die Umweltenzyklika Laudato si'

Markus Vogt

1 Die unbequeme Spannung zwischen Humanität und Ökologie

Der Begriff »Humanökologie« beschäftigt sich mit den Wechselwirkungen zwischen Mensch und Natur. Er reflektiert die Dynamik des Anthropozäns aus anthropologischer, wissenschaftstheoretischer und ethischer Sicht. Der folgende Beitrag beschäftigt sich mit den ethisch-normativen Aspekten. Ausgangspunkt ist die Frage nach dem Verhältnis zwischen den Werten der Humanität und den mit der Ökologie verbundenen Gesetzen und Vorstellungen zukunftsfähiger Lebensgestaltung. Muss das große Humanitätsversprechen der Neuzeit angesichts seiner ökologischen Nebenwirkungen auf den Prüfstand gestellt werden?

Das Spannungsverhältnis scheint unübersehbar: Die für humanitäre Ethik unabweisbaren Ansprüche von Armutsüberwindung und Entwicklungschancen für alle Menschen wachsen stetig. Nicht ganz zu Unrecht karikiert Wolfgang Sachs sie durch das Motto *Wie im Westen, so auf Erden* (Sachs 1993). In der gegenwärtigen Form gerät die humanitär-menschenrechtlich und gerechtigkeitstheoretisch gut begründete Ausbreitung des modernen Wohlstandsmodells zunehmend in Konflikt mit den *planetary boundaries* (vgl. Rockström 2009: 472–475; Steffen et al. 2015). Daraus ergeben sich tief greifende Anfragen an das humanistisch begründete unvollendete *Projekt der Moderne* (vgl. Habermas 1994). Auch die Übertragung der Fürsorgeethik auf die Natur, wie sie heute unter dem Titel *Ökologische Ethik* oder *Bewahrung der Schöpfung* zu einem erheblichen Teil angestrebt wird, scheint den politisch-gesellschaftlichen, rechtstheoretischen, evolutionsbiologischen und praktischen Herausforderungen nicht gewachsen zu sein. *Paradigm lost*, so könnte man den gegenwärtigen Diskussionsstand der Umweltethik beschreiben (Vogt et al. 2013).

Zwischen den Idealen der Humanität und den »unbequemen Wahrheiten der Ökologie« (Haber 2010) besteht eine unauflösliche Spannung. Dem großen Syntheseversprechen der Nachhaltigkeit, das »a life in harmony with nature« (Rio-Deklaration, Nr. 1) sowie die Balance zwischen »Ecosystems and Human Well-Being« (vgl. MEA 2005) zum globalen Entwicklungsprogramm erhebt, folgte bisher bei den Rio-

Nachfolgekonferenzen ein nüchternes Erwachen. Das Konfliktpotenzial hinsichtlich einer ethischen Neuorientierung des gegenwärtigen Gesellschaftsvertrages (vgl. WBGU 2011) wurde und wird erheblich unterschätzt. Offen ist die Frage, ob die Werte des Humanismus einer *ökologischen Eingrenzung* bedürfen, um nicht in eine destruktive Selbstüberforderung zu münden, oder ob es vielmehr umgekehrt einer verstärkten Erinnerung und Durchsetzung der Leitwerte des Humanismus bedarf, damit das *Projekt der Moderne* nicht aus den Fugen gerät.

Ziel meiner Ausführungen ist es, das Verständnis von Humanität im Kontext der Anthropozänforschung humanökologisch zu reflektieren. Dabei geht es zugleich um die Grundlagen der Ethik. Denn die Spannung zwischen Humanität und Ökologie besteht nicht nur auf der pragmatischen Ebene des Umweltschutzes, sondern ist zugleich ein Spiegel des *garstigen Grabens* zwischen Ethik und Evolution: Zwischen dem evolutionären Daseinskampf in der Natur und den Geboten der Humanität gibt es keine prästabilisierte Harmonie (vgl. Vogt 1995: 307–368). Diese Spannung zwischen Humanität und Ökologie ist jedoch nicht nur konträr als Gegensatz zu verstehen, sondern zugleich komplementär als wechselseitiges Bedingungsverhältnis (vgl. den Beitrag von U. Eser in diesem Band). Humanität und damit verbundene ethische Leitbegriffe wie Freiheit, Gerechtigkeit, Verantwortung und Menschenrechte müssen angesichts der ökologischen Herausforderungen selbst kritisch weitergedacht und transformiert werden. Letztlich ist weder das Humane noch das Natürliche eine bekannte Größe, sondern beide stellen zwei vielschichtige, offene Deutungsmuster und Abstraktionen dar, deren genaue theoretische und praktische Bestimmung voneinander abhängig und im Fluss ist (vgl. Höfling und Tretter 2012).

Die Berücksichtigung der Natur als Grenze und Anspruch (vgl. Krebs 1997; Vogt 2013: 21–50) transformiert die gegenwärtigen Vorstellungen von Humanität in grundlegender Weise. Zugleich führt die utilitaristisch-wohlfahrtsökonomische Umsetzung des modernen Humanismus in der Praxis zu einer globalen Transformation der Natur – eben das ist es, was der Leitbegriff Anthropozän als die zusammenfassende Diagnose der Gegenwart meint (vgl. Steffen et al. 2011; Kersten 2014: 11–20).

Nicht wenige postulieren vor diesem Hintergrund einen *Posthumanismus*, also die Verabschiedung oder radikale Transformation humanistischer Werte. Dies geschieht auf sehr unterschiedlichen Ebenen. Jürgen Manemann verweist in seiner philosophischen Reflexion zum Anthropozän insbesondere auf Sloterdijk und seinen Elmauer Vortrag *Menschenpark*, der programmatisch für die posthumanistische Dimension der neuen Epoche stehe und bei dem er den Begriff *Transhumanismus* verwendet (vgl. Manemann 2014: 91–102). Christian Schwägerl fordert im Buch *Menschenzeit: Zerstören oder gestalten?*, den Humanismus ökologisch auszuweiten und »die Erde zu vermenschlichen, menschlicher zu machen, zu humanisieren« (Schwägerl 2012: 43). Geostrategisch wird der Humanismus globaler Menschenrechte derzeit vor allem von den Vertretern des Neorealismus kritisiert (vgl. Mouffe 2007), die ein nüchternes Wahrnehmen der wirklichen oder vermeintlichen *Realität* zunehmender Ressourcenkonflikte fordern. In der politischen Ökologie und Ethik wird dabei in jüngerer Zeit nicht selten auf Carl Schmitt verwiesen, der Geschichte und Politik im Kern als Konfliktgeschehen nach dem Freund-Feind-Schema deutet und harmonisierende Humanitätsrhetorik für unrealistisch hält. Sie werde dem *Nomos der Erde* nicht gerecht (vgl. Schmitt 1950). Eine vermittelnde Position in dieser Debatte nimmt das Monumentalwerk von Bruno Latour *Existenzweisen. Eine Anthropologie der Moderne* (Latour 2014) ein. Sein ethisch-konzeptioneller Ausgangspunkt, den er hier weiterentwickelt, ist das *Parlament der Dinge*, also das Postulat, den radikalen Vorrang von Personenwerten im Unterschied zu Sachwerten und Sachbeziehungen kritisch zu überdenken, um die Zukunft der menschlichen Gattung aus den »Trümmern des zusammenstürzenden Hauses der Moderne« zu retten.

All diese Hintergründe schwingen in dem Begriff *Humanökologie* mit. Er zielt auf eine ökologische Transformation moderner Anthropologie und enthält Potenziale für eine radikale Gesellschaftskritik als ethische Neubestimmung des *Projekts der Moderne*. Auch christliche Theologie ist herausgefordert, ihre Deutungen zur Stellung des Menschen in der Natur zu überdenken (vgl. Vogt 2013: 216–372; Kureethadam 2014; Deane-Drummond 2015; Franziskus 2015: Nr. 101–136).

Um mich nicht in der Weite dieser philosophischen Debatten zu verlieren, werde ich meinen Versuch, *Humanökologie* als Schlüsselbegriff der Umweltethik im Anthropozän zu erschließen, im Folgenden entlang der Begriffsgeschichte strukturieren. Das Konzept ist nämlich bereits über hundert Jahre alt und seit einem Vierteljahrhundert der ethische Leitbegriff aller päpstlichen Äußerungen zu Umweltfragen. Gleichwohl ist er bisher weitgehend unbekannt, weil sein wissenschaftstheoretisches Potenzial im Grenzgebiet zwischen Natur-, Sozial- und Geisteswissenschaften sowie seine ethisch-politische Umsetzung bisher kaum systematisch reflektiert wurden.

2   Von der Humanökologie zur ökologischen Humanität: Begriffsklärungen

Als programmatischer Leitbegriff wurde *Humanökologie* erstmals beim Treffen der britischen ökologischen Gesellschaft 1914 öffentlich diskutiert (vgl. Serbser 2004: 23–179; Nentwig 2005). Seine Entstehung ist eng mit methodischen Neuorientierungen in Biologie, Anthropologie, Ethnologie, Geografie, Psychologie, Soziologie und Medizin verknüpft, die sich vor dem Hintergrund eines evolutionsbiologisch vertieften Naturverständnisses sowie einer funktionalistischen Sozialpsychologie für die Wechselwirkung zwischen Mensch und Umwelt interessierten. Humanökologie stellt von Anfang an ein vielschichtiges, eher handlungsorientiertes, weder inhaltlich noch methodisch streng abgrenzbares Forschungsprogramm dar (vgl. Katz 2004: 73). Eine Institutionalisierung der Humanökologie ging dann von den USA aus und begann in den 1970er-Jahren, auch in Europa Fuß zu fassen.

In der Pädagogik hat die Humanökologie insbesondere in Deutschland seit den 1970er-Jahren eine eigene Tradition ausgebildet, wobei der Terminus *Ökologie* hier nicht für den biologischen Bezug zur Natur steht, sondern für einen methodischen Ansatz, der im Unterschied zur *Laborpsychologie* auf den lebensweltlichen Kontext der sozialen Beziehungen größten Wert legt (vgl. Mertens 1998: 101–166). Sowohl durch ihre von Anfang an mitgedachte normative Komponente als auch durch die Fokussierung auf Fragen der Wechselwirkung zwischen Gesellschaft und Natur steht sie dem Konzept der »ökologischen Sozialethik« (Höhn 2001) nahe. Von ihrer Perspektive her eignet sie sich als Schlüsseldisziplin für ökosoziale Fragestellungen des Anthropozäns.

Von ihrer ökologischen Wurzel her ist die Humanökologie ein systemischer Ansatz. Wissenschaftstheoretisch kann man die Humanökologie als Querschnittsdisziplin charakterisieren. Heute hat sich die humanökologische Forschung zu einer »trans- und interdisziplinär arbeitenden Koevolutions- und Nachhaltigkeitswissenschaft« (Serbser 2004: 14) weiterentwickelt. Sie sucht nach Modellen für die Wechselwirkung zwischen Human- bzw. Sozialsphäre und Ökosphäre (vgl. Steffen et al. 2011: 842–867). Als übergeordnetes Leitziel der Humanökologie definiert Gerd Mertens »Raumdurchdringung« (Mertens 1998: 163). Denn Lebensräume sind nicht einfach gegeben, sondern bedürfen der symbolischen und praktischen Aneignung. Humanökologie will die Identität des Menschen stärken, indem sie ihn befähigt, sich seine Lebensräume in ihren individuellen, sozialen und ökologischen Dimensionen anzueignen, sie bewohnbar zu machen, zu gestalten und heimisch zu werden (vgl. Schneider 2012).

Die Humanökologie hat im Wesentlichen zwei Forschungsstränge: den bioökologischen, der sich auf die natürliche Umwelt des Menschen bezieht, und den sozialökologischen, der sich auf die kulturelle Umwelt des Menschen bezieht. Der entscheidende Impuls, wenn man die Anthropozänforschung auf diesen Kontext anwendet, ist, dass er darauf drängt, beide Aspekte konsequent zu verknüpfen. Denn das Anthropozän ist durch die Wechselwirkung zwischen Öko- und Soziosphäre gekennzeichnet.

Dies ist zugleich programmatisch für den Grundkonflikt der Ethik zwischen Kultur und Natur bzw. Freiheit und Kausalität. Der Mensch hat eine leiblich-geistige bzw. biologisch-kulturelle »Doppelnatur« (vgl. den Beitrag von W. Haber in diesem Band). Dem methodischen Grundproblem der Humanökologie liegt das anthropologische und ethische Paradox zugrunde, dass der Mensch einerseits Teil der Natur bzw. des Erdsystems ist und sich doch zugleich als Freiheitswesen erfährt, wodurch er in gewisser Weise der Natur in sich und um sich gegenübersteht. Der Anthropologe

Helmuth Plessner nennt dies »Exzentrizität«. Bewusstsein entsteht, indem wir uns beobachten und dabei zugleich Subjekt und Objekt der Beobachtung sind. Die Spannung zwischen den beiden nicht aufeinander rückführbaren Perspektiven ist konstitutiv für das Menschsein und für die Ethik. Es macht das Drama, aber auch die Würde menschlicher Existenz aus, dass wir nicht nur einfach leben, sondern uns dabei beobachten und fragen, ob wir auch gut und richtig leben. Menschliches Handeln folgt – so jedenfalls unsere Selbsterfahrung – Gründen, also Einsichten, was zu tun jeweils gesollt bzw. wünschenswert ist (vgl. Honnefelder 2014).

Die Anthropozänforschung bedarf einer solchen anthropologisch fundierten kritischen Philosophie und Ethik (zu rechtsphilosophischen Aspekten vgl. Kersten 2014: 21–56). Ohne eine solche Basis besteht die Gefahr, dass sie mit ihren systemtheoretischen Analysen auf der Ebene gesellschaftspolitischer Programmatik in gigantische anthropo- und sozialtechnische Steuerungsmodelle mündet, die in unkritischer Weise die Macht des Menschen über den Menschen und damit die Gefahr des Missbrauchs erhöhen (vgl. den Beitrag von C. Caviezel in diesem Band). Was man braucht, ist eine Art *humanökologische Anthropozänforschung* als kritische Anthropologie der Moderne, die Bedingungen und Kriterien der Verantwortung für eine Koevolution von ökologischen, soziokulturellen und ökonomischen Systemen formuliert. Ich schlage dafür den Begriff *ökologische Humanität* vor.

3 Humanökologie als Schlüsselbegriff der katholischen Soziallehre

Für die ökologische Diskussion im Kontext der katholischen Soziallehre ist die Einführung des Begriffs der *Humanökologie* von prägender Bedeutung. Erstmals taucht er 1991 in der Sozialenzyklika *Centesimus Annus* auf (Johannes Paul II. 1991; zur Analyse und Deutung Vogt 2012: 111–127):

> »Außer der sinnlosen Zerstörung der natürlichen Umwelt muss hier die noch schwerwiegendere Zerstörung der *menschlichen Umwelt* erwähnt werden, die noch lange nicht die notwendige Beachtung gefunden hat. Während man sich mit Recht, wenn auch viel weniger als notwendig darum kümmert, die natürlichen Lebensbedingungen der verschiedenen, vom Aussterben bedrohten Tierarten zu bewahren, im Bewusstsein, dass jede von ihnen einen besonderen Beitrag zum allgemeinen Gleichgewicht der Erde erbringt, engagiert man sich viel zu wenig für die *Wahrung der moralischen Bedingungen einer authentischen ›Humanökologie‹.*« (Nr. 38)

Parallel zum Begriff der Humanökologie wird der Begriff *Sozialökologie* eingeführt und im Blick auf Arbeitsbedingungen sowie Stadtplanung entfaltet (vgl. Nr. 38).

Eine charakteristische Erweiterung der Humanökologie als *Ethik des Lebens* findet sich in der *Enzyklika »Evangelium Vitae«* (Johannes Paul II. 1995). Hier wird die ökologische Frage unter den Leitbegriff einer »Kultur des Lebens« (Nr. 21, 28, 50, 77, 88, 92, 98, 100) gestellt. Die »Zerstörung des ökologischen Gleichgewichts« (Nr. 10) wird als Teil der Kultur des Todes gebrandmarkt. Als umweltethisches Leitkonzept dient wiederum die Humanökologie (Nr. 42). Deren zentrale Bedeutung zeigt sich auch bei nahezu allen Stellungnahmen des Vatikans im Rahmen von Umwelt und Entwicklungskonferenzen seit der Rio-Konferenz im Jahre 1992 (vgl. Muñoz 2007: 528–545).

Die jüngste Sozialenzyklika *Laudato si'*, die Papst Franziskus im Juni 2015 veröffentlicht hat (vgl. Franziskus 2015), bringt hier eine substanzielle Weiterentwicklung des Diskurses. Ursprünglich wurde sie unter dem Titel *Die Ökologie des Menschen*, und damit einer Variante des Begriffs Humanökologie angekündigt. Angesichts der anthropozentrischen Interpretation des Begriffs in den vorausgehenden Dokumenten hat Papst Franziskus diesen Vorschlag der zuständigen Kommission jedoch offensichtlich in seiner Schlussredaktion abgelehnt. Inhaltlich bezieht er explizit Stellung gegen den »despotischen«, »fehlgeleiteten«, »modernen« Anthropozentrismus (Nr. 68 f. und 115-136) und betont den Eigenwert der Natur als Schöpfung. Er profiliert seine Ethik durch ästhetisch-poetische sowie spirituelle Zugänge zur Natur. Vor diesem Hintergrund wird das Konzept der Humanökologie neu definiert und gegen die Verwendung in den vorausgegangenen Enzykliken abgegrenzt.

Franziskus stellt den Begriff der *Ökologie* programmatisch in den Mittelpunkt und verwendet ihn in vielen Nominal- und Adjektivverbindungen als ganzheitliche Ökologie, Kultur-, Stadt-, Sozial- und auch Humanökologie (vgl. beispielsweise Nr. 137–162). Damit wird *Ökologie* in der Enzyklika teilweise deskriptiv für ökologische Systeme und Wirkungszusammenhänge, teilweise normativ als Postulat eines ganzheitlichen Handelns, verwendet, das stets die Wechselwirkungen zwischen sozialen, wirtschaftlichen und ökologischen Faktoren im Blick behält. Ökologische und soziale Gerechtigkeit werden als untrennbare Einheit verstanden. Denn Umweltschutz sei gerade in den ökologisch sensiblen Regionen des globalen Südens Medium der Armutsbekämpfung.

»Ökologie« meint vor diesem Hintergrund nicht nur Naturschutz, sondern allgemeiner ein Denken in Beziehungszusammenhängen. Dieser methodische Ansatz knüpft an biblisches Denken an, dessen prägendes Merkmal darin besteht, dass der Mensch immer von seinen Beziehungszusammenhängen her gedacht wird. Die Enzyklika spricht von Gott nicht nur als dem fernen Gegenüber zu Welt und Natur, sondern zugleich als dem Geheimnis der Schöpfung, das mitten im Leben und in der *Alltagsökologie* präsent ist. Man könnte das Konzept der Enzyklika auch mit Moltmann als eine ökologische Gotteslehre bezeichnen (vgl. Vogt 2013: 263–304).

Bei aller Begeisterung für die tiefe Frömmigkeit, die in dem Text zum Ausdruck kommt, besteht aus umweltethischer Sicht die Gefahr, dass dies zu naiv im Sinne einer entgrenzten Ausweitung von Empathiepostulaten auf die gesamte Natur verstanden wird. Der Begriff wird ins Politische und Metapolitische ausgedehnt (vgl. dazu bereits Mayer-Tasch 1999). Ohne den Hintergrund der im päpstlichen Lehrtext nur skizzierten theologischen und spirituellen Traditionen (vgl. Werner 1986; Kureethadam 2014) sowie ohne eine Flankierung durch methodisch-kritische Reflexionen zur Differenz zwischen evolutionsbiologischen, ethischen und gesellschaftstheoretischen Bedeutungsebenen (vgl. Vogt 1996: 27–40) wird der schillernd aufgeladene Ökologiebegriff zur oberflächlichen Wohlfühlformel.

Das Problem des überfrachteten Ökologiebegriffs der Enzyklika liegt auch darin, dass eine Reflexion zum Nachhaltigkeitskonzept fehlt, was den ethisch-gesellschaftstheoretischen Rahmen hätte bieten können, um die Diskursebenen besser zu unterscheiden (vgl. Vogt 2013: 456–494). Dennoch bleibt festzuhalten, dass das Konzept der Humanökologie in der Enzyklika völlig neu interpretiert und durch die Einbeziehung lateinamerikanischer Traditionen des *guten Lebens* sowie ökotheologischer Dimensionen wesentlich bereichert wird. Gerade in dieser vielschichtigen Offenheit bedarf sein ethischer Gehalt jedoch der Präzisierung. Dazu abschließend zehn Thesen.

4 Humanökologische Ethik im Anthropozän: Zehn Thesen

1) *Von der Humanökologie zur ökologischen Humanität:* Um zu verdeutlichen, dass es nicht um eine Projektion humanistischer Vorstellungen und Werte in die Natur geht, sondern um ökologische Implikationen der Humanität, schlage ich vor, statt von Humanökologie von *ökologischer Humanität* zu sprechen (Höhn spricht von ökologisch-vernetzter Humanität: Höhn 2001: 91 f.). Dadurch kann ein zentrales Anliegen jeglicher Umweltethik auf ein anthropologisches Fundament gestellt werden: die Überwindung des Dualismus zwischen Mensch und Natur. Dieser blendet das leiblich-biologische und räumliche *In-der-Natur-Sein* des Menschen sowie seine zeitlich-evolutionäre Verwobenheit mit ihr aus und konzipiert das Selbst als der Natur beziehungslos gegenüberstehend. Die Konsequenz dieses anthropozentrischen Dualismus ist, dass ihm die Natur »als technisch beherrschbar, offen für den ausbeuterischen und manipulativen Zugriff« (Schneider 2013: 206) erscheint. Im Unterschied hierzu ruft die ökologische Humanität in Erinnerung, dass der Mensch immer schon in natürliche Zusammenhänge eingebunden und in seiner Entfaltung von diesen abhängig ist, sie aber auch gestalten kann.

2) *Anthroporelationalität:* Humanökologie begreift Mensch und außermenschliche Natur als Beziehungszusammenhang, was der Begriff »Anthroporelationalität« gut

ausdrückt (vgl. Münk 1997). Der Mensch erscheint in dieser Sichtweise als relationales Beziehungswesen, und zwar nicht nur im Hinblick auf soziale, sondern auch auf natürliche Zusammenhänge. Die Sonderstellung des Menschen als Verantwortungssubjekt (und damit Gottes Ebenbild) wird als anthropologisch-ethische Voraussetzung der Anerkennung des Eigenwerts der Natur gedacht. Denn es ist eine spezifisch menschliche Kulturleistung, den Eigenwert der Natur zu erkennen und zu achten. Die Sonderstellung des Menschen besteht in der Fähigkeit und Pflicht zur Verantwortung, sie gibt der ökologischen Vernetztheit eine ethische Basis (vgl. Vogt 2013: 252–259).

3) *Verknüpfung von natur- und sozialwissenschaftlichen Perspektiven:* Der Blick auf die Verzahnung und Verwobenheit von Mensch bzw. Kultur und Natur kann dazu führen, den tiefen Graben zwischen sozialwissenschaftlichem und naturwissenschaftlichem Wissen bzw. humanwissenschaftlichen und ökologischen Methoden zu überwinden. Ethische Urteile kommen immer auch durch die Art und Weise zustande, wie wir Natur und ihre empirisch erforschbaren Sachverhalte wahrnehmen, freilich ohne sich dabei in der bloßen Feststellung des Vorgegebenen zu erschöpfen (vgl. Vogt 2013: 405–424).

4) *Kritik der sentimentalen Ökologie:* Das Theorem der ökologischen Humanität führt zu der Erkenntnis, dass es bei der Umweltethik nicht primär um eine Ausdehnung von Solidaritätspflichten auf Pflanzen, Tiere und Landschaften geht, sondern um die Erinnerung an ein Existenzial menschlichen Daseins. Humanökologie zielt darauf, dass der Mensch sich stets als Teil seiner Umwelt, seines ökologischen und sozialen Lebensraumes wahrnimmt. Damit wird die Skepsis von Wolfgang Haber gegenüber einer mit humanistischen Projektionen aufgeladenen, letztlich sentimentalen Ökologie aufgegriffen und ein völlig neu ausgerichteter, räumlich-existenzial ansetzender Begriff von Humanökologie bzw. ökologischer Humanität vorgeschlagen.

5) *Schöpferische Gestaltung:* Die theologische Kompetenz in der Explikation ökologischer Humanität besteht darin, die Natur in ihren kulturellen Zusammenhängen zu denken, auch als *Symbolressource*, als Heimat, als geschenkter und unverzweckter Lebensraum, als *Lebenshaus*, das der Mensch mit anderen Mitgeschöpfen teilt, eben als Schöpfung (vgl. Werner 1986; Vogt 2013: 263–304; Kureethadam 2014). Diese wird als sich kreativ-schöpferisch weiterentwickelnder Raum verstanden und nicht als statische, bloß zu bewahrende Ordnung. Humanökologische Ethik geht von einem Kulturauftrag des Menschen in der schöpferischen Gestaltung seines Lebensraumes aus.

6) *Verantwortete Haushalterschaft:* Der Preis der neuen Macht des Menschen im Anthropozän ist eine neue Dimension der Verantwortung. Es ist eine ethische und

kulturelle Aufgabe, die Grenzen der Naturbelastung angesichts der an Zahl und Ansprüchen wachsenden Menschheit auf der Grundlage des jeweils verfügbaren Wissens zu definieren und ihre Einhaltung in gerechter Weise zu organisieren. Ökologische Humanität ist dem Konzept der verantworteten Haushalterschaft *(planetary
stewardship)* verpflichtet, das eine jahrhundertealte Tradition in den Weltreligionen
hat und heute im Rahmen des Konzeptes der *planetary boundaries* (vgl. Steffen et al.
2015; Deane-Drummond 2015: 17–80) weiterentwickelt wird. Mit der Wahl des Unter-
titels der Enzyklika *Laudato si'. Über die Sorge für das gemeinsame Haus* hat Papst
Franziskus die Metapher der verantworteten Haushalterschaft zum Leitbegriff katho-
lischer Umwelt- und Entwicklungsethik erhoben (vgl. Franziskus 2015).

7) *Die vierte Dimension der Menschenrechte*: Ökologische Humanität geht von einem
Recht auf Entwicklung auch und gerade im Kontext von Klimaschutz aus. Basis dafür
ist ein menschenrechtlicher Ansatz, wie er beispielsweise im Konzept der *green development rights* operationalisiert wird. Das Entwicklungsrecht umfasst die Befriedigung der menschlichen Grundbedürfnisse, die Befreiung von Entbehrung und Ver-
wundbarkeit sowie ein bescheidenes Maß an Sicherheit und Wohlbefinden (vgl.
Vogt 2013: 410–419; vgl. den Beitrag von U. Eser in diesem Band). Da der Klimawandel die Menschenrechte von mehreren Hundert Millionen Menschen unterminiert,
ergibt sich das Postulat einer neuen, vierten Generation der Menschenrechte: Nach
den individuellen Freiheitsrechten und den sozialen Anspruchsrechten rückte als
dritte Generation der Menschenrechte vor allem die politische Mitwirkung in den
Fokus der Aufmerksamkeit. Dahinter steht die Erkenntnis, dass dauerhaft wirksame
Armutsüberwindung nicht nur Güterversorgung, sondern aktive Mitbestimmung
einbeziehen muss (Amartya Sen spricht von *development as freedom* und kennzeichnet dies als *capacity building*). In dieser Reihe sind nun die ökologische Existenzsiche-
rung durch Zugang zu sauberem Wasser und fruchtbaren Böden sowie saubere Luft
und der Schutz vor Naturkatastrophen zunehmend eine Frage der Realisierbarkeit der
Menschenrechte. Eine Forschergruppe in Frankreich spricht auch von Mensch*heits*-
rechten für kosmopolitische, nicht individuell zurechenbare Pflichten gegenüber der
Menschheit als Kollektiv (vgl. Zarka 2015: 2). Ich schlage vor, dies in der genannten
Reihe als *vierte Dimension* der Menschenrechte in die internationalen Debatten einzuführen und insbesondere Klimaschutz sowie Zugang zu Wasser und Boden auch
menschenrechtlich zu begründen.

8) *Gesellschaftsvertrag für den Übergang ins Anthropozän*: Ethik im Anthropozän
braucht eine »planetarische Diplomatie« (Latour), die die Modalitäten unseres Daseins zwischen Recht und Religion, Bildung und Wissenschaft, Wirtschaft und Kultur neu aushandelt (vgl. Kersten 2014; WBGU 2011). Diese beruht auf einer am Prinzip

der Nachhaltigkeit ausgerichteten Risikovorsorge sowie einer auf die Erhöhung von Resilienz ausgerichteten Entwicklungsstrategie. Schlüsselelemente sind dabei ein umfassender interkultureller Wertewandel, eine neue Staatlichkeit im Mehrebenensystem sowie die konsequente Bündelung der Kräfte für eine Große Transformation und globales Konfliktmanagement (vgl. WBGU 2011: bes. 71–85, 215–253, 295–339).

9) *Soziale Bionik:* Die Bewältigung der Verantwortungsprobleme im Anthropozän bedarf einer neuen Generation der Technik sowie ihrer sozialen Einbettung nach dem Modell der Bionik: Das in der Natur abgespeicherte Wissen kann als Vorbild für die Technik sowie soziale Organisation dienen, wobei sich die Entwicklung und soziokulturelle Nutzung der Technik als Fähigkeit verstehen sollten, sich die Gesetzmäßigkeiten der Natur für humane Ziele zunutze zu machen. Eine solche soziale Bionik zielt auf ein neues humanökologisches Fortschrittsmuster durch die Koevolution von ökologischem und technischem Wissen sowie wirtschaftlicher und sozialer Intelligenz. Ihr Kern ist eine evolutionär-ökologisch inspirierte Beachtung komplexer Wechselwirkungen zwischen sozialen und ökologischen Systemen (vgl. Vogt 1997: 321–332; Vogt 2013: 305–372).

10) *Die Zukunft des Homo oecologicus:* Humanökologie ist mehr als die bloße Schnittmenge und Ausbalancierung zweier bekannter Größen. Sie umfasst Aspekte der Neubestimmung im Verständnis des Humanen. Der *Homo sapiens sapiens* ist vielleicht gar nicht so *zweimal-weise*, wie wir in unserer stolzen Selbstbenennung suggerieren. Nur als »Homo sapiens oecologicus« (Höfling und Tretter 2012) hat der Mensch angesichts der prekären Umweltsituation des Anthropozäns Zukunft. Dabei sind viele Rückgriffe auf tradierte Elemente der Anthropologie möglich. Die gegenwärtige Entdeckung der ökologischen Dimension des Menschseins hat in vielen Aspekten den Charakter einer Wiederentdeckung der lange als selbstverständlich vorausgesetzten und deshalb nicht hinreichend bewussten Eingebundenheit in die Natur. Naturschutz ist Kulturaufgabe und eine Kultur der Humanität ist ein notwendiger Bestandteil und Weg zum Naturschutz.

Literatur

Deane-Drummond, Celia et al. (2015): Technofutures, nature and the sacred. Transdisciplinary Perspectives. Burlington/USA: Ashgate

Franziskus, Papst (2015): Laudato si'. Enzyklika über die Sorge für das gemeinsame Haus. Bonn: Sekretariat der Deutschen Bischofskonferenz

Haber, Wolfgang (2010): Die unbequemen Wahrheiten der Ökologie. Eine Nachhaltigkeitsperspektive für das 21. Jahrhundert. München: oekom

Habermas, Jürgen (1994): Die Moderne – Ein unvollendetes Projekt. Philosophisch-politische Aufsätze. Leipzig: Reclam

Höfling, Siegfried & Felix Tretter (Hg.) (2012): Homo Oecologicus. Menschenbilder im 21. Jahrhundert. München: Hanns Seidel Stiftung

Höhn, Hans-Joachim (2001): Ökologische Sozialethik. Grundlagen und Perspektiven. Paderborn: Schöningh

Honnefelder, Ludger (2014): Im Spannungsfeld von Ethik und Religion. Berlin: University Press

Johannes Paul II. (1991): Centesimus annus. Enzyklika zum hundertsten Jahrestag von »Rerum novarum«. Bonn: Sekretariat der Deutschen Bischofskonferenz

Johannes Paul II. (1995): Evangelium vitae. Enzyklika über den Wert und die Unantastbarkeit des menschlichen Lebens. Bonn: Sekretariat der Deutschen Bischofskonferenz

Katz, Christine (2004): Der Mensch und das Naturverständnis der Humanökologie. In: Dieter Rink & Monika Wächter (Hg.): Naturverständnisse in der Nachhaltigkeitsforschung. Frankfurt: Campus: 73–101

Kersten, Jens (2014): Das Anthropozän-Konzept. Kontrakt – Komposition – Konflikt. Baden-Baden: Nomos

Krebs, Angelika (Hg.) (1997): Naturethik. Grundtexte der gegenwärtigen tier- und ökoethischen Diskussion. Frankfurt: Suhrkamp

Kureethadam, Joshtrom (2014): Creation in crisis. Science, ethics, theology. New York: Marknoll

Latour, Bruno (2014): Existenzweisen. Eine Anthropologie der Modernen. Berlin: Suhrkamp

Manemann, Jürgen (2014): Kritik des Anthropozän. Plädoyer für eine neue Humanökologie. Bielefeld: Transcript

Mayer-Tasch, Cornelius (Hg.) (1999): Politische Ökologie. Eine Einführung. Opladen: Leske+Budrich

MEA – Millennium Ecosystem Assessment (2005): Ecosystems and human well-being. Synthesis. Washington: World Resources Institute

Mertens, Gerhard (1998): Umwelten: Eine humanökologische Pädagogik. Paderborn: UTB

Mouffe, Chantal (2007): Über das Politische. Wider die kosmopolitische Illusion. Frankfurt: Suhrkamp

Münk, Hans (1997): Die Würde des Menschen und die Würde der Natur. Stimmen der Zeit 215: 17–29

Muñoz, Faustino (2007): Die Position des Heiligen Stuhls gegenüber der Umweltpolitik. In: Markus Vogt & Sarah Numico (Hg.): Schöpfungsverantwortung in Europa. Bad Honnef: Bock+Herchen: 528–545

Nentwig, Wolfgang (2005): Humanökologie: Fakten – Argumente – Ausblicke. 2. Auflage. Berlin: Springer

Rockström, Johan et al. (2009): A safe operating space for humanity. Nature 461: 472–475

Sachs, Wolfgang (Hg.) (1993): Wie im Westen so auf Erden. Ein polemisches Handbuch zur Entwicklungspolitik. Reinbek: Rowohlt

Schmitt, Carl (1950): Der Nomos der Erde im Völkerrecht des Jus Publicum Europaeum. Berlin: Duncker & Humblot

Schneider, Martin (2012): Raum – Mensch – Gerechtigkeit. Sozialethische Reflexionen zur Kategorie des Raumes. Paderborn: Schöningh

Schneider, Martin (2013): Raum-Ethik als Basistheorie der Umweltethik. In: Markus Vogt, Jochen Ostheimer & Frank Uekötter (Hg.): Wo steht die Umweltethik? Marburg: Metropolis: 189–213

Schwägerl, Christian (2012): Menschenzeit. Zerstören oder gestalten? Wie wir heute die Welt von morgen erschaffen. München: Goldmann

Serbser, Wolfgang (Hg.) (2004): Humanökologie. Ursprünge – Trends – Zukünfte. München: oekom

Steffen, Will et al. (2011): The Anthropocene: Conceptual and historical perspectives. Philosophical Transactions 369: 842–867

Steffen, Will et al. (2015): Planetary boundaries: Guiding human development on a changing planet. Science express 15 January 2015: 1–16

Vogt, Markus (1995): Sozialdarwinismus. Wissenschaftstheorie, politische und theologisch-ethische Aspekte der Evolutionstheorie. Freiburg: Herder

Vogt, Markus (1996): Ökologie als Gesellschaftskritik? Zur normativen Relevanz der Ökologie. In: Köstner, Barbara & Markus Vogt (Hg.): Mensch und Umwelt. Eine komplexe Beziehung als interdisziplinäre Herausforderung. Dettelbach: Röll: 25–44

Vogt, Markus (2012): Von der Humanökologie zur ökologischen Humanität. Grenzgänge zwischen Pädagogik und kontextueller Sozialethik. In: Obermeier, Michael (Hg.): Humane Ökologie. Gesellschaftliche Fragmentierungen – Pädagogische Suchbewegungen. Paderborn: Schöningh: 111–127

Vogt, Markus (2013): Prinzip Nachhaltigkeit. Ein Entwurf aus theologisch-ethischer Perspektive. 3. Auflage. München: oekom

Vogt, Markus, Jochen Ostheimer & Frank Uekötter (Hg.) (2013): Wo steht die Umweltethik? Argumentationsmuster im Wandel. Marburg: Metropolis

WBGU – Wissenschaftlicher Beirat globale Umweltveränderungen (2011): Welt im Wandel. Gesellschaftsvertrag für eine Große Transformation. Berlin: WBGU

Werner, Hans-Joachim (1986): Eins mit der Natur. Mensch und Natur bei Franz von Assisi, Jakob Böhme, Albert Schweitzer, Teilhard de Chardin. München: Beck

Zarka, Yves (2015): Wir gehören der Erde. Warum eine Allgemeine Erklärung der Menschheitsrechte notwendig ist. Süddeutsche Zeitung vom 27. 8. 2015: 2

Mitgeschöpflichkeit – ein angemessenes ethisches Leitmotiv im Anthropozän?

Wolfgang Schürger

1 Die ethische Herausforderung des Anthropozäns

Die gegenwärtige Phase der Erdgeschichte als *Anthropozän* zu verstehen, das haben Franz Mauelshagen, Wolfgang Haber, Uta Eser und Markus Vogt an anderer Stelle in diesem Band bereits deutlich gemacht, führt Doppelungen mit sich, die es auch aus ethischer Sicht zu bedenken gilt:

* Zum einen tritt neben die sich selbst steuernde Organisationsform des Ökosystems mit der darin gegebenen natürlichen Evolution die vom menschlichen Intellekt beherrschte Form der Kultur mit der ihr zugehörigen kulturellen, technologischen und zivilisatorischen Evolution.

* Zum anderen adressiert die Vorstellung des *Anthropozäns* die menschliche Spezies in einer ganz neuen Weise als geophysikalisch wirksames Phänomen, welches den Verlauf der Erdgeschichte nachhaltig prägen kann. Der Begriff *Phänomen* ist von mir dabei durchaus bewusst gewählt, denn wie Chakrabarty (2012) betont, ist bei dieser Sicht des Menschen als erdgeschichtlichem Faktor *der Mensch* gerade nicht (mehr) als (universales) Subjekt verstanden, sondern als *nonhuman-human*.

Für christliche Ethik stellt sich damit die Frage: Ob und wie kann dieses *nonhuman-human* in seiner Verantwortlichkeit adressiert werden? Oder anders ausgedrückt: Entzieht sich nicht die biologische Spezies Mensch als Teil des sich selbst steuernden natürlichen Ökosystems jeder ethischen Kommunikation, die ja notwendigerweise auf der Ebene der intellektuell gesteuerten Organisationsform *Kultur* stattfindet?

Die methodische Herausforderung, vor die eine Ethik hiermit gestellt ist, geht also über die bisherige Fragestellung nach dem Verhältnis von Individualethik und Sozialethik deutlich hinaus: Beide appellieren letztendlich an den Kultur schaffenden Menschen und sein Handeln – als Individuum oder als Kollektiv/Staatengemeinschaft:

>»Thema der S[ozialethik] ist die bestimmungsgemäße – weil die transzendentalen Bedingungen der conditio humana respektierende – Gestalt der Ordnung des

menschlichen Zusammenlebens. Sie ist das unverzichtbare Pendant zur Individualethik, die nach der bestimmungsgemäßen Gestalt der individuellen Le-
benspraxis fragt. Da es der eine und selbe transzendentalphilos[ophische] Begriff
der conditio humana ist, dessen ethische Implikationen S[ozialethik] und Individualethik zu entfalten suchen, können sie sich auch innerhalb einer einzelnen
fundamentalanthropologischen Konzeption nicht widersprechen.« (Stroh 2004:
1477 f.; Honecker 1995: 3–7)

Auch wo – wie in der lateinamerikanischen Theologie der Befreiung – die überindi-
viduelle Dimension des Bösen betont wird, ging der ethische Appell doch stets davon
aus, dass diese »strukturelle Sünde« durch bewusstes Handeln der Einzelnen und der
Gemeinschaft überwunden werden könne (vgl. González Faus 1996: 730–735; Moreno
Rejón 1995: 268–276). Kann aber das intellektuelle Subjekt Mensch – oder ein Kollektiv von Subjekten – Verantwortung für das Handeln der biologischen Spezies Mensch
übernehmen?

Der Begriff der *Mitgeschöpflichkeit* erscheint vor diesem Hintergrund als ein geeig-
neter Leitbegriff einer Ethik im Zeitalter des Anthropozäns: Auch er adressiert natürlich nicht die Spezies Mensch, erinnert aber das im ethischen Diskurs ansprechbare –
individuelle oder kollektive – Subjekt daran, dass seine Verantwortung über den
menschlichen Lebensraum hinausgeht und sich auf die Ermöglichung von Lebens-
möglichkeiten für andere Kreaturen hin weitet: »Ich bin Leben, das leben will, inmitten von Leben, das leben will« (Schweitzer 2008: 21).

Der Begriff selbst leitet sich dabei unmittelbar aus den biblischen Schöpfungstra-
ditionen her, in denen der Mensch stets als ein Werk des Schöpfers unter anderen
erscheint (vgl. zum Beispiel Psalm 8) – wenn auch mit dem besonderen Auftrag, Gottes Garten zu bebauen und zu bewahren (Genesis / 1. Mose 2,15).

2 Der universale Anspruch ethischer Normen und die Frage nach dem Subjekt des ethischen Handelns

Jean-François Lyotard hat bereits vor einiger Zeit auf die Diskrepanz zwischen uni-
versalem Geltungsanspruch ethischer Normen und der Begrenztheit des menschlichen Subjekts aufmerksam gemacht: Die Menschenrechtserklärung von 1789 könne
sich in ihrer Universalität und Ausschließlichkeit nur legitimieren, indem sie einen
Übergang von einem konkret-historischen zu einem universalen Subjekt vollziehe.
Sie stelle eine meta-normative Deklaration dar, die Rechte von Rechten begrenzt – alle
konkrete Rechtsprechung muss sich an diesen Menschenrechten messen lassen. Die
Menschenrechtserklärung ist also ein meta-normativer Satz, die konkrete Norm bestimmt. Konkrete Normen einer konkreten Staatengemeinschaft werden durch deren

gesetzgebende Instanz (in der Demokratie also das Parlament) beschlossen. Überstaatlich verbindliche Regelungen, das lässt sich zum Beispiel anhand der UN-Klimaverhandlungen deutlich nachzeichnen, bedürfen übernationaler Verständigungsprozesse. Eine Menschenrechtserklärung schließlich, die von ihrem Selbstverständnis her die gesamte Menschheit bindet, bedarf eines universalen Subjekts: »Als höchste Machtinstanz [...], als Sender und Bedeutung des meta-normativen Satzes müßte der Mensch die Präambel der Menschenrechtserklärung unterzeichnet haben« (Lyotard 1987: 242). De facto wurde die Menschenrechtserklärung aber durch die Repräsentanten des französischen Volkes (ein Eigenname) im Appell an ein »höchstes Wesen« (eine Idee) getan. »Die Mitglieder der Constituante [...] halluzinieren die Menschheit in der Nation« (Lyotard 1987: 244). Liest man Lyotards Überlegungen zu der Reichweite von Satzregelsystemen durch die Brille von Chakrabarty, dann könnte man auch sagen: Es müsste der Mensch als Spezies, als *nonhuman-human*, die Präambel der Menschenrechtserklärung unterzeichnet haben.

Theologische Ethik könnte sich nun rasch aus dieser Diskussion verabschieden, da sie ihre Normen ja nicht als autonom gesetzt, sondern als heteronom von Gott gegeben versteht. Doch gerade aufgrund dieser heteronomen Setzung ist sie darauf angewiesen, diese Normen kommunikativ zu vermitteln – und also den Mensch als intellektuelles Subjekt, als *human-human* zu erreichen:

> »So fürchtet nun den HERRN und dient ihm treulich und rechtschaffen und lasst fahren die Götter, denen eure Väter gedient haben jenseits des Euphratstroms und in Ägypten, und dient dem HERRN. Gefällt es euch aber nicht, dem HERRN zu dienen, so wählt euch heute, wem ihr dienen wollt: den Göttern, denen eure Väter gedient haben jenseits des Stroms, oder den Göttern der Amoriter, in deren Land ihr wohnt. Ich aber und mein Haus wollen dem HERRN dienen. Da antwortete das Volk und sprach: Das sei ferne von uns, dass wir den HERRN verlassen und andern Göttern dienen!« (Josua 24,14–16)

Die philosophische wie die theologische Ethik bleiben also darauf angewiesen, dass der Mensch als intellektuelles Subjekt die grundlegenden Normen als für sich bzw. für seine Gemeinschaft gültig anerkennt. Sie sprechen ihr Gegenüber immer auf der Ebene des *human-human* an: Fragen des zwischenmenschlichen Miteinanders betreffen stets die kulturelle Evolution und die Frage, wie sich soziales Verhalten bewusst und gut gestalten lässt.

Ist aber der entscheidende erdgeschichtliche Faktor in Zeiten des Anthropozäns nicht das *human-human*, sondern die Existenz der Spezies Mensch an sich, *nonhuman-human*, so müsste die Spezies Mensch zum Adressaten des ethischen Diskurses werden. Die Ohnmacht, die uns mitunter beschleicht, wenn wir uns mit den Herausforderungen des Klimawandels konfrontiert sehen, resultiert aus dieser Diskrepanz der verantwortlichen Subjekte: Was kann das einzelne Subjekt, was kann ein kollektives Subjekt dazu beitragen, das Verhalten der Spezies Mensch zu verändern?

3   Mitgeschöpflichkeit als ethisches Leitmotiv im Anthropozän

Ethik ist und bleibt Kommunikationsgeschehen – deshalb hängen ihre Wirkungschancen ganz wesentlich davon ab, dass sie nicht nur den Menschen im Allgemeinen und Abstrakten adressiert, sondern den konkreten, einzelnen Menschen als Individuum in einer Gemeinschaft anzusprechen weiß. Es wird ihr daher nie gelingen, die Spezies Mensch zu adressieren. *Mitgeschöpflichkeit* als Leitmotiv in das ethische Denken und Argumentieren einzuführen, scheint mir aber geeignet eine Brücke zwischen dem *human-human* des ethischen Diskurses und dem *nonhuman-human* des Anthropozäns zu bauen – und so das Subjekt Mensch seiner Verantwortung auch als Spezies bewusst werden zu lassen.

Überblickt man christliche ethische Entwürfe der Gegenwart, so begegnet als Grundnorm des ethischen Handelns in der Regel eine Kombination von Gottes-, Nächsten- und Feindesliebe, aus der dann Normen mittlerer Konkretion und Handlungsanweisungen abgeleitet werden. Verantwortung für die Natur kommt hier stets nur abgeleitet in den Blick: Natur als notwendiger Lebensraum des Menschen, den es zu erhalten gilt, damit menschliches Leben weiterhin gelingt.

Die vorherrschende Interpretation des Drei-Säulen-Modells der Nachhaltigkeit folgt genau solch einer anthropozentrisch-gerechtigkeitstheoretischen Begründung: ökologische Nachhaltigkeit, wirtschaftliche Nachhaltigkeit und soziale Nachhaltigkeit sind letztendlich auf das Wohlergehen der Menschen gerichtet. Auch eine an dem Paradigma der Gerechtigkeit orientierte Ethik folgt diesem abgeleiteten Denken, wenn soziale und ökonomische Gerechtigkeit um die Norm der Klimagerechtigkeit ergänzt werden.

Mitgeschöpflichkeit als Leitmotiv oder Grundnorm ethischen Handelns kann dagegen dazu führen, Verantwortung für alle Geschöpfe von vornherein gleichberechtigt in den Blick zu nehmen. Ethik wird hier dann zwar immer noch vom Menschen her, also anthropozentrisch, gedacht, betrachtet den Menschen aber nicht mehr nur in seiner Interaktion mit anderen Individuen oder in seinem Verhalten innerhalb einer Sozial- oder Staatengemeinschaft. Eine Ethik der Mitgeschöpflichkeit nimmt wahr, dass Menschen in vielfältiger Weise mit ihrer nicht menschlichen Mitwelt interagieren und auf sie prägend einwirken. Indem sie diese Mitwelt als in derselben Weise von Gott geschaffen wie die Menschen versteht, schreibt sie den Mitgeschöpfen ein eigenständiges Lebensrecht zu, dem gegenüber der Mensch sich ethisch verantwortlich zu verhalten hat. Damit aber nimmt eine Ethik der Mitgeschöpflichkeit die Herausforderungen des Anthropozäns ernst, die ja gerade darin bestehen, dass die Folgen menschlichen Handelns nicht auf die eigene Spezies begrenzt bleiben.

Der Begriff *Mitgeschöpflichkeit* selbst ist in die Diskussion vor allem von dem Züricher Kirchengeschichtler Fritz Blanke eingeführt worden, der sich bereits im Jahr 1959 dagegenwandte, die Verantwortung der Menschheit auf ihre Mitmenschen zu reduzieren (vgl. Blanke 1960; Lutherisches Kirchenamt 1993: 3). Im Bereich der EKD/VELKD und ihrer Gliedkirchen kommt Mitgeschöpflichkeit in den 1980er-Jahren des vergangenen Jahrhunderts vor allem im Zusammenhang der Diskussion um das neue Tierschutzrecht zum Tragen.

Eberhard Röhrig hat im Jahr 2000 eine lesenswerte Dissertation vorgelegt, in der er das Motiv theologie- und frömmigkeitsgeschichtlich von biblischen Zeiten bis in die Gegenwart verfolgt. Wer sich durch diese reichhaltige Befundsammlung durcharbeitet, merkt, wie wichtig es ist, die Anthropozentrik des christlichen Glaubens durch das Bewusstsein der Verbundenheit mit den Geschöpfen zu korrigieren. Bereits in seinem Resümee zum alttestamentlichen Befund kommt Röhrig zum Schluss, dass das Alte Testament zwar primär am Menschen interessiert, aber »nicht einseitig anthropozentrisch orientiert« (Röhrig 2000: 73) sei. Dies sei nicht verwunderlich, da der Erwählungsgedanke älter sei als die Schöpfungstheologie des Ersten Testaments. Doch immer wieder komme das Tier als Schicksalsgenosse des Menschen in den Blick:

> »Es ist Freund und bedrohlicher Feind, [...] vernunftlos und doch Empfänger göttlicher Offenbarung, schuldlos, aber angeklagt und wie eine Rechtsperson behandelt, [...] missverstanden, aber von Jahwe als Vorbild in Erkenntnis und Lob gewürdigt [...].« (Röhrig 2000: 74)

Auch im Neuen Testament werde deutlich, dass der Mensch nicht losgelöst von den Mitgeschöpfen verstanden wird – die selbst in die Erlösungshoffnung eingeschlossen sind (vgl. Röhrig 2000: 146 f.).

Die bekannteste Aussage Martin Luthers zum Verhältnis zwischen Mensch und Tier stellt vermutlich seine Auslegung des ersten Glaubensartikels dar: »Ich glaube, dass mich Gott geschaffen hat samt allen Kreaturen [...] und noch erhält« (BSLK 2013: 470). Leben ist außerhalb des Raums der Gnade Gottes für Luther nicht möglich – jedenfalls kein Leben, das Bestand und Zukunft hat. Auch das Leben auf dieser Welt ermöglichende und erhaltende Handeln Gottes ist daher Ausdruck seiner Gnade (vgl. Stoellger und Wolff 2014). Dass diese erhaltende Gnade Gottes aber nicht nur den Menschen, sondern allen Geschöpfen zukommt und alle Geschöpfe von ihr abhängig sind, das wird in seiner Auslegung des ersten Glaubensartikels deutlich. Weniger bekannt ist Luthers *Klageschrift der Vögel*, auf die Röhrig hinweist, in der der Reformator mit klaren Worten das »Seufzen der Schöpfung« zum Ausdruck bringt, das Paulus im Römerbrief benennt (Römer 8,22):

»Klageschrift der Vögel an Lutherum über seinen Diener Wolfgang Sieberger. Unserem günstigen Herrn, Doctori Martino Luther, Prediger zu Wittenberg. Wir Drosseln, Amseln, Finken, Hänflinge, Stieglitzen samt anderen frommen, ehrbaren Vögeln, so diesen Herbst über Wittenberg reisen sollen, fügen Eurer Liebe zu wissen, wie wir glaublich berichtet werden, daß einer, genannt Wolfgang Sieberger, Euer Diener, sich unterstanden habe einen großen, freventlichen Thurst und etliche alte, verdorbene Netze aus großem Zorn und Haß über uns theuer gekauft, damit eine Finkenheerd anzurichten, und nicht allein unseren lieben Freunden und Finken, sondern auch uns allen die Freiheit, zu fliegen in der Luft und auf Erden Körnlein zu lesen, von Gott uns gegeben, zu wehren vornimmt, dazu uns nach unserem Leib und Leben stellt, so wir doch gegen ihn gar nichts verschuldet, noch solche ernstliche und geschwinde Thurst um ihn verdient […].« (Weimarer Ausgabe, Bd. 38, 292, zitiert nach Röhrig 2000: 167 f.)

Das Bekenntnis, von Gott geschaffen zu sein »samt aller Kreatur« führt für Luther also unmittelbar zu einer Haltung der Fürsorge gegenüber den Mitgeschöpfen. Alle Mitgeschöpfe seien, wie er in der Auslegung zum ersten Artikel des Glaubensbekenntnisses in seinem Großen Katechismus sagt, dem Menschen zwar »zum Nutz« gegeben, jedoch dürfe dieser bei diesem Nutzen nie vergessen, dass sie ebenfalls von Gott geschaffen sind:

»Das meine und glaube ich, dass ich Gottes Geschöpf bin, das ist, dass er mir gegeben hat und ohne Unterlass erhält Leib, Seele und Leben […] und sofort an […]. Hier wäre nun viel zu sagen, […] wie wenig ihrer sind, die diesen Artikel glauben. Denn wir gehen alle überhin, hören's und sagen's, sehen aber und bedenken nicht, was uns die Worte vortragen. Denn wo wir's von Herzen gläubten, würden wir auch darnach tun, und nicht so stolz hergeben, trotzen und uns brüsten, als hätten wir das Leben, Reichtum, Gewalt und Ehre etc. von uns selbst, dass man uns fürchten und dienen müsste, wie die unselige, verkehret Welt tut, die in ihrer Blindheit ersoffen ist, aller Güter und Gaben Gottes allein zu ihrer Hoffart, Geiz, Lust und Wohltagen missbraucht, und Gott nicht einmal ansehe, dass sie ihm dankete oder für einen Herrn und Schöpfer erkennete.« (BSLK 2013: 579 f.)

Ein *Interdisziplinärer Gesprächskreis* der VELKD zur Mensch-Tier-Beziehung kommt bereits im Jahr 1993 zu dem Ergebnis:

»Tier und Mensch haben eine gemeinsame Abstammung und weisen in ihren biologischen Grundstrukturen viele Gemeinsamkeiten auf. Das verbindet Tier und Mensch zu einer Schicksalsgemeinschaft mit gegenseitigen Abhängigkeiten.

Markiert wird das Tier-Mensch-Verhältnis durch den Begriff ›Mitgeschöpflichkeit‹. […] Einerseits ist der Begriff juristisch nur schwer konkretisierbar, andererseits hebt er sich von einer bloß emotionalen Gestaltung des Verhältnisses zwischen Tier und Mensch ab. Die Einsicht in die Mitgeschöpflichkeit der Tiere fordert ein tiergerechtes Verhalten der Menschen.« (Lutherisches Kirchenamt 1993: 9)

Der zitierte Text spielt auf die Entwicklung in der deutschen Gesetzgebung an, in der durch die Novellierung des Bürgerlichen Gesetzbuches seit 1990 Tiere nicht mehr nur als Sache gelten, sondern einen eigenen rechtlichen Status haben (§ 90a BGB). Der Kommentator im Beck'schen Onlinekommentar macht deutlich, dass Tiere damit nicht automatisch Rechtssubjekte, sondern »Rechtsobjekte (eigener Art)« (BeckOK BGB/Fritzsche BGB § 90a Rn. 2–3) seien. Kirchliche Texte betonen seit den 1990er-Jahren, dass die oben erwähnte Schicksalsgemeinschaft zwischen Mensch und Tier durch den christlichen Schöpfungsglauben begründet sei:

»Tiere sind nach christlichem Schöpfungsverständnis Mitgeschöpfe des Menschen. […] Gott erlöst die Schöpfung, nicht nur den Menschen. Es geht dabei auch um ein ›versöhntes Miteinander‹ von Mensch und Tier. Für Christinnen und Christen ist die Welt mit ihren Tieren und Pflanzen mehr als ein Rohstofflager, mehr als Material für menschliche Zwecke. Sie ist in ihrer Dynamik und Vielfalt Schöpfung Gottes und Ort seiner Gegenwart, die immer dann sichtbar wird, wenn der Mensch seinen Mitmenschen und Mitgeschöpfen in Achtung und Liebe begegnet. Diese Grundperspektive christlicher Schöpfungsverantwortung darf auch im landwirtschaftlichen Umgang mit Tieren nicht aus dem Blick geraten.« (EKD/DBK 2003: Nr. 51 f.)

Unter solch einer Perspektive der Schicksalsgemeinschaft von Mensch und Tier sind Konflikte in der Frage der Nutzung von Tieren für den menschlichen Gebrauch vorprogrammiert. Kirchliche Stellungnahmen machen daher immer wieder deutlich, dass ethisches Handeln in den meisten Fällen auf einer Abwägung zwischen konkurrierenden Gütern beruht:

»Der Glaube an Gott den Schöpfer hilft, falsche Alternativen zu vermeiden. Er versteht Welt und Leben als mehrdimensionale Einheit. Gott ist der Schöpfer des Ganzen, und alles Geschaffene bildet vor dem Schöpfer einen Zusammenhang. Die biblischen Schöpfungsaussagen stellen die Menschen ganz eng mit den Tieren zusammen. Diese existentielle Zugehörigkeit hat in der Welt außerhalb des Garten Edens ein doppeltes Gesicht: Einerseits wird Leben durch gegenseitige Rücksichtnahme, andererseits wird es durch ein gegenseitiges Gebrauchen und Verbrauchen erhalten und weitergegeben. So geht durch Welt und

Leben ein tiefer Riss, eine Wunde, die nur Gott heilen kann.« (Landessynode Hannover 2011: 6)

»Wird die Entscheidung getroffen, Tiere als Nahrung zu nutzen, ist die Grundvoraussetzung, in der Verantwortung für die ›Mitgeschöpfe‹ zu bleiben und sie im Sinne von Tierwohl und Tiergerechtheit wahrzunehmen. Unabdingbar ist es darum, bei Haltung, Transport und Schlachtung von Tieren die Angst-, Schmerz- und Leidfreiheit zu garantieren und alles menschlich und technisch Mögliche dafür zu tun und bereitzustellen.« (Landessynode Hannover 2011: 9 f.)

4   Fazit

Wird Mitgeschöpflichkeit zum Leitmotiv christlicher Ethik, so weitet sich der Raum der Verantwortung. Ethisches Handeln zielt dann nicht mehr nur auf den oder die Mitmenschen und dann abgeleitet, um deren Wohl willen, auch auf die gemeinsame Umwelt. Wie der Mitmensch hat vielmehr auch das Mitgeschöpf einen Wert an sich, verdient Respekt und einen von Gerechtigkeit geprägten Umgang mit ihm.

Mitgeschöpflichkeit verortet das ethisch handelnde Subjekt damit nicht mehr primär im Miteinander der Menschen, sondern im Miteinander der Schöpfung. Der Begriff nimmt damit eine Einsicht auf, die bereits Albert Schweitzer formuliert hat: »Ich bin Leben, das leben will, inmitten von Leben, das leben will« (Schweitzer 2008: 21). Dieser scheinbar so einfache Satz Schweitzers offenbart zugleich, dass eine Ethik der Mitgeschöpflichkeit immer einer Güterabwägung bedarf: Wie die biologische Evolution durch den beständigen Wettbewerb der Lebewesen um den besten Lebensraum vorangetrieben wurde und wird, so konkurrieren wir auch in und durch unser Kulturschaffen mit dem Lebensraum der Mitgeschöpfe. Ehrfurcht vor dem Leben der anderen Geschöpfe bedeutet daher auch die Bereitschaft zum Verzicht auf eigene Expansion, um anderen Geschöpfen Lebensraum zu erhalten.

Damit trägt eine Ethik der Mitgeschöpflichkeit dazu bei, den Herausforderungen des Anthropozäns zu begegnen: Dieses Erdzeitalter ist ja davon geprägt, dass es ursprüngliche Natur nicht mehr gibt. Das Kulturschaffen des Menschen hat jeden Winkel des Planeten erreicht – denn auch dort, wo Natur sich selbst überlassen bleibt, sich *ursprünglich* entwickeln *darf*, beruht dies auf einer bewussten Entscheidung des Menschen, sich zurückzuziehen oder auf eine mögliche Expansion zu verzichten. Eine Ethik der Mitgeschöpflichkeit macht deutlich, dass Verantwortung unter diesem erdgeschichtlichen Vorzeichen nicht mehr nur anthropozentrisch verstanden werden kann als Verantwortung des Menschen für sein Leben und das Leben der anderen Menschen. Der Lebensraum, den der Mensch im Zeitalter des Anthropozäns gestaltet, prägt und verantwortet, ist nicht nur der menschliche Lebensraum, es ist der Lebensraum aller Kreaturen. Eine Ethik der Mitgeschöpflichkeit weitet also den Verantwortungsbereich des Menschen hin zu einer biozentrischen Perspektive – jedoch ohne dabei die Konflikte und Abwägungsprozesse zu übersehen, die sich daraus ergeben.

Eine Ethik der Mitgeschöpflichkeit adressiert also zwar nicht die Spezies Mensch in ihrer Verantwortlichkeit – die dieser als Teil des natürlichen Ökosystems auch nicht zukommen kann, aber sie verortet das kulturschaffende Subjekt Mensch neu innerhalb des natürlichen Ökosystems, indem sie das Subjekt lehrt, sich als Geschöpf unter Mitgeschöpfen zu verstehen, deren Lebensraum es als verantwortliches Subjekt und prägendes Phänomen dieses Erdzeitalters zu bewahren hat.

Literatur

Blanke, Fritz (1960): Unsere Verantwortlichkeit gegenüber der Schöpfung. Der Auftrag der Kirche in der modernen Welt. In: Mensch und Kosmos. Eine Ringvorlesung der Theologischen Fakultät Zürich (Fritz Blanke zum 60. Geburtstag.). Zürich/Stuttgart: Zwingli-Verlag

BSLK – Amt der VELKD (Hg.) (2013): Unser Glaube. Die Bekenntnisschriften der Evangelisch-Lutherischen Kirche. 6. völlig neu bearbeitete Auflage. Gütersloh: Gütersloher Verlagshaus

Chakrabarty, Dipesh (2012): Postcolonial studies and the challenge of climate change. New Literary History 43: 1–18

EKD/DBK – Evangelische Kirche in Deutschland (Hg.) (2003): Neuorientierung für eine nachhaltige Landwirtschaft. Ein Diskussionsbeitrag zur Lage der Landwirtschaft. Gemeinsame Texte 18. Hannover: Selbstverlag

González Faus, José Ignacio (1996): Sünde. In: Ignacio Ellacurá & Jon Sobrino (Hg.): Mysterium Liberationis. Grundbegriffe der Theologie der Befreiung. Band 2. Luzern: Ed. Exodus: 725–740

Honecker, Martin (1995): Grundriß der Sozialethik. Berlin/New York: De Gruyter

Landessynode der Evangelischen Landeskirche Hannover (2011): Aktenstück Nr. 86, Bericht des Umwelt- und Bauausschusses betr. Landwirtschaftliche Nutztierhaltung, Leer, 20. April 2011. http://www.land eskirche-hannovers.de/dms/evlka/wir-ueber-uns/landessynode/synoden-archiv/achte-tagung-24-landes synode/aktenstuecke/Nr_86/Nr_86.pdf?1320232235 – Zugegriffen am 7.12.2015

Lutherisches Kirchenamt (Hg.) (1993): Tier und Mensch. Erwägungen zur »Mitgeschöpflichkeit« der Tiere. Texte aus der VELKD 52/1993. Hannover: Selbstverlag

Lyotard, Jean-François (1987): Der Widerstreit. Supplemente, Band 6. München: Fink

Moreno Rejón, Francisco (1995): Fundamentalmoral in der Theologie der Befreiung. In: Ignacio Ellacurá & Jon Sobrino (Hg.): Mysterium Libertationis. Grundbegriffe der Theologie der Befreiung. Band 1. Luzern: Ed. Exodus: 263–276

Röhrig, Eberhard (2000): Mitgeschöpflichkeit. Die Mensch-Tier-Beziehung als ethische Herausforderung im biblischen Zeugnis, in der Theologiegeschichte seit der Reformation und in schöpfungstheologischen Aussagen der Gegenwart. Europäische Hochschulschriften, Reihe XXIII Theologie. Frankfurt/Main: Lang

Schweitzer, Albert (2008): Die Entstehung der Lehre der Ehrfurcht vor dem Leben und ihre Bedeutung für unsere Kultur. In: Hans Walter Bähr (Hg.): Albert Schweitzer: Die Ehrfurcht vor dem Leben. Grundtexte aus fünf Jahrzehnten. München: Beck: 13–31

Stoellger, Philipp & Jens Wolff (2014): Art. Schöpfer/Schöpfung. In: Volker Leppin & Gury Schneider-Ludorff (Hg.): Luther-Lexikon. Regensburg: Bückle & Böhm: 624–626

Stroh, Ralf (2004): Art. Sozialethik. In: Dieter Betz et al. (Hg.): Religion in Geschichte und Gegenwart. Band 7. 4. Auflage. Tübingen: Mohr Siebeck: 1477–1478

Die Würde der Kreatur – Annäherung an einen Rechtsbegriff der schweizerischen Bundesverfassung aus ethischer und theologischer Sicht

Hans Jürgen Münk

1 Einleitung

Die Begriffsbildung *Würde der Kreatur*, die erstmals 1992 im Rahmen einer Volksabstimmung über einen neuen Verfassungsartikel (Art. 24[novies]) zur Schaffung einer Grundlage für gesetzliche Regelungen in den Bereichen Gentechnologie und Reproduktionsmedizin Eingang in die schweizerische Bundesverfassung fand, hatte zwar schon seit 1980 einen gewissen Vorläufer in der Verfassung des Kantons Aargau (1980). Sie wurde aber erst im Zusammenhang mit der Aufnahme in die Bundesverfassung Gegenstand intensiverer Diskussionen, deren Schwerpunkte relativ schnell auch in wissenschaftlich relevanten Diskursen jenseits der Schweizer Grenzen ein Echo fanden. Als ein gewichtiges Indiz für die internationale Aufmerksamkeit kann auf den Artikel *Würde* des *Historischen Wörterbuchs der Philosophie* verwiesen werden, das der Verwendung des Würdebegriffs im außerhumanen Bereich mehrere Teilabschnitte widmet (vgl. Großmann 2004: 1091 f.). Die wohl immer noch bedeutendste philosophische und theologische Monografie zu dieser Thematik, die als Dissertation an der (Katholisch-)Theologischen Fakultät der Universität Bonn angenommen wurde, stammt von einer deutschen Verfasserin (vgl. Baranzke 2002). In Erinnerung rufen könnte man noch eine Reihe weiterer Beiträge, zum Beispiel einige Schriften des früheren Karlsruher Soziologen G. M. Teutsch (vgl. Teutsch 1995).

Erklärungen für diese rasche *Karriere* des Begriffs knüpfen regelmäßig an den gesellschaftlichen Diskussionen über die Belange des Umweltschutzes seit den 1970er-Jahren (dies auch im Rahmen des sogenannten *Konziliaren Prozesses*) sowie über den Regelungsbedarf in Hinsicht auf Risikopotenziale der sich rasch entwickelnden Gentechnik und Fortpflanzungsmedizin an. Sie gehören in den Kernbereich jener neuen Entwicklungen in den Naturwissenschaften und Technikbereichen, die regelmäßig im Zusammenhang mit den Problemfeldern und Aufgabenstellungen des Anthropozäns erscheinen. Damit gehören sie zur Signatur »einer Epoche, in der der Mensch dabei ist, seinen Planeten in atemberaubender Geschwindigkeit zu verändern« (Schwägerl 2012: 2). Es liegt auf der Hand, dass in diesem gesamten Kontext die Frage des Umgangs mit der außerhumanen Natur eine zentrale Rolle spielt. Wer die Natur verändern will und dies verantwortungsbewusst tun will, bedarf eines angemessenen, moralisch ausgewiesenen Maßstabs. Die sich auf den ersten Blick als deskriptive Größe präsentierende Erdepoche des Anthropozäns erweist sich somit auf den zweiten Blick als normativ höchst anspruchsvolles Konzept, das auch unumwunden von dem bekanntesten Protagonisten der Anthropozän-Idee, dem Ozonforscher und Nobelpreisträger Paul J. Crutzen, angesprochen wird, wenn er »Individuen, Nationen und [der] ganze[n] menschlichen Zivilisation« die Aufgabe stellt, »zu ›Hütern der Erde‹ zu reifen« (Crutzen 2012: 8). Implizit unterstreicht diese Formulierung die Neuheit der Herausforderung, um die es geht. Eben diese Präzedenzlosigkeit ist auch den Interpreten des Rechtsgrundsatzes *Würde der Kreatur* sehr bewusst, bei dem es ja um die Frage eines angemessenen Maßstabs für den Umgang mit der außermenschlichen Natur geht. Sie spiegeln sich zum Beispiel in den Hinweisen wider, dass man für das Verständnis dieses Rechtsbegriffs »keine Traditionsanschlüsse« finde und dass sich auch den Materialien der entsprechenden parlamentarischen Beratung »kaum Wesentliches entnehmen« lasse (Errass 2013: 190). Diese Feststellungen betreffen primär die juristische Seite der Thematik.

Für die philosophische und theologische Dimension stellt sich die Frage der Traditionsanschlüsse und systematischen Gesichtspunkte freilich anders und primär – zumindest auf grundsätzlicher Ebene – keinesfalls in landesspezifischer Weise, wie einige einschlägige Fachstudien der nachfolgenden Zeit auch bald ausführlich erkennen ließen.

2   Zwei amtlich bestellte Gutachten

Zur Klärung der grundsätzlichen Implikationen philosophischer und theologischer Art sowie der rechtlichen Tragweite und Konsequenzen beauftragte das (damalige) schweizerische Bundesamt für Umwelt, Wald und Landschaft (BUWAL) zunächst eine christliche Theologin und einen Staatsrechtler mit der Ausarbeitung eines Gutachtens (vgl. Praetorius und Saladin 1996). Wenig später erging von der gleichen Stelle der Bundesverwaltung ein weiterer Auftrag an drei Züricher Philosophen (vgl. Balzer et al. 1997). Offenbar wünschte man ein größeres Spektrum möglicher Verständnisweisen. Die Argumentationslinien dieser zwei Gutachten haben eine stark prägende Wirkung auf die seither geführte philosophisch-theologische Diskussion über Grundsatzfragen des menschlichen Verhältnisses zur außerhumanen Natur (näher hin zur Tier- und Pflanzenwelt) entfaltet. Die Schwerpunkte der unterschiedlichen Auslegungsvorschläge lassen sich von den beiden Hauptbegriffen *Würde* und *Kreatur* her angehen.

Im juristischen Teil des *ersten Gutachtens* kam der Autor Peter Saladin zum (theologiegeschichtlich überraschenden) Schluss, dass Menschen nicht unter das Kreaturverständnis des neuen Verfassungsgrundsatzes fallen. Würde werde hingegen auch Tieren und Pflanzen zugesprochen. Weitere Elemente der belebten Sphäre – ausdrücklich zusammengefasst unter den biologischen Bezeichnungen *Prokaryotae* und *Protoctista* – könnten allerdings nicht einer »kreatürlichen Würde« unterstellt werden (Errass 2013: 191). Der Begriff *Würde* ist nach dieser juristischen Analyse stets vom Modell der Menschenwürde her zu deuten, die – obwohl von der Rechtsprechung in der Schweiz schon seit Längerem als ungeschriebenes Grundelement der Verfassung anerkannt – expressis verbis erst im Zuge der gleichen Teilrevision (1992) Eingang in die Bundesverfassung fand.*

Das gleichzeitige Festschreiben beider Würde-Formulierungen (Menschenwürde und Würde der Kreatur) in Gestalt des erwähnten, 1992 angenommenen neuen Verfassungsartikels dürfte ein wesentliches Ergebnis der staatsrechtlichen Begutachtung gefördert haben, dass nämlich beide Verwendungsweisen aus rechtshermeneutischen Gründen »nichts fundamental Verschiedenes bezeichnen« (Praetorius und Saladin 1996: 85; vgl. Errass 2013: 191) könnten. Gemäß dieser juristischen Interpretation ist zwar wegen des Fehlens der Vernunft bei Tieren und Pflanzen keine vollständige Identität zwischen beiden Verwendungsweisen des Würdebegriffs anzunehmen. Wohl aber ging das erste Gutachten von einem gemeinsamen Begriffskern aus: Die »Würde der Kreatur« sei »in grundsätzlich gleicher Weise wie ›Menschenwürde‹ als spezifische Werthaftigkeit, als spezifischer Eigenwert zu verstehen« (Praetorius und Saladin 1996: 86). Solche Eigenwertigkeit wird gleich im Anschluss auch als *Integrität* zu fassen versucht. Als Ausdruck des inneren Zusammenhangs von Würde der Kreatur und Menschenwürde soll auch Kreaturen ein Individualschutz zustehen.

Das *zweite Gutachten* fasst den Kreaturbegriff etwas weiter, sodass man von einem (eingeschränkten) biozentrischen Ansatz sprechen kann. Es werden außer Tieren und Pflanzen unter Umständen auch weitere nicht empfindungsfähige Lebewesen eingeschlossen. Der 1992 neu in die SBS aufgenommene Artikel war ja auch als Rechtsgrundlage für Regelungen in der Gentechnik, das heißt – entsprechend den Forschungs- und Anwendungsperspektiven – auch für gentechnische Experimente und Produktionsprozesse mit Mikroorganismen bestimmt. Die drei Autoren unterscheiden indes zwei prinzipiell verschiedene Würdebegriffe, nämlich (1.) inhärente Würde und (2.) kontingente Würde. Letztere wird so bezeichnet, weil ihre Existenz von kontingenten Eigenschaften abhängt. Sie trifft demnach nur auf bestimmte Träger zu

---

* Seit der 1999 abgeschlossenen (und seit 1.1.2000 in Kraft getretenen) Neufassung der schweizerischen Bundesverfassung (SBS) führen die Achtung und der Schutz der Menschenwürde (Art. 7, SBS) die Reihe der Grundrechte an. Sie spielen zudem in weiteren Verfassungsbestimmungen eine nachdrückliche Rolle.

und unterliegt zeitlichen Begrenzungen; sie wird im Verlauf des Lebens erworben und kann transitorisch sein (zum Beispiel die mit einem bestimmten Amt verbundene Würde).

Demgegenüber ist die inhärente Würde permanent und kommt *allen* Wesen zu, auf welche bestimmte Voraussetzungen zutreffen: Zu diesen zählen Lebewesen, die ein eigenes Gut besitzen, die organische Einheiten darstellen und individuelle Ziele verfolgen; sie sind *um ihrer selbst willen* moralisch zu achten; sie besitzen inhärente Würde, die aber nicht schon eine absolute Größe, eine absolute Würde ist. Deshalb kann es eine Abwägung mit anderen Gütern geben. Inhärente Würde ist zudem graduierbar gemäß der Komplexität und den Fähigkeiten der Kreaturen (vgl. Balzer et al. 1998: 17–20, 41–50). Arten und Biotope fallen nicht unter dieses Verständnis und bleiben ausgeschlossen.

Inhärente Würde fundiert den normativen Anspruch, der durch eine Güterabwägung zwischen den Interessen der Menschen und dem Schutzbedarf der Kreaturen zu ermitteln ist. Im Fall empfindungsfähiger Lebewesen kommt dieser Anspruch im Schutzinteresse zum Ausdruck, nicht bzw. zumindest nicht ohne angemessenen Grund leiden zu müssen.

Die Ergebnisse der zwei Gutachten *divergieren eklatant* im jeweiligen Verständnis der zentralen Begriffe. Ob und wie sich allenfalls eine Annäherung oder sogar Überbrückung vorstellen lässt, kann nicht ohne eine weitere begriffliche Analyse geklärt werden.

3 Zur Interpretation der Hauptbegriffe

In diesem Abschnitt wird – wenn nicht ausdrücklich anderes vermerkt ist – primär von dem durch die erwähnte Totalrevision der Bundesverfassung (1999) geschaffenen neuen Kontext des Rechtsgrundsatzes *Würde der Kreatur* ausgegangen. Der frühere Artikel 24[novies] SBS war damit im Wesentlichen aufgeteilt worden in die neuen Artikel 119 (Fortpflanzungsmedizin und Gentechnologie im Humanbereich) und 120 (Gentechnologie im Außerhumanbereich). Der Rechtsgrundsatz *Würde der Kreatur* steht nun in Artikel 120, Abs. 2, in dem es im Zusammenhang mit dem Schutz des Menschen und seiner Umwelt vor Missbräuchen der Gentechnologie um die vom Bund zu erlassenden »Vorschriften über den Umgang mit Keim- und Erbgut von Tieren, Pflanzen und anderen Organismen« geht, wobei »der *Würde der Kreatur* sowie der Sicherheit von Mensch, Tier und Umwelt Rechnung« zu tragen und die »genetische Vielfalt der Tier- und Pflanzenarten« zu schützen ist (vgl. Schweizer und Errass 2014: 2141). Für die möglichst genaue Bestimmung der Reichweite dieser gesetzgeberischen Aufgabe ist der Umfang des Begriffs *Kreatur* von zentraler Bedeutung.

3.1 Kreatur

Nach herrschender (juristischer) Lehre schließt Kreatur im Sinne dieses neuen Artikels in jedem Fall Nichtlebendes aus. Ob ebenso stets auch der Ausschluss von Menschen anzunehmen ist, wird allerdings in der juristischen Fachliteratur nicht gleichermaßen geschlossen bejaht. Hingegen gelten unumstritten im Bereich des belebten Nichthumanen Tiere und Pflanzen als (im Sinne dieser Würde) geschützt. Darüber hinaus kann jedoch nicht alles, was sonst noch allenfalls unter den Organismenbegriff fällt, als einbezogen gelten. Kreatur im Sinne des geschützten Nichthumanen meint somit weniger als die gesamte lebende Natur, umfasst aber jedenfalls Tiere und Pflanzen (vgl. Errass 2013: 195–200).*

Die interdisziplinäre Diskussion litt von Anfang an unter Unklarheiten und Schwierigkeiten, die sich insbesondere in der Bestimmung des Bedeutungsumfangs und der Reichweite tragender Begriffe äußerten. Dazu trugen auch terminologische Varianten in einschlägigen Publikationen zusätzlich bei, die neben »Würde der Kreatur« immer wieder auch »Würde der Natur, der Lebewesen, des Lebens und geschöpfliche Würde« als (vermeintliche) Äquivalente verwendeten.** Damit verbesserte man die Interpretationslage aber keineswegs, wie ein kurzer Blick auf zwei Beispiele verdeutlicht:

- Mit der Verwendung von *Würde der Natur* könnte man die erwähnten Eingrenzungen noch weniger überzeugend erklären. Warum sollen Organismen unterhalb der anerkannten Stufe oder unbelebte Entitäten nicht mehr zur Natur gehören?

- Die Rede von *geschöpflicher Würde* ist – abgesehen vom eigentlich säkularen Charakter eines heutigen Staatsverfassungs-Kontextes – auch theologisch fragwürdig. Man kann das Adjektiv *geschöpflich* nicht zur Abgrenzung von Menschenwürde gebrauchen; auch diese verdankt sich – auf dem Hintergrund der Gottebenbildlichkeit – dem Schöpfer und ist deshalb geschöpflich.

3.2 Würde

Infolge der Totalrevision der Bundesverfassung erschien der Rechtsgrundsatz »Würde der Kreatur« im neuen Artikel 120 enger »eingehegt« worden zu sein, als dies in der Vorgängernorm der Fall war (vgl. Schweizer und Errass 2014: 2148). In der juristischen Interpretation wird jedoch darauf verwiesen, dass im vorangehenden Ar-

---

* Zu den in dieser Reichweitenbestimmung nicht erfassten Bereichen, deren Sonderproblematik hier aus Raumgründen nicht berücksichtigt werden kann, sei auf die Studie von Arz de Falco und Müller (2001) verwiesen.

** Man berief sich manchmal auch auf den *Duden*, der (angeblich) mit Kreatur nur Lebendes bezeichne. Die Duden-Ausgabe von 1994 nennt aber unter dem Stichwort »Kreatur« – der kirchenlateinischen Herkunft entsprechend – an erster Stelle eine allgemeinere Bedeutung, nämlich »Geschöpf« bzw. »(von Gott) geschaffenes Wesen«. In der 2006 erschienenen Neubearbeitung wird unter »Kreatur« – nach der Bedeutung »Lebewesen« – wiederum »Geschöpf« aufgeführt, freilich ohne Erwähnung Gottes (Duden 2006: 610).

tikel 119 (Fortpflanzungsmedizin und Gentechnologie im Humanbereich) die Menschenwürde als wertendes, normatives Prädikat genau parallel aufgeführt wird. Daraus wird gefolgert, dass dieses (im Vergleich zur Vorgängernorm von 1992) neue Arrangement keine tief greifende Veränderung für das Würdeverständnis nach sich ziehe. Beide Male habe man es mit einer inhärenten Größe zu tun; beide Male müsse darunter »grundsätzlich Gleiches« (Errass 2013: 203) verstanden werden. Wird »Kreatur« so weit gefasst, dass auch Menschen inbegriffen sind, dann ist »Würde der Kreatur« sogar der umfassendere Begriff. »Das im Begriff der Kreatur sowohl für den Menschen als auch für nicht menschliche Lebewesen Gemeinsame bildet die Inhärenz und Permanenz der Würde als Programm für zu achtendes und zu schützendes Leben« (Errass, 204). Im Blick auf diese Gemeinsamkeit wird betont, dass »neben dem Menschen auch andere Lebewesen um ihrer selbst willen rechtlich berücksichtigungswürdig« (Errass 205) sind.

Der Verfassungsgeber gehe hier »erstmals über einen anthropozentrischen Ansatz hinaus, indem er die rechtliche Relevanz der Kreatur nicht mit einem wie auch immer gearteten Bezug auf den Menschen begründet« (Errass 205). Der angesehene *St. Galler Kommentar* zur Bundesverfassung folgert aus diesen Zusammenhängen:

> »Das Verfassungsprinzip der ›Würde der Kreatur‹ überträgt den im Humanbereich entwickelten Würdebegriff auf die aussermenschliche Sphäre und will damit darauf einwirken, dass auf Lebewesen der Natur jedenfalls in gewisser Hinsicht gleich reflektiert und gewertet werde wie über Menschen, ferner, dass menschliches Handeln solchem Denken angemessen sei« (Schweizer und Errass 2014: 2150).

Der Verfassungskommentar betont den mit dem Respekt vor der Würde der Kreatur »einhergehenden Biozentrismus, der auf das Leben als Anknüpfungspunkt abstellt« (Schweizer und Errass 2014: 2149).

»Mit dem Biozentrismus bildet das *Merkmal des Lebens* und nicht mehr der Mensch das für rechtliche Handlungen entscheidende Kriterium« (Errass 2013: 207). Insofern zu diesem Kriterium keine Abstufungen angegeben werden, wird man diese Charakterisierung eher im Sinne eines egalitären Biozentrismus zu verstehen haben (vgl. Rippe 2008: 99-132). Gemessen an der engagierten ethischen Diskussion der 1990er-Jahre im Lande hatte sich mit diesem Ansatz in der revidierten Bundesverfassung eine Art »mittlere Position« durchgesetzt, die man als »Teil der Verfassung hinter der Verfassung« (Rippe 2008: 207) sehen könnte.

Die Charakterisierung als *mittlere Position* lässt sich anhand zweier einander entgegengesetzter Stellungnahmen aus jener Zeit verdeutlichen:

In einer *ersten Sichtweise* wurde die Natur als entscheidende und umfassende Größe verstanden, aus der sich auch die Menschenwürde herleite. Alle menschlichen

Qualitäten und darüber hinaus alle Lebewesen sind Manifestationen der Natur; »alle Würde des Menschen (hat) ihren Ursprung in der Würde der Natur« (Sitter-Liver 1995: 360).

Natur wird dabei in einer aus der *(pantheisierenden)* Naturphilosophie bekannten Doppelaspektivität verstanden, das heißt als wirkende und gewirkte Natur *(natura naturans – natura naturata)*. Insbesondere unter dem zweiten Aspekt bildet Natur den »Inbegriff der natürlichen Bedingungen der Freiheit« (Sitter-Liver 1995). Die Anerkennung einer Würde der Natur ist zugleich Prüfstein der Menschenwürde. Den nicht menschlichen Naturwesen kommt Eigenwertigkeit zu, denn sie besitzen ein eigenes Gut, sie streben einen Zustand der eigenen Erfüllung an. Sie bestehen nicht um des Menschen willen. Dieser Selbstbezug lässt sie unabhängig vom Menschen erscheinen und begründet ihren Eigenwert. Extrahumane Naturwesen dürfen deshalb nie nur als Mittel betrachtet werden. Sie sind Wesen und Wirklichkeiten, denen ein moralischer Anspruch auf Achtung zukomme (vgl. Sitter-Liver 1995).

Zu diesem philosophischen Gedankengang wurde auch eine (christlich-)theologische Parallele entwickelt, die um den Gedanken der Mitgeschöpflichkeit kreist (vgl. den Beitrag von W. Schürger in diesem Band): Am Anfang steht die Würde der Schöpfung. Alle Kreatur (hier ist offenkundig alles Geschaffene gemeint) ist von Gott geschaffen, für gut befunden und in das Erlösungswerk von Christus (mit)einbezogen worden. Geschöpflichkeit ist so der Grund aller Würde. Nun kann die Erschaffung des Menschen nicht vom Gesamt der Schöpfung abgetrennt werden; er nimmt – wie alle Geschöpfe – an der Würde teil, die der Schöpfung insgesamt vom Schöpfer verliehen sei. Die Würde des Menschen ist so »nur ein Reflex, ein Abglanz der Würde der Kreatur insgesamt« (Link 1992: 99).

Ein *zweiter Argumentationstyp* geht umgekehrt vor und begründet die Achtung vor der Würde der Natur von der Menschenwürde her. Am Anfang steht die Würde des Menschen als eines moralfähigen Wesens. Das Gewissen verpflichtet ihn dazu, eine exklusiv anthropozentrische Perspektive zu verlassen und sich auch den anderen Naturwesen zuzuwenden. Die Würde des Menschen als Moral- und Vernunftwesen verlangt nicht nur die Würde der Mitmenschen, sondern auch der übrigen Mitgeschöpfe zu achten (vgl. Münk 1997: 23–26). Die erstgenannte Strömung mit ihrer Herleitung der Menschenwürde aus der ursprünglicheren und umfassenderen Naturwürde hat mit verschiedenen Schwierigkeiten zu kämpfen: Wer nicht allen Hervorbringungen der Natur Würde zuschreiben will, steht unweigerlich vor der Frage: Woher kommt der Maßstab, mit dem man zuverlässig einer Hervorbringung der Natur Würde zuspricht, einer anderen hingegen nicht? Auch die große Hamburger Sturmflut von 1962 war, um nur ein Beispiel zu nennen, eine Hervorbringung der Natur, der man schwerlich Würde zuschreiben kann! Käme ein solcher Maßstab nicht letztlich wieder aus der Natur selbst? Geriete man auf diese Weise nicht aussichtslos in einen Zirkel hinein? Ein solcher Ansatz könnte schwerlich einer Form des Monismus (zum Beispiel Naturalismus) entgehen.

Methodisch ist es mehr als problematisch, von einem so hoch befrachteten Naturbegriff auszugehen, in dem alle für jede Würdeform entscheidenden Faktoren schon impliziert sind. Wie sollten sich auf der Grundlage und im Rahmen eines solchen monistisch angelegten Konzepts Kriterien finden lassen, mit deren Hilfe man allfällige Konfliktlagen zwischen Interessen von Menschen und extrahumanen Lebewesen entscheiden könnte? Diese Anfragen verdeutlichen, dass der erstgenannte Argumentationstyp keinen gangbaren Weg eröffnet.

Die Schwierigkeiten des zweiten Ansatzes konzentrieren sich aus philosophischer Sicht im Wesentlichen auf die Frage, inwiefern berechtigterweise von einer Würde der Natur bzw. der Kreatur gesprochen werden kann, zu deren Respektierung uns die Menschenwürde selbst anhält. In der Ethikliteratur stößt man hier regelmäßig auf das Argument von der Eigenwertigkeit und Eigenständigkeit der nicht menschlichen Natur. Mit Eigenwert verbindet sich die Vorstellung eines Gegensatzes zu einem instrumentellen Wert. Entitäten mit Eigenwertcharakter gehen nicht auf in Nutzenfunktionen. Wie sehr mit dieser Charakteristik ein normativer Anspruch verknüpft ist, kommt wohl am klarsten in der Pflicht zu einer Interessenabwägung im Umgang mit Tieren zum Ausdruck. Im schweizerischen Tierschutzgesetz vom 16. 12. 2005 wird der im Zweckartikel (Art. 1) betonte Schutz der Tierwürde unter anderem näher erläutert mit »Eigenwert des Tieres, der im Umgang mit ihm geachtet werden muss« (Art. 3 lit.a). Diese Achtung impliziert, dass für das Wohlergehen der Tiere gesorgt wird. Eine Missachtung der Tierwürde liegt generell vor, wenn eine Belastung des Tieres nicht durch überwiegende Interessen, wie sie u. a. für Tierversuche aufgeführt sind (Art. 3 lit.c), gerechtfertigt werden kann. Im Hintergrund dieser Bestimmungen steht der aus der modernen Tierschutzethik bekannte sentientistische Grundsatz: So weit bei Tieren und Menschen ein gleiches (oder zumindest vergleichbares) Schmerzempfinden und Leidenkönnen anzunehmen ist, kommt auch Tieren ein gleicher (oder wenigstens vergleichbarer) moralischer Anspruch auf Rücksichtnahme zu. Den moralischen Standpunkt zeichnet die Unparteilichkeit aus, die alle Betroffenen unvoreingenommen gemäß dem Gleichheitsprinzip berücksichtigt, gemäß dem Gleiches – entsprechend seiner Gleichheit – gleich und Ungleiches – nach Maßgabe seiner Verschiedenheit – ungleich zu behandeln ist. Aus dieser artübergreifenden Anwendung des Gleichheitsprinzips folgen zwar gewisse Ansprüche auf rücksichtsvolle Behandlung, aber nicht schon eigentliche Tierrechte, wie sie zum Beispiel prominent vom US-amerikanischen Philosophen T. Regan gefordert werden (vgl. Regan 1984; Rippe 2008: 238–240).

Noch umfassender ist der in solchen Kontexten oft verwendete Begriff *Interesse* im Sinne von irgendwie bewussten Strebungen der Erfüllung arteigener Bedürfnisse.

Tiere sind Wesen, die eine Art Bewusstsein des eigenen Wohlbefindens – und insofern auch ein (wenn auch nicht reflektiertes) Interesse haben, darin nicht beeinträchtigt zu werden. Empfindungsfähigkeit gilt als zureichendes Kriterium dafür, Interessen haben zu können. Alle Wesen, auf die das zutrifft, gehören zur *moral community* und haben Anspruch darauf, nach dem artübergreifenden Gleichheitsgrundsatz behandelt zu werden.

Diese Argumentation mit der unparteilichen Abwägung vergleichbarer Interessen, insbesondere im Blick auf Schmerzempfindlichkeit, findet in der heutigen Tierschutzgesetzgebung in der einen oder anderen Form breite Anerkennung über weltanschauliche und religiöse Grenzen hinweg.

Nun geht der Kreis der außerhumanen Lebewesen, für die der Grundsatz *Würde der Kreatur* etabliert wurde, weit über die Tierwelt hinaus. Die erwähnte biozentrische Reichweite verlangt insbesondere zu prüfen, ob eine vergleichbar plausible Akzeptanz auch für Pflanzen besteht, und zwar (gemäß einem egalitaristischen Verständnis) für alle Pflanzen. Regelmäßig rekurrieren philosophisch-ethische Studien bei dieser Fragestellung auf einen Eigenanspruch von Wesen mit einem eigenen Gut (im Sinne des eigenen Gedeihens). Dadurch werde ein Eigenwert konstituiert. Die Anerkennung einer Würde bringe den Anspruch zum Ausdruck, »das eigene Gut von Pflanzen im Umgang mit ihnen zu berücksichtigen« (Odparlik 2010: 113). Dies sei ein moralisch begründeter Anspruch und die Menschenwürde auferlege die Pflicht zur Orientierung an moralischen Maßstäben.

Die Anknüpfung bei der Verwirklichung eines eigenen Gutes, die eine gewisse Binnenzentrierung von Organismen betont, kann indes noch keine stichhaltige moralische Begründung liefern. Es ist erst zu begründen, warum der Besitz einer Eigenschaft oder Fähigkeit bzw. der Bestrebung in Richtung auf ein Ziel moralisch relevant ist. Das ist im Fall der Rücksichtnahme auf Schmerzempfinden der Fall. Aber der Verweis auf Bestrebungen, die man unter dem Dachbegriff *Gedeihen* zusammenfassen kann, überzeugt hier noch nicht. Strebungen der hier infrage kommenden Art beziehen sich auf die empirische Ebene, sie sind etwas Natürliches. Selbstverständlich kann Natürliches moralischen Respekt verdienen; aber dazu bedarf es einer eigenen Begründung (vgl. Rippe 2008: 131 f.).

4   Eine theologische Ergänzung

Biblisch-theologisch ist in Bezug auf die Frage, welchen Lebewesen Würde zukommt, eine zweifache Charakteristik von entscheidendem Gewicht: Zum einen ist das alles Geschaffene umfassende Merkmal der Mitgeschöpflichkeit zu bedenken. Zum andern muss die dem Menschen zukommende Sonderstellung, wie sie unter anderem in Gen 1,26–28 zum Ausdruck kommt, angemessen gewürdigt werden. Während für

Letztere die Gottebenbildlichkeit, die *Imago Dei* (*imago* als Übersetzung des hebräischen *zaᵉlaᵉm*) zum Leitmotiv einer großen Tradition wurde, in der es zu einer (durchaus wechselvollen) Symbiose mit der lateinischen Dignitas-Vorstellung kam, wurde im Rahmen der sogenannten *Bonitas-Tradition* die Transparenz- bzw. Gleichnisqualität der extrahumanen Schöpfung [traditionell auch unter der Bezeichnung vestigia dei (Spuren Gottes)] hervorgehoben (vgl. Baranzke 2002: 53–81).

Die Gemeinsamkeit liegt im Bezug zum gleichen Schöpfer, im Merkmal der Mitgeschöpflichkeit. Aus dieser Gemeinsamkeit allein lässt sich indes jene Stellung und Funktion (zum Beispiel das viel diskutierte *dominium terrae*), die dem Menschen in Gen 1,26–28 zugewiesen ist, nicht ableiten. Weil die menschliche Personwürde in den menschenrechtlich maßgeblich gewordenen Traditionen, soweit sie theologisch interpretiert werden, in aller Regel als in eben diesen biblischen, speziell dem Menschen geltenden, Aussagen grundgelegt gesehen wird, kann sie nicht aus der allgemeinen Mitgeschöpflichkeit abgeleitet werden. Sie kann demnach auch nicht als *Abglanz* einer allem Geschaffenen zukommenden Würde gedeutet werden.

Unter dem Vorzeichen der Mitgeschöpflichkeit eignet der Natur ein Status, den man allenfalls als eine (schwächere) Würdeaussage deuten könnte im Sinne einer Antwort des Menschen auf das biblische »und Gott sah, das es gut war« (Bonitas-Tradition). Eine Respektierung dieser Wert-Anerkennung ist mit der besonderen Würdestellung des Ebenbildes vereinbar.

5   Schluss

Die bislang vorgebrachten Überlegungen zum Umgang mit der außerhumanen Natur kommen aus kulturellen Quellen. Sie setzen die Unterscheidung von Natur und Kultur voraus und entsprechen damit nicht einer verbreiteten Interpretation des Anthropozäns, der zufolge eine solche Ausgangskonstellation als Dualismus abzulehnen und zugunsten einer nach dem Prinzip der *Bioadaption* »gezüchteten Welt« zu überwinden ist (vgl. Schwägerl 2012: 101, 104 f., 122, 156). Das Nachhaltigkeitsparadigma wird noch als Ausdruck einer überholten Welt des »primitiven Umgestaltens des globalen Ökosystems« (Schwägerl 2012: 101, 122) verstanden.

Für herkömmliche Differenzierungen – zum Beispiel zwischen der Menschenwürde und dem Tierstatus – ist im Anthropozän kein Platz mehr. Entscheidend wäre in dieser neuen anthropogenen Welt die »Würde des ›Weltorganismus‹« (Schwägerl 2012: 182 f., 214). Erwägbar ist jedoch aufgrund und im Rahmen der anvisierten, menschengemachten »Kompaktheit«, dass sich als »Ergebnis eine naturwissenschaftlich (!) fundierte Würde des Menschen« konzipieren lässt, »die aus der Würde des Weltorganismus heraus entsteht« (Schwägerl 2012: 214). Innerhalb einer zu gründenden Anthropozän-Wissenschaftsinstitution, die »neue langfristige Regeln für die neue anthropogene Welt [zu] entwickeln« (Schwägerl 2012: 307) hätte, »ließe sich sogar die Theologie einbauen: Angesichts der Bedeutung der Religionen für die Kultur wäre eine Theologie der Menschenherrschaft ein würdiges Unterfangen« (Schwägerl 2012: 307). Die Religionen haben indes nicht nur Bedeutung für die Kultur, sondern auch für die Natur. Das Wechselwirkungsverhältnis (nicht die Trennung!) von Natur und Kultur scheint im Anthropozänkonzept aber zugunsten einer alles bestimmenden »biokulturellen Evolution« (Schwägel 2012: 40) als überholt betrachtet zu werden. Es spricht für sich, dass die in einem Institut Craig Venters 2010 gelungene Herstellung einer ersten synthetisch-biologischen Zelle als Vorzeichen gepriesen wird, »dass der Mensch dabei ist, eine Schöpferrolle einzunehmen, wie sie in unserer Vorstellung bisher einem Gott oder mehreren Göttern vorbehalten war« (Schwägerl 2012: 160). Dies mag zu einem Posthumanismus passen, nicht aber zu einer Humanökologie, denn dieser liegt an einer Respektierung der außerhumanen Sphäre. Mit dem Grundsatz *Würde der Kreatur* ist gerade die Achtung normativer Grenzen im Umgang mit der nicht menschlichen Welt verbunden. Humanisierung ist wohl zu unterscheiden von Hominisierung!

Die im vorangehenden Abschnitt 4 aus den christlich-theologischen Hauptquellen entwickelte normative Grundlinie für den Umgang mit der außerhumanen Natur spricht selbstredend gegen ein derartiges Anthropozänprojekt. Abgesehen davon würde eine »Theologie der Menschenherrschaft« erneut Wasser auf die Mühlen jener Kritiker leiten, welche die Wurzel der Umweltprobleme allein im biblischen »Herrschaftsauftrag« (vgl. Gen 1,26–28) sehen wollen. Gegen eine *Weltorganismus-Würde* schließlich sprechen – *mutatis mutandis* – die Argumente, die in Abschnitt 3 gegen den Ansatz einer Gesamtwürde der Natur vorgebracht wurden. Globalkonzepte dieser Art tendieren dazu, Differenzierungen und Abgrenzungen zurückzudrängen oder gar »aufzusaugen«. Als eine ökologisch akzeptable Strategie wird man dies schwerlich einordnen können.

Der im gleichen Abschnitt 3 skizzierte, von der Menschenwürde ausgehende philosophisch-ethische Ansatz hingegen mag einen bescheideneren Eindruck erwecken. Er kommt aber ohne schwammige Anleihen sowie ohne viele spekulative Vorstellungen aus und ist im Übrigen gut kombinierbar mit dem theologischen Gedankengang in Abschnitt 4. Damit werden umrisshaft Schwerpunkte eines humanökologischen Ethos markiert, die zwar hinter den Anthropozän-Höhenflügen zurückbleiben, die aber wirklich der *Würde der Kreatur* dienen können.

Literatur

Arz de Falco, Andrea & Denis Müller (2001): Wert und Würde von »niederen« Tieren und Pflanzen. Ethische Überlegungen zum Verfassungsprinzip »Würde der Kreatur«. Freiburg/Schweiz: Universitätsverlag

Balzer, Philipp, Klaus-Peter Rippe & Peter Schaber (1998): Menschenwürde vs. Würde der Kreatur: Begriffsbestimmung, Gentechnik, Ethikkommissionen. Freiburg i. Br.: Alber

Baranzke, Heike (2002): Würde der Kreatur? Die Idee der Würde im Horizont der Bioethik. Würzburg: Königshausen & Neumann

Crutzen, Paul J. (2012): Vorwort. In: Christian Schwägerl: Menschenzeit. Zerstören oder gestalten? Wie wir heute die Welt von morgen erschaffen. Taschenbuchausgabe. München: Wilhelm Goldmann: 7–8

Duden (2006) Bd. 1: Die deutsche Rechtschreibung. 24., völlig neu bearbeitete und erweiterte Auflage. Mannheim: Dudenverlag

Errass, Christoph (2013): 20 Jahre Würde der Kreatur. Zeitschrift des Bernischen Juristenvereins 149: 187–232

Großmann, Andreas (2004): Würde. In: Joachim Ritter & Karlfried Gründer (Hg.): Historisches Wörterbuch der Philosophie Bd. 12. Muttenz: Schwabe: 1088–1093

Link, Christian (1992): Rechte der Schöpfung. Argumente für eine ökologische Theologie. In: Manuel Schneider & Andreas Karrer (Hg.): Die Natur ins Recht setzen: Ansätze für eine neue Gemeinschaft allen Lebens. Karlsruhe: Müller: 87–104

Münk, Hans Jürgen (1997): Die Würde des Menschen und die Würde der Natur. Theologisch-ethische Überlegungen zur Grundkonzeption einer ökologischen Ethik. Stimmen der Zeit 215: 17–29

Odparlik, Sabine (2010): Die Würde der Pflanze. Ein sinnvolles ethisches Prinzip im Kontext der Grünen Gentechnik? Freiburg i. Br./München: Alber

Praetorius, Ina & Peter Saladin (1996): Die Würde der Kreatur (Art. 24 novies, Abs. 3 BV). Schriftenreihe Umwelt Nr. 260. Bern: Bundesamt für Umwelt, Wald und Landschaft

Regan, Tom (1984): The Case for animal rights. London: Routledge [6th printing Berkeley: University of California Press 2010]

Rippe, Klaus-Peter (2008): Ethik im außerhumanen Bereich. Paderborn: mentis

Schwägerl, Christian (2012): Menschenzeit. Zerstören oder gestalten? Wie wir heute die Welt von morgen erschaffen. Taschenbuchausgabe. München: Wilhelm Goldmann

Schweizer, Rainer J. & Christoph Errass (2014): Kommentar zu Art. 120 SBS. In: Bernhard Ehrenzeller et al. (Hg.): Die schweizerische Bundesverfassung. St. Galler Kommentar. 3. Auflage. Zürich: Schulthess: 2141–2154

Sitter-Liver, Beat (1995): Würde der Kreatur. In: Julian Nida-Rümelin & Dietmar von der Pfordten (Hg.): Ökologische Ethik und Rechtstheorie. Baden-Baden: Nomos: 355–364

Teutsch, Gotthard M. (1995): Die »Würde der Kreatur«. Erläuterungen zu einem neuen Verfassungsbegriff am Beispiel des Tieres. Bern: Paul Haupt

Teil 3

Gesellschaftliche Praxis zwischen Wildnis und Technik

Globalisierung –
Was hat das mit dem Boden zu tun?

Winfried E. H. Blum

1 Einleitung

Definiert man Globalisierung als weltweit erkennbare Prozesse mit messbarer Wirkung, stellt sich die Frage, welche globalen Beziehungen zwischen Böden als lokal abgrenzbaren und räumlich extrem unterschiedlichen Substraten überhaupt bestehen können (vgl. Abbildung 1). Allein in Europa gibt es mehrere Hundert unterschiedliche Bodentypen, -subtypen und -varietäten, die deutlich gegeneinander abgrenzbar sind. Dennoch sind die Böden auf drei verschiedene Arten global vernetzt:

• Durch Gasaustausch über die Atmosphäre: Böden sind der größte terrestrische Kohlenstoffspeicher und enthalten mehr Kohlenstoff als die gesamte oberirdische Biomasse (Pflanzen und Tiere) zusammen. Sie sind durch biologisch-biochemische Prozesse an der Erzeugung klimawirksamer Spurengase wie Kohlendioxid (CO_2), Methan (CH_4) und Di-Stickstoffoxid (N_2O) maßgeblich beteiligt.

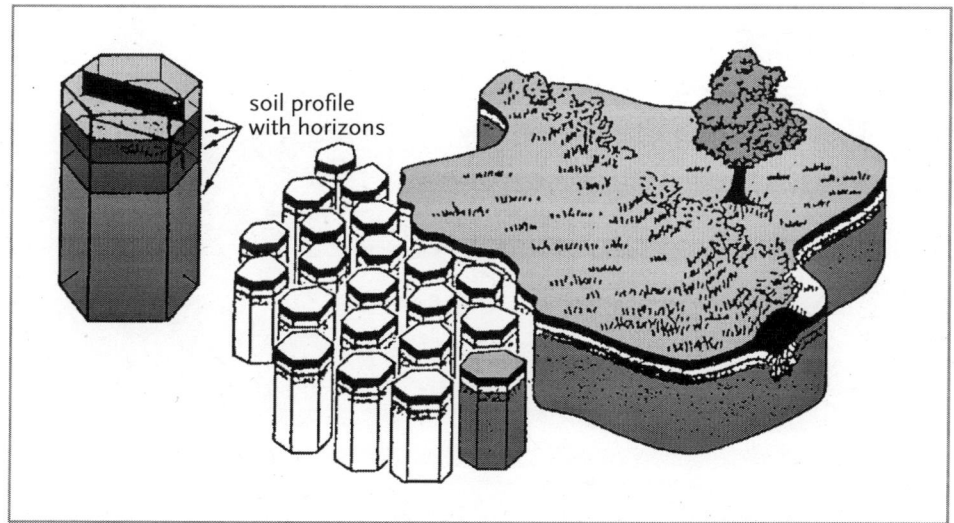

Abbildung 1: Boden als dreidimensionaler Ausschnitt aus der obersten Erdkruste.
Quelle: Blum (2007).

◆ Über den Wasserkreislauf: Alle terrestrischen Ökosysteme einschließlich der Böden entwässern in Richtung Meere. Die Zusammensetzung der Meeressalze wird daher durch die geochemische Mobilität der Gesteinselemente bei der Verwitterung, Bodenbildung und beim Wassertransport Richtung Meere bestimmt. Am mobilsten ist das Element Chlor (Cl), nachfolgend Natrium (Na) und in abnehmender Reihenfolge Magnesium (Mg), Calcium (Ca), Schwefel (S) bis zu Kalium (K). Insgesamt erhöhen diese Einträge den Salzgehalt des Meerwassers kontinuierlich, wenn auch in Menschenaltern kaum messbar.

◆ Über die weltweite Nachfrage nach Gütern und Dienstleistungen des Bodens, vor allem durch die Produktion von Biomasse in Form von Nahrungsmitteln, Futtermitteln und biogenen Rohstoffen.

Im Folgenden wird die Globalisierung des Bodens unter dem letztgenannten Gesichtspunkt diskutiert.

Die durch den Boden bereitgestellten Güter und Dienstleistungen sind aus Abbildung 2 ersichtlich, die zugleich die Verknüpfung des Bodens mit der Atmosphäre, dem Oberflächen- und Grundwasser sowie mit der Pflanzenproduktion darstellt.

Hierbei stellt sich jedoch die Frage, welche Böden global vor dem Hintergrund der Erzeugung von Dienstleistungen und Gütern vor allem vernetzt sind. Betrachtet man weltweit die Nutzungseignung der Böden, so wird deutlich, dass nur 12 Prozent der Landoberfläche für die Erzeugung von Nahrungsmitteln und hochwertigen Faser-

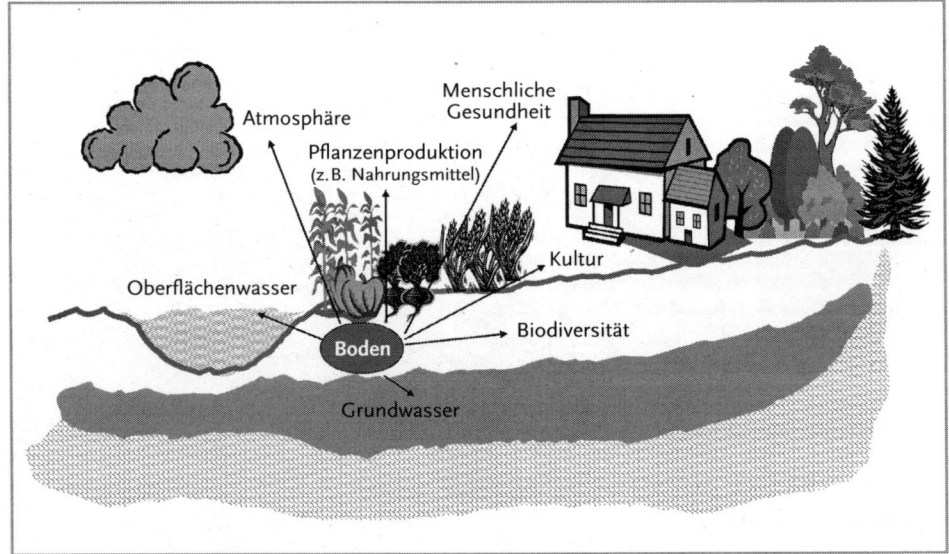

Abbildung 2: Güter und Dienstleistungen des Bodens.
Quelle: Blum (2004).

Tabelle 1: Globale Bodenqualität nach Oberfläche und Bevölkerungsverteilung.

Bodenqualität Klasse	Oberfläche gesamt (in Prozent)	Weltbevölkerung (in Prozent)
I	2,4	6,1
II, III	9,5	19,0
IV, V, VI	33,8	52,4
VII	9,0	10,4
VIII, IX	45,3	12,1

Quelle: Blum und Eswaran (2004).

stoffen geeignet sind. 24 Prozent der Fläche können als Weideland genutzt werden, 31 Prozent als Wälder und 33 Prozent sind ungeeignet für jegliche nachhaltige Nutzung, da zu trocken, zu kalt oder ohne Bodenbedeckung wie zum Beispiel die Hochgebirge (vgl. Buringh 1998; FAO 1995).

Eine globale Bewertung der Qualität der Landoberfläche auf der Basis ihrer inhärenten Eigenschaften wurde von Blum und Eswaran 2004 unter Berücksichtigung der Resilienz und Produktionskapazität dargestellt (vgl. Blum und Eswaran 2004). Dabei wurden neun Klassen unterschieden (vgl. Beinroth et al. 2001).

Aus Tabelle 1 geht hervor, dass die Bodenqualitätsklasse 1 nur 2,4 Prozent der Landfläche ausmacht, mit 6,1 Prozent der Weltbevölkerung. Die Bodenqualitätsklassen 2 und 3 umfassen 9,5 Prozent der Landesoberfläche mit 19,0 Prozent der Weltbevölkerung. Auf diesen circa 12 Prozent der globalen Landfläche werden von circa 25 Prozent der Weltbevölkerung nahezu alle im Handel befindlichen Nahrungsmittel und hochwertigen biogenen Grundstoffe erzeugt. Dabei sind die durch reine Selbstversor-

Tabelle 2: Bodenfläche nach Qualitätsklassen in den wichtigsten Biomen der Erde.

BIOME	BODEN-QUALITÄTSKLASSEN (in Prozent der eisfreien Landoberfläche)									
	I	II	III	IV	V	VI	VII	VIII	IX	Total
Tundra								15,62		**15,62**
Boreal			2,03	0,67	0,50	3,05	2,63	1,08	0,07	**10,02**
Gemäßigt	2,14	2,55	0,70	1,31	4,76	1,66	2,01		0,15	**15,29**
Mediterran			0,30	0,15	1,35	0,08	0,65		0,03	**2,56**
Trockengebiete							1,42		28,19	**29,61**
Tropen	0,25	2,43	1,51	1,83	9,90	8,53	2,31		0,16	**26,90**
Total	**2,38**	**4,98**	**4,55**	**3,95**	**16,51**	**13,32**	**9,01**	**16,69**	**28,59**	**100,00**

Quelle: Blum und Eswaran (2004).

gungswirtschaft erzeugten Nahrungsmittel nicht berücksichtigt. Die Verteilung dieser Landqualitätsklassen auf die unterschiedlichen Landlebensräume (Biome) ist aus Tabelle 2 ersichtlich. Vor diesem Hintergrund sind acht globale Trends erkennbar.

2 Globale Trends in der weltweiten Land- und Bodennutzung

2.1 Zunahme der Weltbevölkerung und Veränderung ihrer räumlichen Verteilung

Jährlich wächst derzeit die Weltbevölkerung um circa 80 Millionen Menschen, die mehr Raum, mehr Energie und mehr Nahrungsmittel beanspruchen (vgl. Lutz et al. 2014). Von entscheidender Bedeutung ist jedoch, dass jährlich 100 bis 150 Millionen aus ländlichen Gebieten in die Städte abwandern oder dort geboren werden. Diese Urbanisierung führt dazu, dass keine eigenen Nahrungsmittel (durch Selbstversorgungswirtschaft) mehr erzeugt werden können. Dies führt daher zu einem steigenden Druck auf die lokalen, regionalen und weltweiten Lebensmittelmärkte (vgl. Blum und Nortcliff 2013).

Die Weltbevölkerung hat sich von 1950 bis 2000, also im Laufe von nur 50 Jahren, mehr als verdoppelt (vgl. McNeill 2003). Trotzdem war es möglich, den Nahrungsbedarf dieser wachsenden Weltbevölkerung durch Ertragssteigerungen ohne wesent-

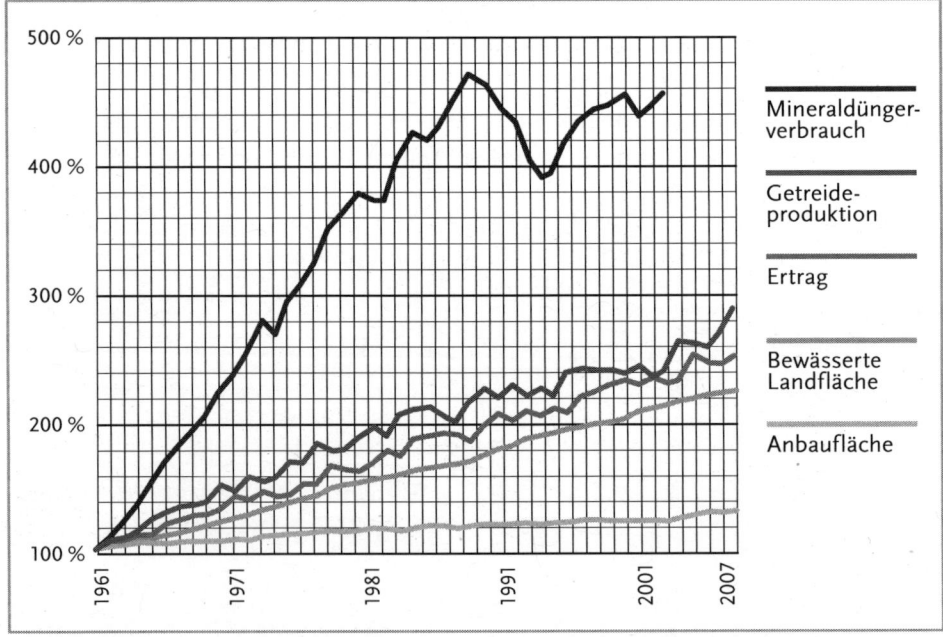

Abbildung 3: Indikatoren für die Zunahme der globalen landwirtschaftlichen Produktion, 1961–2007 (Index 1961 = 100).
Quelle: FAO (2011).

liche Vergrößerung der Anbaufläche zu decken (vgl. Abbildung 3 und FAO 2008). Diese mehr als 250-prozentige Ertragssteigerung zum Beispiel bei Getreide war nur durch eine mehr als 400-prozentige Steigerung des Einsatzes von Düngemitteln (vgl. Abbildung 3) sowie durch große Fortschritte in der Pflanzenzüchtung (vgl. Borlaug 2007) möglich.

2.2 Verlust fruchtbarer Böden durch Versiegelung und weitere Bodenschädigungen

In der globalen Verteilung sind Ackerflächen vor allem in der Nordhemisphäre konzentriert. Diese Verteilung entspricht den Vorkommen der Bodenqualitätsklassen 1 bis 3. Überlagert man diese mit globalen Nachtlichtbildern, die Auskunft über die Siedlungsfläche geben, wird deutlich, dass die größte Versiegelung auf den besten Böden und den am intensivsten genutzten Ackerflächen stattfand. Dies kann darauf zurückgeführt werden, dass die ersten Siedler vor Anlage ihrer Behausungen zunächst Wasser und die besten Böden gesucht haben, um überleben zu können. Diese Erstsiedlungen entwickelten sich im Laufe der Geschichte zu den urbanen Zentren. Jegliche Erweiterung von Siedlungen nach außen erfolgt daher bis heute, mit wenigen Ausnahmen, auf den fruchtbarsten Böden.

2.3 Veränderung durch Wandel des Lebensstils und der Nachfrage nach Lebensmitteln

Durch den Wandel des Lebensstils besteht eine gesteigerte Nachfrage nach individuellem Lebens- und Wohnraum – zum Beispiel durch starke Zunahme von Einpersonenhaushalten. Eine weitere deutliche Entwicklung wird in der Verschwendung von Lebensmitteln sichtbar, von denen, vor allem in den Industrieländern, bis zu 25 Prozent (meist nicht einmal ausgepackt) in den Abfall gegeben werden. Gleichzeitig besteht das Phänomen der Fettsucht durch übermäßigen Konsum des verbleibenden Rests. Allein für die Bekämpfung dieser Fettsucht in Form von Pharmazeutika und schlankheitsfördernden Mitteln werden derzeit global schätzungsweise jährlich mehr als 200 Milliarden Euro ausgegeben. Darüber hinaus ist weltweit eine Zunahme des Fleisch- und Milchkonsums zu beobachten, die eine höhere Nachfrage nach Primärprodukten, zum Beispiel Getreide, verursacht.

Für die Produktion von 1 Kilogramm Hühnerfleisch werden 2 bis 3 Kilogramm Getreide, für 1 Kilogramm Schweinefleisch circa 4 bis 5 Kilogramm und für 1 Kilogramm Rindfleisch circa 7 bis 10 Kilogramm Getreide benötigt (vgl. Zhou et al. 2008). Um diese zunehmende Nachfrage auszugleichen, wäre es notwendig, die globale Getreideproduktion von 2,64 Tonnen je Hektar im Jahr 2000 auf 3,6 Tonnen je Hektar im Jahr 2025 und auf 4,3 Tonnen je Hektar im Jahr 2050 zu erhöhen (vgl. Lal 2007; Godfray et al. 2010). Bei diesen Berechnungen sind die notwendigen Mengen an

Energie und Süßwasser für die Fleischproduktion noch nicht berücksichtigt. Allein in China mit 1,4 Milliarden Einwohnern verdoppelte sich der Verbrauch von Schweinefleisch zwischen 1996 und 2007.

2.4 Weltweite ökonomische Veränderungen bezüglich Produktion und Vermarktung von agrarischen Produkten (Lebensmittel und Bioenergie)

Die weltweite ökonomische Krise der letzten Jahre ging auch an der Produktion und Vermarktung von Lebensmitteln und Bioenergie nicht vorbei. Hierbei spielte vor allem die Zunahme der Spekulation eine entscheidende Rolle, wobei die Warenterminungeschäfte im Vordergrund standen, wie zum Beispiel über Derivatehandel und Hedging (vgl. IFPRI 2008). An dieser Spekulation beteiligten sich vor allem Großbanken, Versicherungen und andere Geschäftsfelder, die sich daraus hohe Gewinne versprachen (vgl. Piesse und Thirtle 2009; Garcia und Leuthold 2004). Daneben wurde vielen bevölkerungsreichen Ländern klar, dass ihre eigenen Landflächen künftig nicht ausreichen werden, die Ernährungssicherung ihrer Bevölkerungen zu gewährleisten. Daher wurde von einzelnen Regierungen über Bankenkonsortien sowie durch weltweit tätige Banken und Handelsketten begonnen, landwirtschaftliche Produktionsflächen in fremden Ländern und Kontinenten – zum Beispiel in Afrika, Asien, Mittel- und Südamerika – zu kaufen oder pachten *(land grabbing)* (vgl. Robertson und Pinstrup-Andersen 2010; Davis et al. 2014). Dieser ohne Rücksicht auf die lokale Bevölkerung durchgeführte Landerwerb zur Produktion von Nahrungsmitteln und/

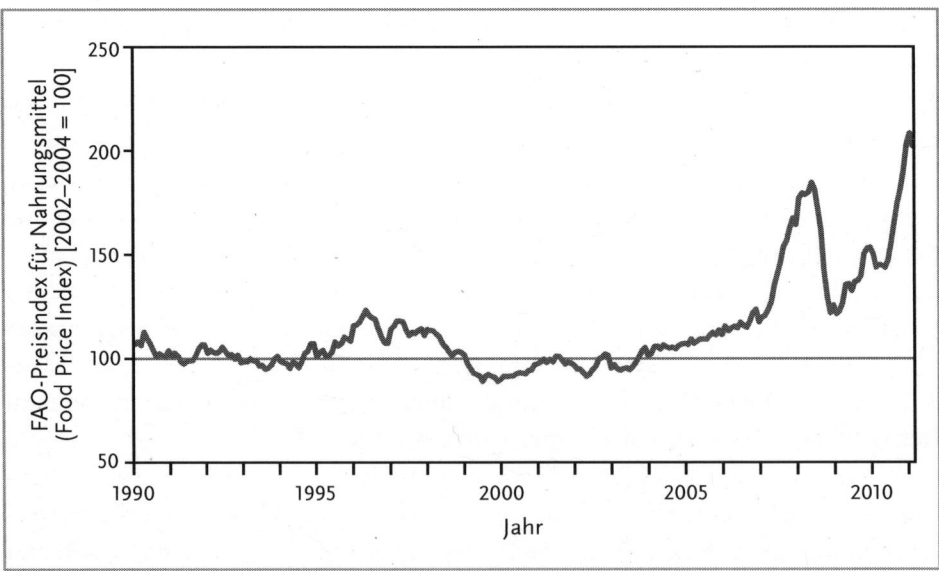

Abbildung 4: Weltweite Entwicklung der Nahrungsmittelpreise (inflationsbereinigt) 1990–2011.
Quelle: WBGU (2011).

oder Bioenergie für den eigenen Verbrauch oder den Weltmarkt umfasst inzwischen weit über 100 Millionen Hektar, das heißt mehr als eine Million Quadratkilometer, davon mehr als 70 Prozent in Afrika.

Durch Spekulation und Land Grabbing vergrößerte sich die Fluktuation der Nahrungsmittelpreise auf dem Weltmarkt, wie dies aus der Preisblase im Jahr 2008 deutlich wird (vgl. Abbildung 4; Piesse und Thirtle 2009).

2.5 Steigende Nachfrage nach Biotreibstoffen (Ethanol, Diesel)

Seit circa zehn Jahren werden verstärkt Teile der für die Nahrungs- und Futtermittelbereitstellung erzeugten agrarischen Produkte (Getreide, Pflanzenöle und andere) in Biotreibstoffe umgewandelt, wobei wegen steigender Nachfrage in großem Umfang Naturwälder gerodet werden und dazu große Flächen in fremden Kontinenten gekauft oder gepachtet werden (vgl. Popp 2010). Die dabei erzeugten Biotreibstoffe stehen wegen der leichten Transportmöglichkeiten in globaler Konkurrenz.

Ungeachtet der Erkenntnis, dass die hierfür zur Verfügung stehenden Flächen vor allem in Europa völlig unzureichend sind und die Produktion von Nahrungsmitteln einschränken, geht derzeit die Produktion von Bioenergie weiter (vgl. OECD 2007; Goldemberg und Guardabassi 2009).

Laut Aussage des Generaldirektors der World Trade Organization (WTO) wurden weltweit bereits 2011 13 Prozent allen Getreides und 35 Prozent allen Zuckerrohrs für die Ethanolproduktion und 16 Prozent aller Pflanzenöle für die Produktion von Biodiesel genutzt.

2.6 Beeinflussung der Bodennutzung durch Klimawandel

Infolge globaler Nutzung fossiler Energie und Produktion klimawirksamer Treibhausgase ist inzwischen deutlich geworden, dass die mittleren Jahrestemperaturen vor allem in der Nordhemisphäre ansteigen und zwar bei gleichzeitiger Verringerung der Niederschläge in zahlreichen Regionen der Erde, in Europa vor allem im mediterranen Raum.

Für die agrarische Pflanzenproduktion bedeutet dies, dass durch die Erwärmung pflanzenphysiologische Grenzwerte überschritten werden und der Wasserbedarf der Pflanzen steigt. Durch die Erwärmung erhöht sich auch die Gefährdung durch pflanzliche und tierische Schädlinge, die in bisher nicht gefährdete Gebiete einwandern können.

Gleichzeitig verändern sich die Niederschlagsverteilung und mit ihr die Bodenfeuchte und der Oberflächenabfluss. Grundsächlich kann davon ausgegangen werden, dass auch in Zukunft die klimatischen Schwankungen insgesamt zunehmen und auch mehr extreme Wetterereignisse zur Beeinträchtigung der agrarischen Produktion führen werden (Lavalle et al. 2009; IPCC 2014).

2.7 Weltweit zunehmende Verknappung von Süßwasser

Weltweit verbraucht die Landwirtschaft circa 70 Prozent allen Süßwassers (vgl. Bernades 2008). In Ländern wie Chile, Ägypten, Pakistan und anderen werden heute bereits mehr als 80 Prozent der gesamten Agrarproduktion durch Bewässerung erzeugt (vgl. Abbildung 5). Da in zahlreichen Ländern die agrarischen Bewässerungssysteme veraltet sind und hohe Wasserverluste bedingen, wird es in Zukunft dringend notwendig sein, die Agrarbewässerung dem sich ständig verringernden Wasserangebot technisch anzupassen (vgl. FAOSTAT 2011; IWMI 2007). In zahlreichen Ländern des Mittelmeerraumes ist heute schon eine Einschränkung der agrarischen Produktion infolge Wassermangels notwendig (vgl. Blum 2009).

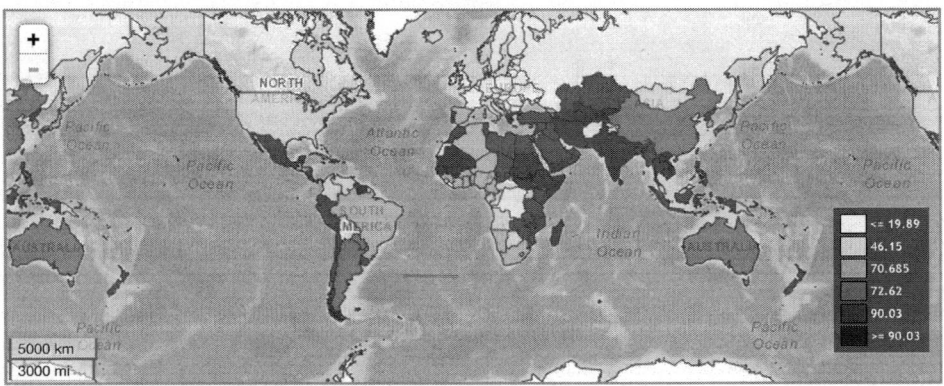

Abbildung 5: Anteil der Bewässerung im globalen Ackerbau (2003).
Quelle: FAO (2006).

2.8 Globale Verbreitung nicht autochthoner Tier- und Pflanzenarten

Durch die weltweit steigenden Transportkapazitäten und -geschwindigkeiten werden gebietsfremde, nicht autochthone Tier- und Pflanzenarten in zunehmendem Maße global verbreitet. Darunter sind tierische und pflanzliche Krankheitserreger oder Schädlinge, die eine mittel- bis langfristige Gefährdung der agrarischen Biomasseproduktion darstellen und neuartige Kontrollen sowie Gegenmaßnahmen verlangen. Sehr gefährlich sind auch andere, sich rasch ausbreitende, *invasive* Fremdarten, weil sie einheimische Arten verdrängen und damit neue ökologische Bedingungen schaffen. In vielen Gebieten der nördlichen Hemisphäre werden solche Ausbreitungen nicht autochthoner Arten auch durch die Klimaerwärmung (siehe Kapitel 2.6.) gefördert, die ihnen neue Lebensbereiche schafft. Alle Maßnahmen gegen diese Ausbreitungen müssen daher auch die Auswirkungen des Klimawandels berücksichtigen.

3   Ausblick und Schlussfolgerungen

Globale Veränderungen bedingen lokale Lösungen, da erst die Summe lokaler Veränderungen zu globalen Wirkungen führt.

Böden sind lokale Naturgebilde, jedoch über die Nachfrage nach Gütern und Dienstleistungen global vernetzt. Diese Vernetzung erfolgt direkt über regionale und globale Märkte. Die weltweit zunehmende Versiegelung der produktivsten Böden und weitere Bodenbelastungen bedingen notwendigerweise eine Intensivierung der agrarischen Produktion auf zunehmend kleineren Flächen. Eine Ausdehnung des Ackerbaus in bestehende Grasland- und Waldgebiete ist wegen eines weiteren Verlustes naturnaher Ökosysteme nicht möglich. Die zunehmende Verknappung von Süßwasser zwingt zu neuen wasserschonenden landwirtschaftlichen Nutzungen. Um die Biodiversität nicht weiter zu verringern, ist die Entwicklung neuer Agrarsysteme mittels biologischer Ansätze unerlässlich, auch im Hinblick auf eine zunehmende Verbreitung invasiver Tier- und Pflanzenarten. Um negative Wirkungen durch globale Veränderungen zu begrenzen, bedarf es unbedingt internationaler Regelungen und Abkommen.

Dies alles bedeutet, dass wir neue Formen agrarischer Bodennutzung finden müssen, wobei ein Nebeneinander von organisch-biologischen und schonenden konventionellen Verfahren notwendig sein wird, um eine optimale Nutzung der extrem unterschiedlichen Böden und Standorte zu gewährleisten und somit die Welternährung sicherzustellen.

Literatur

Beinroth, Fred H., Hari Eswaran & Paul F. Reich (2001): Global assessment of land quality. In: Diane E. Stott, Rabi H. Mohtar & Gray C. Steinhard (eds.): Sustaining the global farm. Selected papers from the 10th International Soil Conservation Organisation Meeting, 24–29 May 1999. West Lafayette: US Soil Conservation Service: 569–574

Bernades, Göran (2008): Future biomass energy supply: The consumptive water use perspective. International Journal of Water Resources Development 24: 235–245

Blum, Winfried E.H. (1998): Soil degradation caused by industrialisation and urbanisation. In: Hans-Peter Blume et al. (eds.): Towards sustainable land use. Vol. I. Advances in Geoecology 31. Reiskirchen: Catena: 755–766

Blum, Winfried E.H. (2007): Bodenkunde in Stichworten. Berlin/Stuttgart: Gebr. Borntraeger Verlagsbuchhandlung

Blum, Winfried E.H. (2009): Reviewing land use and security linkages in the Mediterranean region. In: José Rubio et al. (eds.): Water scarcity, land degradation and desertification in the Mediterranean region. Dordrecht: Springer: 101–117

Blum, Winfried E.H. & Hari Eswaran (2004): Soils for sustaining global food production. Journal of Food Science 69: 37–42

Blum, Winfried E. H. & Stephen Nortcliff (2013): Soils and Food Security. In: Eric C. Brevic & Lynn C. Burgess (eds.): Soils and human health. Boca Raton: CRC Press: 299–321

Borlaug, Norman E. (2007): Feeding a hungry world. Science 318: 359

Buringh, Pieter (1985): The land resource for agriculture. Philosophical Transactions of the Royal Society B310 (1144): 151–159

Davis, Kyle F., Paolo D'Odorico & Maria C. Rulli (2014): Land grabbing: A preliminary quantification of economic impacts on rural livelihoods. Population and Environment 36: 180–192

FAO (1995): Food safety and trade. Food, nutrition and agriculture review 15. Rome: Food and Agriculture Organization of the United Nations

FAO (2006): Statistical Yearbook 2005–2006, Vol. 1. Rome: Food and Agriculture Organization of the United Nations

FAO (2011): FAOSTAT database on agriculture. Rom. http://faostat.fao.org/ – Zugegriffen am 3.1.2012

Foley, Jan A. et al. (2005): Global consequences of land use. Science 309: 570–574

Garcia, Philip & Raymond M. Leuthold (2004): A selected review of agricultural commodity futures and options markets. European Review of Agricultural Economics 31: 235–272

Godfray, H. Charles J. et al. (2010): Food security: The challenge of feeding 9 billion people. Science 327: 812–817

Goldemberg, José & Patricia Guardabassi (2009): Are biofuels a feasible option? Energy Policy 37: 10–14

IFPRI (2008): International food prices: The what, who, and how of proposed policy action. Washington DC: International Food Policy Research Institute

IPCC (2014): Climate change 2014: Mitigation of climate change. Cambridge: Cambridge University Press

IWMI (2007): Water for food, water for life: A comprehensive assessment of water management in agriculture. London: International Water Management Institute

Lal, Rattan (2007): Anthropogenic influences on world soils and implications to global food security. Advances in Agronomy 93: 69–93

Lavalle, Carlo et al. (2009): Climate change in Europe – 3: Impact on agriculture and forestry – A review. Agronomy for Sustainable Development 29: 433–446

Lutz, Wolfgang, William P. Butz & Samir KC (eds.) (2014): World population and human capital in the 21st century. Oxford: Oxford University Press

OECD (2007): Biofuels: Is the cure worse than the disease? Paris: Organization for Economic Cooperation and Development

Piesse, Jenifer & Colin Thirtle (2009): Three bubbles and a panic: An explanatory review of recent food commodity price events. Food Policy 34: 119–129

Popp, Jozsef (2010): Economic balance – Competition between food production and biofuels expansion. In: Rattan Laland & B.A. Stewart (eds.): Soil quality and biofuel production. Advances in Soil Science. Boca Raton FL: CRC Press: 151–182

Robertson, Beth & Per Pinstrup-Andersen (2010): Global land acquisition: Neo-colonialism or development opportunity? Food Security 2: 271–283

WBGU (2011): Welt im Wandel: Gesellschaftsvertrag für eine Große Transformation, Hauptgutachten 2011. Berlin: Wissenschaftlicher Beirat der Bundesregierung Globale Umweltveränderungen

Zhou, Zhang Y., Wei M. Tian & Bill Malcolm (2008): Supply and demand estimates for feed grains in China. Agricultural Economics 39: 111–122

Wildnis – Wie viel nicht direkt vom Menschen kontrollierte Natur braucht es?

Heinrich Spanier

1 Einleitung

Die diesem Buch zugrunde liegende Frage nach der Ökologie und Humanität im Menschenzeitalter ist für die Gestaltung menschenwürdigen Lebens von eminenter Bedeutung. Die Befunde über die Erschöpfung der Resilienz genannten Möglichkeiten der Ökosysteme und Sphären der Erde, Belastungen zu puffern oder auszugleichen, sind inzwischen Legion. Umweltpolitische Brennpunkte nehmen zu; die Lösung der damit verbundenen politischen und technischen Fragen erscheint immer unwahrscheinlicher. Vermeintliche Lösungen (zum Beispiel FCKW-Verbot) wirken nicht schnell genug und andere Probleme sind von wirklichen Lösungen, selbst auf dem Papier, meilenweit entfernt, wie die Realisierung des 2-Grad-Ziels innerhalb der Bemühungen um den Klimaschutz verdeutlicht. Damit verwoben sind erhebliche Rückgänge, Verschiebungen und/oder Strukturveränderungen innerhalb der biologischen Vielfalt. Viele schon seit Jahren anhaltende Bemühungen des Naturschutzes konnten noch zu keiner Entwarnung Anlass geben. Die Vertragsstaaten der Konvention über die Erhaltung der biologischen Vielfalt haben für ihren Bereich Biodiversitätsstrategien entwickelt, um die verschiedenen Maßnahmen fachlich und zeitlich aufeinander abzustimmen. Innerhalb dieser Überlegungen spielt auch immer wieder die Frage nach der Wildnis eine tragende Rolle.

Dieser Aufsatz geht von der Annahme aus, Wildnis sei notwendig, man brauche sie, beispielsweise zur Erhaltung der Artenvielfalt, als Forschungsgegenstand oder als Ort, um *Wilderness-Experience* zu machen. Es gehe somit nur noch um das Wieviel. Im Kontext der übergeordneten Thematik der Humanität im Menschenzeitalter wirft das einige Schwierigkeiten auf – es sei denn, man hielte das Problem schon damit gelöst, dass sich die Bundesregierung mit ihrer Biodiversitätsstrategie (vgl. BMU 2007) bereits auf zwei Prozent Wildnisfläche in Deutschland festgelegt hat.

In der mit der Überschrift gestellten Frage ist implizit die These enthalten, die Abwesenheit menschlicher Kontrolle konstituiere Wildnis. Diese Annahme steht jedoch verschiedentlich im Gegensatz zur allgemeinen Wahrnehmung. Ein Beispiel: Die

Wildflusslandschaft Isartal zwischen Wallgau und dem Sylvensteinspeicher wird vom Land Bayern (vgl. Bayerisches Landesamt für Umwelt 2015) als »eine der letzten Wildflusslandschaften Bayerns« im bayerischen Geotopkataster hervorgehoben. Allerdings wird dem Fluss seit 1924 das Wasser vollständig abgeleitet und seit 1990 lediglich zu etwa zehn Prozent belassen. Auch wenn das Isartal in diesem Abschnitt von der Allgemeinheit überwiegend als wild wahrgenommen wird, so ist die Behauptung, diese Wildheit beruhe auf der Abwesenheit menschlicher Kontrolle, gerade nicht zutreffend. Der wilde Eindruck hat sich erhalten – trotz des überaus massiven Eingriffs in den Wasserhaushalt des Flusses.

Zur Erweiterung des Wildnisdiskurses soll im Folgenden die kulturelle Konstruiertheit von Wildnis thematisiert sowie psychologische und anthropologische Sichtweisen angerissen werden. Die Betrachtung des Themas erfolgt somit aus einer betont kulturellen Perspektive.

2   Diskussion des Wildnisbegriffs

Eine gängige Wildnisdefinition postuliert Wildnisgebiete als »ausreichend große, (weitgehend) unzerschnittene, nutzungsfreie Gebiete« (Finck et al. 2013: 343). Wenn nach dieser Definition Wildnis wirklich nutzungsfrei ist, dann ist sie in *jeder* Hinsicht ohne Nutzung. Ist das aber überhaupt denkbar, von praktikabel oder wünschenswert ganz zu schweigen? Bezogen auf einen möglichen Einwand besonderer Pedanterie bei der Diskussion dieser Wildnisdefinition sei angemerkt, dass die Eigenschaft *nutzungsfrei* keine Diskussions- oder Interpretationsspielräume ermöglicht. Allerdings sind sogar noch schärfere und striktere Abgrenzungen möglich. So setzt die schweizerische Urwalddefinition neben Nutzungsfreiheit auch voraus, dass keine frühere Nutzung nachgewiesen werden kann (vgl. Hofmann 2014; Pro Natura 2015; BAFU 2015).

Es ist somit das zweckfreie Dasein in sich selbst, was nach dem Postulat der Nutzungsfreiheit eine Gegend zur Wildnis macht. Wenn Wildnis nicht nur als nutzungsfrei, sondern auch als zweckfrei interpretiert wird, gewissermaßen als das »ganz Andere« (so wie in der protestantischen Theologie Gott auch als das »Ganz Andere« bezeichnet wird), das wir nicht kennen, nicht kennen können und vielleicht auch nicht kennen sollen, dann ist jede Benennung oder Konkretisierung genau der »Sündenfall«, welcher die Kerneigenschaft des »Stets-ganz-anders-Seins« logischerweise infrage stellen muss. Simon Schama hat einmal sehr zutreffend festgestellt, dass sich Wildnis nicht orte und sich eben auch keinen Namen gebe (vgl. Schama 1996: 17, 592). Bereits mit Forschungsreisen beginnt die Inkulturnahme der Wildnis. Systematisieren und Kategorisieren sind kulturelle Vorgänge, die sich abstrakt formuliert als nicht Raum beanspruchende Nutzungen bezeichnen lassen. Aus welchem Motiv heraus auch immer – Forschung in Wildnisgebieten stellt stets auch eine Nutzung dar, die bis hin zur Veränderung des jeweiligen Areals reichen kann. Aus der Physik und insbesondere seit Heisenbergs Unschärferelation ist bekannt, dass das Messen schon das Messergebnis beeinflusst, ja teilweise sogar determiniert. Die großen biologischen Wissensspeicher, die zoologischen Sammlungen und Herbarien, basieren nicht zuletzt auf jagdlicher Entnahme oder Sammlung von Pflanzen. Selbst Humboldt kann auf seiner Reise zum Rio Negro kaum Wildnis gesehen haben, weil er Indios antraf, die den Regenwald auf ihre Art genutzt haben. Wildnis könnte es, so gesehen, also nur dann sein, wenn man die Indios als *Wilde* bezeichnen würde – was heutzutage wohl kaum ein vernünftig denkender Mensch mehr tun würde.

Wenn es insbesondere auch um Humanität im Menschenzeitalter geht, dann führt die Unterscheidung von Wildnis und Nichtwildnis nicht zum Ziel der bewussteren Humanität. Umwelt und Humanismus werden nur dann fruchtbar, wenn konsequent vom Menschen her gedacht wird: »Nicht der generell ›böse‹ (= sündige) Mensch, sondern der Natur und Landschaft selbstverständlich nutzende und reflektierende Mensch ist gefordert, seine Kultur in die Waagschale zu werfen, um Ressourcen schonend zu verwenden« (Spanier 2009: 253). So konnte auch Herder mit seiner damals gebräuchlichen Wortwahl vom »bessern« im Sinne von nachhaltig nutzen behaupten: »[…] denn die Natur ist allenthalben ein lebendiges Ganzes und will sanft befolgt und *gebessert*, nicht aber gewaltsam beherrscht sein« (Herder 1965: 280; Hervorhebung H. S.).

3   Projektion von Wildnis – Was ist Wildnis?

Mit Vogt ist festzustellen, dass sowohl für Natur als auch für Wildnis eine »schillernde Vielfalt von Wertvorstellungen und Weltbildern vorliegt« (Vogt 2013: 22–26). In der Wiedergewinnung eines philosophisch kohärenten und ethisch tragfähigen Naturbegriffs sieht Vogt folgerichtig eine umfassende Forschungsaufgabe. Und da Wildnis, wie in der These der Überschrift postuliert, als Spezialfall von Natur angesehen werden soll, würde mit dieser Forschungsaufgabe Wildnis gleich mit erledigt werden können. Allerdings ist Skepsis angebracht. Es ist von Hard hervorgehoben worden, dass es keine Natur, sondern bestenfalls Naturen geben könne (vgl. Hard 2001: 258). Hard machte an anderer Stelle deutlich, dass Natur – und es ist zulässig, Wildnis in diesen Gedankengang einzubeziehen – eben nicht allein für sich steht, sondern sehr wohl auch politische und religiöse Funktionen erfüllt, die unabhängig von den Eigenschaften der Natur sind. Er spricht von einem

> »unspezifische[n] Idealisierungs- und Ideologisierungsapparat, der beim Reden und Schreiben vor allem expressive, persuasive und kommunikative Funktionen hat, also da eingesetzt wird, wo es weniger um Wirklichkeitsbeschreibung

geht als um den wirkungsvollen Ausdruck von Befindlichkeiten, um die Über-
redung und Beeinflussung von Adressaten oder um die Herstellung von Kontakt, Sympathie und Wir-Gefühl« (Hard 1993: 174).

Marquardt lieferte für diese Beobachtung mit der Kompensationsphilosophie eine
philosophische Erklärung:

> »Der moderne Vorgang der Wirklichkeitsentzauberung wird kompensiert durch
> die spezifisch moderne Ausbildung der Ersatzbezauberung des Ästhetischen;
> oder: die moderne Artefizialisierung der Welt wird kompensiert durch die spezi-
> fisch moderne Entdeckung und Apotheose der unberührten Natur als Landschaft
> und die Entwicklung des ökologischen Bewußtseins« (Marquardt 2000a: 13 f.).

Eine interessante Wendung erreicht Marquardt dadurch, dass Kultur, die in gewisser
Hinsicht immer auch eine Entfremdung von der Natur darstellt, genau deshalb entsteht, weil der Mensch das Absolute weder als Wirklichkeit (Wildnis wäre im Rahmen
dieser Abhandlung als absolute Natur zu verstehen) noch als Gott aushalten könne.
Das Lebenspensum des Menschen sei die Arbeit an dieser Distanz – mithin Kultur
(vgl. Marquardt 2000b: 114).

Die Beschreibung von Wildnis greift immer wieder auf sakrale oder biblische Vo-
kabeln oder Kontexte zurück. Diese werden vom lesenden oder hörenden Publikum
in der Regel auch zustimmend zur Kenntnis genommen. Sei es, dass von den »letzten Paradiesen« (Eugen Schuhmacher) die Rede ist oder vom »Garten Eden«, als das
der weltreisende Louis Antoine de Bougainville Tahiti bezeichnet hatte. Die Spitze der
kulturellen Aneignung von Wildnis wird dann erreicht, wenn sie mit dem Kernwert
der Kultur aufgeladen wird, nämlich mit Heiligkeit.

Aus der Feder Hölderlins stammt mit dem Gedichtfragment *Tinian* (vermutlich
1803) die erste Fundstelle, in welcher der Wildnis das Attribut »heilig« zugesprochen
wurde (Rauh 1998: 7). Es beginnt mit den Zeilen:

> »Süß ist's zu irren, / In heiliger Wildniß, […]« (Hölderlin, zitiert nach Anderle
> 1986: 81 f.).

Romantische Landschaftsmaler, allen voran Caspar David Friedrich, dachten und
interpretierten Natur und Landschaft im gleichen Sinne. Sie luden ihre Landschafts-
gemälde sakral auf und selbst die Bäume glichen gotischen Fenstern. Auch im heutigen Wildnisdiskurs ist diese Aufladung mit Heiligkeit erhalten geblieben, nämlich
dann, wenn davon gesprochen wird, dass Wälder durch das Vorhandensein von Luch-
sen geheiligt würden und so ein gesamtgesellschaftlicher *Heil*ungsprozess beschleunigt werde (Weinzierl 1999: 64). Bei Hölderlins Tinian handelt es sich um eine Insel
der Marianen im Pazifischen Ozean. Er hatte darüber in den Reiseberichten Lord

Ansons gelesen, die damals reichlich populär waren (Anderle 1986: 82). Wie bei anderen Dichtern auch hinterließ die Lektüre über Tinian bei ihm den Eindruck einer paradiesischen, menschenleeren Landschaft.

Die Begeisterung für ferne Gegenden hatte zur damaligen Zeit verschiedene Ursachen: zum einen das durch die Aufklärung geweckte wissenschaftliche Interesse an allem Neuen und Fremden und zum anderen das Erleben des eigenen Niedergangs, der Dekadenz. Insofern erlangten die paradiesischen Gegenden der aus europäischer Perspektive neu entdeckten Länder Bedeutung, weil auf und in sie das Freisein von all dem hineinprojiziert werden konnte, was daheim als belastend, bedrückend und als doch nicht änderbar angesehen werden musste. Damit einher ging ein gehöriges Maß an Gesellschaftskritik. Man kann es vielleicht den *Tacitus-Effekt* nennen. Das Wunsch- und Sehnsuchtsbild des Fremden wurde durch vielfältige Reiseberichte weiterverbreitet. Man wähnte die *Wilden* und ihre Landschaften im Zustand der jungfräulichen Unberührtheit. Um die Wende vom 19. zum 20. Jahrhundert belegen die Auswanderung von Paul Gauguin nach Tahiti (1891/1895) sowie die Reisen der deutschen Maler Max Pechstein nach Palau (1914) und von Emil Nolde nach Neuguinea (1914) den ungebrochenen Zauber, der von diesen fernen und unberührten Gegenden ausging.

In diesen Kontext ist auch die Figur des *edlen Wilden* einzufügen. Mit ihm erlebte man den ersten Versuch, jene Sünden zu büßen, die das Europa der Entdecker und Eroberer an den *Wilden* begangen hatte. Ihre besondere Wirkung entfalten die *edlen Wilden* dadurch, dass sie sich die »Freiheit der Seele« (Rauh 1998: 104) bewahrt hatten und eben nicht von jenen zivilisatorischen Normen und Konventionen abhingen, wie man selbst. Insofern war der *edle Wilde* überwiegend ein *eigenes Sehnsuchtsbild* und Projektion der eigenen Wünsche auf den freien Dritten.

Als *Zwischenergebnis* ist festzuhalten: Wildnis war und ist ein Sehnsuchtsbild, das Gefühle und Emotionen transportiert, die ihre Ursache auch heute noch in der Diskrepanz zur jeweils aktuellen Lebenssituation hat. Wildnis erlangt seine Bedeutung paradoxerweise eben nicht aus der Wildheit einer Gegend, sondern aus der Betrachtung dieser Wildheit.

4 Wildnis und Mensch

Was macht die Besonderheit von Wildnis und Natur für die Menschen aus? Warum werden die Begriffe emotional in bestimmten, je nach soziokulturellem Hintergrund womöglich unterschiedlichen landschaftlichen Kontexten besonders angeregt und angesprochen?

Zu Beginn der Abhandlung wurde deutlich, dass die Ausgangsthese Tücken hat und entgegen dem ersten Anschein nicht zielführend ist. Mit einer kleinen Modifikation kann dem abgeholfen werden: »Wildnis – wie viel nicht direkt vom Menschen kontrollierte Natur braucht das ES«. Aus der Tiefenpsychologie ist bekannt, wie sehr die Seele (das ES) gehätschelt und gepflegt werden will. Erst wenn Gefühle, für die das ES steht, als notwendiger Teil von einem Selbst, dem ICH, integriert werden, kann der Mensch im Gleichgewicht mit sich selbst und ohne neurotische Störungen leben.

4.1 Natur als Resonanzraum

Rosa (2014) hat einen interessanten Blickwechsel vorgeschlagen. Er sieht die Natur als »Resonanzraum«. Als solchen bezeichnet er Räume, in denen Menschen »zu sich selbst finden«. Heutzutage sei dieses Bedürfnis in der und mit der Natur zu leben, besonders ausgeprägt. Das beruhe »konstitutiv auf der impliziten Annahme, dass ›da draußen‹ etwas ist, was in einer ›responsiven‹ Beziehung zu uns steht, also nicht nur als Rohmaterial oder Kulisse zur Verwirklichung selbst gesetzter Ziele dient« (Rosa 2014: 128). Das 1976 verabschiedete Bundesnaturschutzgesetz kam diesem Gedanken schon sehr nahe. Die damalige Zielformulierung in § 1 Absatz 1 lautete:

> »Natur und Landschaft sind im besiedelten wie unbesiedelten Bereich so zu schützen, daß
> 1. die Leistungsfähigkeit des Naturhaushalts,
> 2. die Nutzungsfähigkeit der Naturgüter,
> 3. die Pflanzen- und Tierwelt sowie
> 4. die Vielfalt, Eigenart und Schönheit von Natur und Landschaft
> als Lebensgrundlagen des Menschen und als Voraussetzung für seine Erholung in Natur und Landschaft nachhaltig gesichert sind« (BGBl. I 1976: 3574).

Mit der Formulierung »[…] als Lebensgrundlage des Menschen« wird deutlich, dass ein gelingendes Leben für die Menschen eben auch »Natur und Landschaft« voraussetzt. Das war 1976 sehr viel moderner und umfassender gedacht, als viele Kritiker es damals glaubten. Auch die psychische Erfahrung von Natur und Landschaft stellt eine Lebensgrundlage dar, ohne die der Mensch nicht Mensch sein kann, so wie Goethe es Faust im Osterspaziergang (Faust; Vor dem Tor) sagen lässt:

> »[…] zufrieden jauchzet groß und klein / hier bin ich Mensch, hier darf ichs sein« (Goethe 1972: Verse 939–940).

Aus der Entwicklungspsychologie ist bekannt, wie wichtig Erfahrungen in der Natur und insbesondere in der ungeordneten Natur für die kindliche Entwicklung sind. Nicht nur Kinder, sie aber ganz besonders, brauchen den Zugang zur Natur. Hier wird das Wort *Wildnis* vermieden, weil die Benutzung der Wildnis als außerschulischen Lernort in Konflikt mit dem Kriterium der Wildnis konstituierenden Nutzungsfreiheit steht.

Dass tatsächlich Menschen über unterschiedliche Zugänge und Einstellungen zur Natur verfügen, belegt alle zwei Jahre das Bundesamt für Naturschutz mit sehr umfassenden Naturbewusstseinsstudien. Das Besondere an diesen Untersuchungen ist die Zuordnung der Ergebnisse zu unterschiedlichen Bevölkerungsgruppen (Sinus-Milieus). In diesen werden bestimmte soziologische und strukturelle Eigenschaften von Bevölkerungsgruppen, insbesondere auf den Achsen »Soziale Lage« und »Grundorientierung« zusammengefasst. Aus den Umfrageergebnissen ergibt sich dann ein differenziertes Bild der Einstellungen. Aus den Befragungen kann ganz allgemein die Erkenntnis abgeleitet werden, dass in verschiedenen Bevölkerungsgruppen ganz unterschiedlich für Naturschutz geworben werden muss, um deren Akzeptanz zu gewinnen. Diejenigen Teilmengen der Bevölkerung, die schichtenspezifisch höher anzusiedeln sind und deren Grundhaltung sich mit Modernisierung und Individualisierung beschreiben lässt, befürworten eine stärkere Ausdehnung von Wildnis in Deutschland. »Beide Milieus [gemeint sind die »Liberal-Intellektuellen« und »Sozialökologischen« Milieus, die beide der oberen Mittelschicht bzw. der Oberschicht zugeordnet werden – H.S.] halten sich gerne und viel in der Natur auf und sind auch für den Naturschutz stark sensibilisiert. Die Bürgerliche Mitte, die Prekären und die Traditionellen sprechen sich nur zu rund einem Drittel für mehr Wildnis aus« (BMUB/BfN 2014: 27).

4.2 Natur und Romantik

Die Idealisierung von Natur und Wildnis hat insbesondere eine romantische Tradition (vgl. Spanier 2013). Novalis beschrieb 1798 in seinem ebenso kurzen wie für die Romantik paradigmatischen Fragment *Die Welt muß romantisirt werden* das Romantisieren so:

> »Indem ich dem Gemeinen einen hohen Sinn, dem Gewöhnlichen ein geheimnißvolles Ansehn, dem Bekannten die Würde des Unbekannten, dem Endlichen einen unendlichen Schein gebe so romantisire ich es« (Novalis 1978: 334 [1798]).

Betrachtet man die Illustration des Abschnittes *B 1.3.1 Wildnisgebiete* in der Publikation zur Biodiversitätsstrategie der Bundesregierung (vgl. BMU 2007: 40), so sieht man einen stillgelegten, überwuchernden Schienenstrang in einer Mittelgebirgslandschaft. Damit und durch den Kontext wird dem Gewöhnlichen ein geheimnisvolles Ansehen geben. Ähnliches gilt, wenn devastierte Flächen wie ehemalige Braunkohleabbauflächen zur Wildnis entwickelt werden sollen, wie es dort ebenfalls vorgeschlagen wird (vgl. BMU 2007: 40). Im Zusammenhang mit der Beschreibung der Natur als Resonanzraum (siehe oben) wird deutlich, dass es nicht darauf ankommt, ob die zur Wildnis erklärte Fläche tatsächlich und im eng verstandenen Sinne Wildnis ist, sondern darauf, dass sie ihren Zweck erfüllt, den betrachtenden Menschen die ersehnte Resonanz und damit ein »gutes Leben« zu vermitteln (vgl. Ott 2014).

Romantik ist nicht als eine vergangene Epoche zu verstehen, sondern sie erscheint nach wie vor aktuell – auch mit ihrem Hang zum Düsteren und Morbiden. Mystizismus, Gefühle und Intuition sowie eine unselige Verbindung zum Nationalismus werden auf der einen Seite mit der Romantik in Verbindung gebracht. Auf der anderen Seite stehen aber auch eine wohlverstandene Empathie und Empfindsamkeit, die ebenfalls zum Leben gehören. In einer Mitgliederwerbung zeigte vor einigen Jahren der BUND einen verdorrten Baum, der durch viele Unterschriften neuer Mitglieder ergrünte. Der verdorrte Baum und die Textur der Fotografie entsprechen fast vollständig dem Gemälde *Die Abtei im Eichenwald* von Caspar David Friedrich (Alte Nationalgalerie Berlin). Romantik ist als Lebensgefühl sehr lebendig. Im Denken, Fühlen und Sehnen ist der zeitgenössische mitteleuropäische Mensch längst noch nicht in der Moderne angekommen (vgl. Spanier 2013), sondern verharrt in der nicht revolutionären Romantik: dem Biedermeier. Es kommt jedoch darauf an, sich des romantischen Erbes bewusst zu sein. Insbesondere dann, wenn damit eine Form der Weltflucht verbunden ist. Vor diesem Hintergrund verliert die Frage, wie viel Wildnis in Deutschland entwickelt werden soll – zwei, drei oder fünf Prozent –, an Bedeutung, wenn dabei aus einer gewissen Resignation über fehlende Instrumente »flächendeckende Fragen« wie solche, die im Zusammenhang mit einer industrialisierten Landwirtschaft stehen, unzureichend bearbeitet werden.

Der oben erwähnte Vorschlag aus der Biodiversitätsstrategie, Bergbaugebiete nach dem Abbau liegen zu lassen und zur Wildnis zu entwickeln, ist verlockend. Allerdings sollte man die Augen nicht vor den damit verbundenen Risiken verschließen. Es besteht die Möglichkeit, das Tagebau-Wildnis-Argument umzukehren. Dann nämlich, wenn große Tagebaue mit dem Versprechen auf anschließend großflächig zu entwickelnde Wildnis(-Gebiete) begründet werden sollten. Jonathan Franzen (2010) hat diesen Sachverhalt in seinem Roman *Freiheit* in einer Nebenhandlung aufgegriffen:

»Um den Pappelwaldsänger zu retten, sagte Walter, beabsichtige die Stiftung nun, im Wyoming County, West Virginia, ein zweihundertfünfzig Quadratkilometer großes Areal ohne Straßen zu schaffen – momentan werde es noch ›Havens Gefilde‹ genannt –, das von einer größeren ›Pufferzone‹ umgeben sei, in der gejagt und Motorsport betrieben werden dürfe. Um sich die Oberflächen- wie auch die Mineralrechte an einer so großen einzelnen Parzelle leisten zu können, müsse die Stiftung zunächst den Abbau von Kohle auf nahezu einem Drittel davon gestatten, und zwar per Gipfelabbau. Und genau diese Aussicht habe die anderen Bewerber abgeschreckt. Der Gipfelabbau, wie er gegenwärtig praktiziert werde, sei ökologisch beklagenswert – Gipfelgestein werde weggesprengt, um die darunter liegenden Kohleflöze freizulegen, umliegende Täler würden mit Geröll aufgefüllt, biologisch wertvolle Bäche zugeschüttet. Er hingegen glaube, dass ordentlich durchgeführte Renaturierungsmaßnahmen den Schaden weit stärker in Grenzen halten könnten, als man es für möglich halte, und der große Vorteil eines völlig leergeförderten Bodens sei, dass niemand ihn noch einmal aufreißen werde« (Franzen 2010: 282).

In dem Roman scheitert diese Idee schließlich grandios. Nicht nur in der Sache, sondern auch in den persönlichen Beziehungen der Protagonisten.

5   Interkulturelle Perspektiven

Wie sieht es in der globalen Perspektive aus: Wenn schon innerhalb der bundesdeutschen Bevölkerung deutliche und messbare Unterschiede hinsichtlich des Verständnisses von Wildnis bestehen, wie sieht es dann mit unterschiedlichen Völkern und Kulturen aus? Kann man überhaupt davon ausgehen, dass Wildnis und Natur überall gleich verstanden werden? Stellen *Natur* oder *Wildnis* Universalkonstanten dar, die überall gleich verstanden werden und unveränderlich sind?

Anthropologische Untersuchungen belegen, dass davon gerade nicht ausgegangen werden kann. Dies zeigt der französische Anthropologe Philippe Descola (2013) anschaulich anhand einer Fülle vergleichender ethnografischer Studien. Es wird deutlich »dass die Art und Weise, wie das moderne Abendland die Natur darstellt, etwas ist, was in der Welt am wenigsten geteilt wird« (Descola 2013: 60). Das sei im Gegenteil eine europäisch-nordamerikanische Spezialität. Anhand seiner eigenen und von ihm ausgewerteten weiteren ethnografischen Untersuchungen kommt Descola zum Ergebnis, dass in zahlreichen Gegenden des Planeten Menschen und Nichtmenschen nicht als Wesen aufgefasst werden, die sich in unvereinbaren Welten und nach getrennten Prinzipien entwickeln (vgl. Descola 2013: 21–62). Descola drückt es in einer späteren Schrift so aus:

»Der abendländische Naturalismus dagegen hat die Natur mit den bekannten Folgen als Experimentierfeld und unerschöpfliche Lagerstätte von Ressourcen behandelt, vor allem weil er zwischen der Welt der Menschen und der Nichtmenschen eine Trennung einführt. Der Kolonialismus hat diese Auffassung und diesen Gebrauch der Natur in alle Weltgegenden transportiert, und so konnten ab der zweiten Hälfte des 19. Jahrhunderts nicht moderne Populationen sehen, wie sich ihr Milieu infolge des Imports unserer Natur in die ihre zuweilen drastisch veränderte: Aus den Tropenwäldern, deren Biomasse auf armen Böden Wanderrodungen möglich machte, sind Lagerstätten von Nutzholz geworden; aus den Savannen, die den Nomadenhirten als Weideplätze dienten, sind Wildreservate, dann Naturschutzgebiete geworden; aus den offenen Ebenen, die der Jagd dienten, sind riesige Gehege für extensive Viehzucht geworden. Umwälzungen dieser Art hatten die unmittelbarsten Auswirkungen auf die nicht industriellen Gesellschaften, ohne dass sich im Westen irgendjemand erregte« (Descola 2014: 102).

Die Erkenntnis wird noch dadurch unterstrichen, dass Descolas Untersuchungen weiterhin belegen, dass in vielen Gegenden der Welt, und zwar insbesondere in denen, die nach herrschender europäisch-nordamerikanischer Auffassung als (fast) wild gelten, noch nicht einmal Begriffe für Wildnis oder Natur existieren (vgl. Descola 2013: 63–98). Einige wenige Beispiele sollen dies illustrieren (im Folgenden vgl. Descola 2013, dort mit zahlreichen weiteren Nachweisen; vgl. auch Spanier 2015):

Amazonien: Philippe Descola forschte selbst über die Achuar-Völker im ecuadorianischen Amazonasgebiet. Die umgebende Natur ist für sie die Verlängerung des Hauses. Sie kultivieren als Gartenbauer die tropischen Böden und müssen nur deshalb regelmäßig neue Siedlungen gründen, weil die Haltbarkeit ihrer Hütten begrenzt ist. Der Wald wird von den Achuar, den benachbarten Makuna und den Yagua als Garten angesehen. Selbst die gefährlichen Tiere wie Jaguar oder Anakonda gelten nicht als wild, da sie den Schamanen dienen, die selbst Teil der Gesellschaft sind.

Malaysia: Die Orong-Asli auf der malaysischen Halbinsel kennen nur den Dualismus nah und fern; ein Dualismus von Natur und Kultur ist ihnen fremd. Das reflexive Bewusstsein wird *ruwai* genannt. Alle Menschen und Nichtmenschen, die *ruwai* haben, befolgen deshalb moralische Codes. Tiger werden als verkleidete Angehörige des Chewong-Volkes angesehen. Insofern wird auch Tigern ein *ruwai* zugestanden.

Japan: In der japanischen Kultur bedeutet *shizen* das Prinzip, das bewirkt, dass etwas so ist, wie es durch sich selbst ist. Damit kommt es dem aristotelischen Physis nahe. Mit *shizen* werden aber gerade nicht Phänomene beschrieben, die unabhängig vom menschlichen Einfluss sind. Das Wort für Berg – *yama* – wird verwendet im Sinne von Archetypus des unbewohnten Ortes, nicht als Erhebung.

Indien: Das bekannte Lehnwort Dschungel stammt vom Sanskritwort jangala ab. Erstaunlicherweise bezeichnet es den unbewohnten Ort, nicht jedoch den Urwald, und bezeichnet eine Gegend mit eher trockenen Böden. Mit *anupa* werden Sumpfgebiete bezeichnet. *Atavi* bezeichnet Wald, aber weniger mit Blick auf Pflanzengesellschaften als auf von barbarischen Stämmen bewohnte Orte. Der Dorf-Wald-Gegensatz ist im Sanskrit kein Gegensatz von Natur und Kultur. In seiner ursprünglichen Bedeutung ist *jangala* eher die semiaride Steppe mit Dornengewächsen. *Jangala* ist zwar ein unbesetzter Raum, aber potenziell verfügbar und bewohnbar. Deshalb wird *jangala* nicht als wild im europäisch-nordamerikanischen Verständnis angesehen. Die Sumpfgebiete *anupa* gelten auch nicht als wild, sondern nur als ohne Reiz. Gerade gut genug, um bestimmte Menschengruppen zu beherbergen.

Diese wenigen Beispiele, mit denen versucht wurde, das anthropologische Problem der sehr unterschiedlichen Sichtweisen des Verhältnisses von Mensch und Wildnis bzw. Natur zu illustrieren, stellen weniger eine Antwort dar, sondern werfen vor allem Fragen auf. Wenn der Zusammenhang von menschlicher Gesellschaft und räumlicher Umwelt besser verstanden werden soll, dann ist es nötig, anthropologische und ökologische Forschung unabdingbar miteinander zu verbinden.

6　Schlussfolgerungen

Wildnis ist im Kern eine kulturelle Kategorie, die deshalb nicht geeignet ist, Wildnis als eine *Naturkonstante* objektiv im naturwissenschaftlichen Sinne zu definieren, um politische Ziele operationalisierbar zu machen. Wildnis kann als Kategorie dazu dienen, Naturschutz bei denjenigen attraktiv zu machen, die Naturschutz als solchen als zu spießig, zu bürgerlich und zu langweilig wahrnehmen.

Wildnis im Sinne von großräumigen, nutzungsfreien Räumen, die dann zwangsläufig menschenleer gedacht werden müssen, kann keinesfalls die Begründung dafür liefern, die menschenleeren Räume erst zu schaffen, um Wildnis zu entwickeln. Die Einrichtung des Serengeti-Nationalparks und seine Erweiterung zum Ngorongoro-Krater hin war seinerzeit von massiven Umsiedlungen der dort heimischen Massai-Stämme begleitet (vgl. Suchanek 2001). In anderen politischen Kontexten wurde hierfür der Begriff der Vertreibung verwendet. Führt der Enthusiasmus für die »reine Natur«, die Natur ohne jeglichen menschlichen Einfluss zur Missachtung der Rechte der dort jeweils ansässigen oder nomadisierenden Bevölkerung, so erweist sich der Grat zwischen Naturschutz und seiner neokolonialistischen Wirkung als besonders schmal (vgl. Chapin 2004; Cronon 1996: 79, 82). Cronon hebt hervor, dass mit der Ausrottung der nordamerikanischen Indianervölker eine »unbewohnte« Wildnis erschaffen wurde, die erst deshalb für die weiße Bevölkerung schutzwürdig wurde:

> »Die Beseitigung der Indianer, um eine ›unbewohnte Wildnis‹ zu schaffen – so unbewohnt wie niemals zuvor in der Menschheitsgeschichte dieser Gegenden – macht deutlich, wie erfunden, ja wie konstruiert die amerikanische Wildnis wirklich ist. [...] im Konzept der Wildnis gibt es nichts Natürliches« (Cronon 1996: 79; Übersetzung H. S.).

Es ist daher notwendig, Natur und Wildnis nicht exklusiv vom Menschen zu denken, sondern im Gegenteil: inklusiv. Naturschutzkonzepte, die darauf aus sind, menschenleere von bewohnten Räumen zu trennen, würden die hohen ethischen Maßstäbe missachten, die der Umwelt- und der Naturschutzbewegung eigen sind. Indigene Völker als aufregende Reiseziele im Sinne einer Wilderness-Experience aufzusuchen, wäre weder mit Humanität noch mit Respekt vor deren Würde zu vereinbaren.

Literatur

Anderle, Martin (1986): Die Landschaft in den Gedichten Hölderlins. Die Funktion des Konkreten im idealistischen Weltbild. Bonn: Bouvier

BAFU – Bundesamt für Umwelt Schweiz (2015): Website zum Thema Biodiversität – Nachhaltige Nutzung Wald. http://www.bafu.admin.ch/biodiversitaet/13721/ 14385/14693/index.html?lang=de – Zugegriffen am 2.12.2015

Bayerisches Landesamt für Umwelt (2015): Wildflusslandschaft Isartal. Internetpublikation. www. lfu.bayern.de/geologie/geotope_schoensten/93/index.htm – Zugegriffen am 13.10.2015

BMU – Bundesministerium für Umwelt, Naturschutz und Reaktorsicherheit (2007): Nationale Strategie zur biologischen Vielfalt. Berlin. http://www.bmub.bund. de/fileadmin/bmu-import/files/pdfs/allgemein/application/pdf/broschuere_biolog_vielfalt_strategie_bf.pdf – Zugegriffen am 29.9.2014

BMUB/BfN – Bundesministerium für Umwelt, Naturschutz, Bau und Reaktorsicherheit & Bundesamt für Naturschutz (Hg.) (2014): Naturbewusstsein 2013. Bevölkerungsumfrage zu Natur und biologischer Vielfalt. Berlin/Bonn: Eigenverlag

Chapin, Mac (2004): A challenge to conservationists. Can we protect natural habitats without abusing the people who live in them? World Watch Magazine 17: 17–31

Cronon, William (1996): The trouble with wilderness or: Getting back to the wrong nature. In: William Cronon (ed.): Uncommon ground. Rethinking the human place in nature. New York: Norton: 69–90

Descola, Philippe (2013): Jenseits von Natur und Kultur. Frankfurt/M.: Suhrkamp

Descola, Philippe (2014): Die Ökologie der anderen. Die Anthropologie und die Frage der Natur. Berlin: Matthes & Seitz

Finck, Peter, Manfred Klein & Uwe Riecken (2013): Wildnisgebiete in Deutschland – von der Vision zur Umsetzung. Natur und Landschaft 88: 342–346

Franzen, Jonathan (2010): Freiheit. Reinbeck: Rowohlt

Goethe , Johann Wolfgang von (1972): Faust. In: Goethes Werke, Bd. II (Hamburger Ausgabe). Textkritisch durchgesehen und kommentiert von Erich Trunz. 9. Auflage. München: C.H. Beck: 9–364

Hard, Gerhard (1993): Viele Naturen. Bemerkungen zu den Essays. In: Robert Schäfer (Hg.): Was heißt denn schon Natur? Ein Essaywettbewerb. München: Callwey: 169–198

Hard, Gerhard (2001): Natur in der Stadt? Ber. z. dt. Landeskunde 75: 257–270

Herder, Johann Gottfried (1965): Ideen zur Philosophie der Geschichte der Menschheit. Bd. 1. Hg. von Heinz Stolpe. Berlin/Weimar: Aufbau Verlag

Hofmann, Markus (2014): Das unzugängliche Kleinod. Neue Zürcher Zeitung 204: 28 (internationale Ausgabe NZZ: 15)

Marquardt, Odo (2000a): Homo compensator. Zur anthropologischen Karriere eines metaphysischen Begriffs. In: Odo Marquardt: Philosophie des Stattdessen. Studien. Stuttgart: Reclam: 11–29 [Orig. 1983]

Marquardt, Odo (2000b): Entlastung vom Absoluten. In memoriam Hans Blumenberg. In: Odo Marquardt: Philosophie des Stattdessen. Studien. Stuttgart: Reclam: 100–120 [Orig. 1996]

Novalis (Friedrich von Hardenberg) (1978): »Die Welt muß romantisirt werden!« Fragment Nr. 105. Vorarbeiten zu verschiedenen Fragmentensammlungen 1798. In: Novalis: Werke, Tagebücher und Briefe Friedrich von Hardenbergs. Hg. von Hans-Joachim Mähl & Richard Samuel. Band 2: Das philosophisch-theoretische Werk. München: Hanser: 334

Ott, Konrad (2014): Wildnisschutz aus naturethischer Sicht – Plädoyer für einen Gestaltwandel. In: Robert Pfaller & Klaus Kufeld (Hg.): Arkadien oder Dschungelcamp. Freiburg/München: Alber: 46–60

Pro Natura Graubünden (2015): Website zum Thema Naturschutzgebiete – Fichtenurwald von Scatlè. http://www.pronatura-gr.ch/scatle – Zugegriffen am 2.12.2015

Rauh, Horst-Dieter (1998): Heilige Wildnis. Von Hölderlin bis Beuys. München: Wilhelm Fink

Rosa, Hartmut (2014): Die Natur als Resonanzraum und als Quelle starker Wertungen. In: Gerald Hartung & Thomas Kirchhoff (Hg.): Welche Natur brauchen wir? Analyse einer anthropologischen Grundproblematik des 21. Jahrhunderts. Freiburg/München: Alber: 123–141

Schama, Simon (1996): Der Traum von der Wildnis. Natur als Imagination. München: Kindler

Spanier, Heinrich (2009): Humanismus und Umwelt. In: Jörn Rüsen & Laass Henner (Hg.): Interkultureller Humanismus. Schwalbach/Ts.: Wochenschau Verlag: 230–254

Spanier, Heinrich (2013): Naturschutz und Romantik. Mutmaßungen zur Modernitätsverweigerung. In: Hans-Werner Frohn & Elmar Scheuren (Hg.): Natur: Kultur: Vom Landschaftsbild zum modernen Naturschutz. Essen: Klartext: 91–111

Spanier, Heinrich (2015): Zur kulturellen Konstruiertheit von Wildnis. Natur und Landschaft 90: 475–479

Suchanek, Norbert (2001): Mythos Wildnis. Stuttgart: Schmetterling

Vogt, Markus (2013): Was taugt der Naturbegriff für die Umweltethik? In: Markus Vogt, Jochen Ostheimer & Frank Uekötter (Hg.): Wo steht die Umweltethik? Argumentationsmuster im Wandel. Marburg: Metropolis: 21–50

Weinzierl, Hubert (1999): Leitbild Wildnis. Laufener Seminarbeiträge 2/99: 57–64

Climate Engineering –
Kann und soll man die Erderwärmung technisch eindämmen?

Claudio Caviezel

1 Einleitung

Der Klimawandel gilt als eines der wichtigsten Beispiele für die geologische Kraft des Menschen, mit welcher er spätestens seit Beginn des Industriezeitalters ganz entscheidend die natürliche Umwelt auf einer globalen Skala verändert (vgl. Crutzen 2002). In diesem Fall aber setzt er seine Kraft ungewollt ein, denn die Klimaveränderungen sind eine nicht intendierte Nebenfolge seines auf die uneingeschränkte Nutzung von fossilen Energieressourcen und Landoberflächen basierenden Lebensstils. Zwar reift in ihm mittlerweile die Einsicht, dass es so nicht weitergehen kann, doch scheut er bisher die Mühen und Kosten einer schnellen und vor allem massiven Minderung seines Treibhausgasausstoßes, die erforderlich wäre, um sich und seinen Nachkommen eine gute Lebensgrundlage zu erhalten. In seinem Streben, mithilfe des wissenschaftlich-technischen Fortschritts immer größere Bereiche der Natur unter menschliche Kontrolle zu bringen (vgl. Grunwald 2010), könnte der Mensch stattdessen versucht sein, das Problem des Klimawandels mit anderen Mitteln anzugehen: durch Technologien des Climate Engineering, also durch absichtliche technische Interventionen in das globale Klimasystem, um den Klimawandel oder zumindest dessen Folgen auch ohne eine Emissionsminderung abzumildern.

Für viele Leser mag diese Vorstellung nach Science-Fiction und menschlicher *Hybris* klingen. Dass aber großskalige Climate-Engineering-Projekte zu den Herausforderungen gehören könnten, denen sich der Mensch in der Ära des Anthropozän zu stellen hat, diagnostizierte bereits Crutzen in seinem die Debatte zum Anthropozän auslösenden und prägenden Kommentar in der Zeitschrift *Nature* aus dem Jahr 2002. Und weil sich die Zahl derer, die bezweifeln, dass dem Klimawandel alleine durch Emissionsminderungen noch wirksam begegnet werden kann, von Jahr zu Jahr vergrößert, wird Climate Engineering auch in den Wissenschaften immer intensiver diskutiert. So sprechen sich mittlerweile nicht wenige Experten für eine seriöse Prüfung dieser Technologien aus – als mögliche dritte Klimaschutzoption in Ergänzung zur Emissionsreduktion und zu Anpassungsmaßnahmen an die Folgen des Klimawandels. Gleichwohl wird der mögliche Nutzen von Climate Engineering selbst unter denjenigen, die es vorschlagen und erforschen, sehr kontrovers diskutiert, denn längst ist deutlich geworden, dass Technologien, die von ihrer Anlage her eine weiträumige bis globale Manipulation der natürlichen Erdsystemprozesse anvisieren, zugleich mit mannigfaltigen und vermutlich erheblichen Risiken in Form unerwünschter Neben- und Folgewirkungen für Mensch und Umwelt verbunden wären.

2   Was ist Climate Engineering?

Wie aber könnten solche Eingriffe in das Klimasystem konkret aussehen? Grundsätzlich bzw. systematisch lassen sich die bisher vorgeschlagenen Ideen des Climate Engineering nach zwei Strategieansätzen kategorisieren: Zum einen zielen die Strategien des *Carbon-Dioxide-Removal* (CDR) darauf ab, bereits emittiertes CO_2 wieder aus der Atmosphäre zu entfernen. Zum anderen beabsichtigen die Strategien des *Radiation-Management* (RM) eine Veränderung der Balance zwischen eingehender Sonnenstrahlung und ausgehender Wärmestrahlung des Erdsystems.

In Fachkreisen werden bereits zahlreiche Ideen zur technischen Realisierung von Climate Engineering diskutiert (vgl. Abbildung 1), die sich – wie im Folgenden an drei konkreten Beispielen illustriert werden soll – teilweise grundlegend in Bezug auf ihre Wirkmechanismen und potenziellen Wirkungen, aber auch hinsichtlich ihrer Risikoprofile unterscheiden.[*] Wichtig zu betonen ist, dass keines dieser Konzepte bisher technisch realisiert wurde bzw. als wirksame Klimaschutzmaßnahme schon zur Verfügung steht. So handelt es sich bei allen Vorschlägen zum Radiation-Management um hypothetische Konzeptüberlegungen, deren mögliche Wirkungen und Nebenwirkungen anhand von Computersimulationen untersucht werden. Einige Ideen für ein Carbon-Dioxide-Removal befinden sich zwar schon in der Phase der technischen Entwicklung und Erprobung, doch dürften auch hier noch viele Jahre an Forschung notwendig sein, bis gegebenenfalls geeignete Klimaschutzinstrumente entwickelt werden könnten. Ebenso sind die technologisch-naturwissenschaftlichen Erkenntnisse zu den Wirkungen und (nicht intendierten) Nebenfolgen von Climate Engineering noch sehr rudimentär – auch hierzu wären vermutlich noch Jahrzehnte an (experimenteller) Forschung notwendig, um substanzielle wissenschaftliche Fortschritte im Hinblick auf die Bewertung von Climate Engineering zu erzielen.

Unter den CDR-Ansätzen ist die wohl bekannteste Idee jene, die Ozeane großflächig mit Nährstoffen wie Eisen zu düngen, um das Wachstum von Meeresalgen anzuregen. In ihrer Biomasse fixieren die Algen CO_2 aus der Atmosphäre, das – so die Idee – nach ihrem Absterben durch die in die Tiefsee absinkende Algenbiomasse für

---

[*] Eine ausführliche Darstellung und Diskussion der angedachten Konzepte des Climate Engineering findet sich beispielsweise in Caviezel und Revermann (2014).

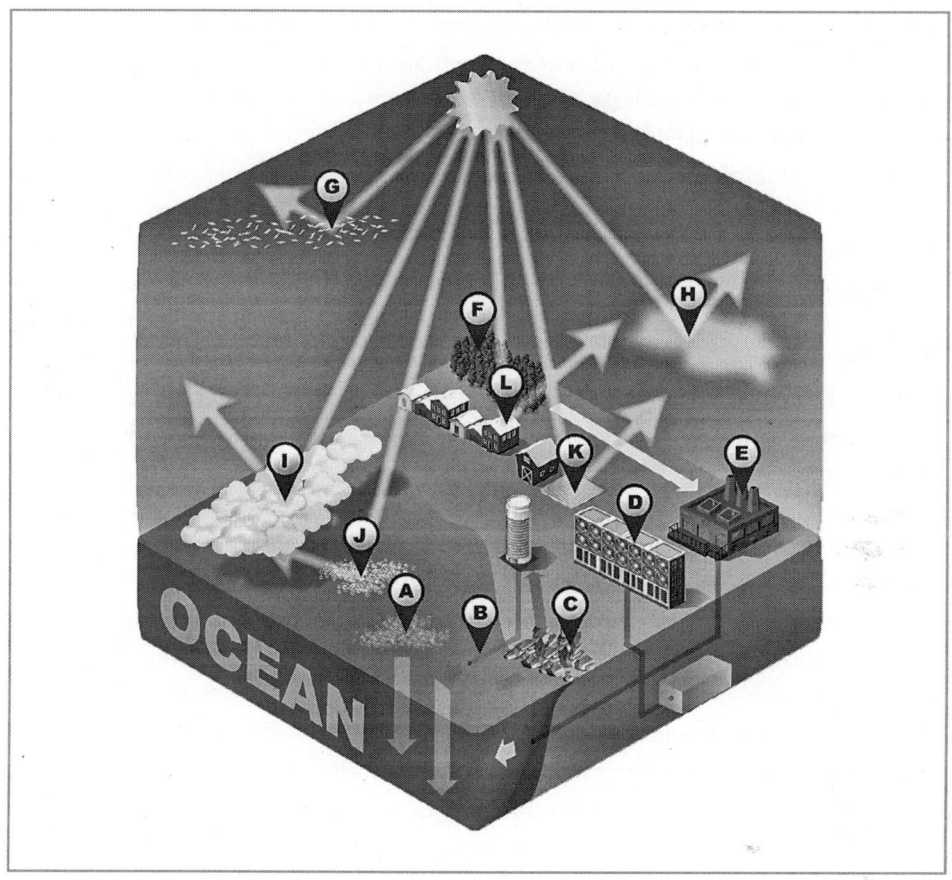

Abbildung 1: Ideen zur technischen Realisierung von Climate Engineering.
CDR-Technologien: A = Ozeandüngung, B = Kalkung der Ozeane, C = Beschleunigung von
Verwitterungsprozessen, D = CO_2-Abscheidung aus der Luft, E = Bioenergieerzeugung mit
CO_2-Abscheidung, F = Aufforstungsmaßnahmen.
RM-Technologien: G = Spiegel im Weltall, H = Aerosole in die Stratosphäre, I = Aufhellung mariner
Wolken, J = Aufhellung der Ozeanoberfläche, K = Aufhellung der Vegetation, L = Aufhellung von
Siedlungsstrukturen.
Quelle: IPCC (2013: 632).

viele Jahrzehnte in den Ozeanen gebunden bleibt. Erste Feldversuche und Modellsimulationen zeigen jedoch, dass selbst eine Düngung großer Teile der Ozeane jährlich höchstens rund zehn Prozent des aktuellen globalen anthropogenen CO_2-Aus-
stoßes in die Tiefsee transportieren würde (vgl. Strong et al. 2009). Gleichzeitig wären
weitreichende Folgen für die Meeresumwelt wahrscheinlich, zum Beispiel komplexe
Veränderungen in der Artenzusammensetzung und -vielfalt von Meeresökosystemen
(vgl. Powell 2008). Dabei wären unerwünschte Nebenwirkungen aufgrund der Mee-
resströmungen und Bewegung der Meereslebewesen nicht lokal begrenzbar. Über Art

und Umfang möglicher ökologischer Nebenwirkungen einer großflächigen Ozeandüngung gibt es bislang aber nur sehr rudimentäre Erkenntnisse.

Eine weitere Idee des CDR ist, Strategien zur Energiegewinnung aus Biomasse mit Technologien zur Abscheidung und (geologischen) Lagerung von CO_2 (CCS-Technologie) zu kombinieren. Auf diese Weise wäre es möglich, gleichzeitig CO_2 aus der Atmosphäre zu entfernen und Bioenergie zur Substitution von fossilen Energieressourcen bereitzustellen (vgl. Abbildung 2). Im Gegensatz zu einer Ozeandüngung würden bei diesem Verfahren die potenziellen Umweltfolgen vermutlich auf das Einsatzgebiet beschränkt und damit beherrschbar bleiben. Eine substanzielle Anwendung würde allerdings einen massiven Ausbau der Bioenergienutzung bedingen, der die schon heute bestehenden Nutzungskonflikte um Biomasse und andere natürliche Ressourcen (fruchtbarer Boden, Biodiversität etc.) weiter anheizen würde (vgl. den Beitrag von W. Blum in diesem Band). Auch unter sehr optimistischen Annahmen in Bezug auf das Angebot an nachhaltig verfügbarer Biomasse ließen sich durch dieses Verfahren kaum mehr als 30 Prozent des aktuellen globalen anthropogenen CO_2-Ausstoßes kompensieren (vgl. Koorneef et al. 2012). Zudem ist die Perspektive dieses CDR-Ansatzes eng mit dem weiteren (internationalen) Entwicklungsprozess der CCS-Technologie verknüpft: zum Beispiel in Bezug auf Fragen der Technologie, Wirtschaftlichkeit, der globalen Lagerkapazitäten für CO_2, der Sicherheit und Umweltverträglichkeit des Transports und der Lagerung von CO_2 sowie, wie die Debatte in Deutschland deutlich zeigt, vor allem auch der öffentlichen und politischen Akzeptanz.

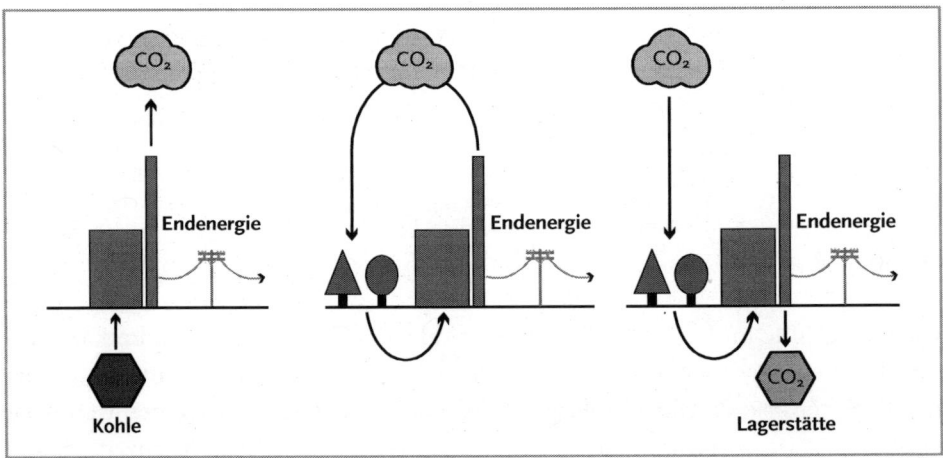

Abbildung 2: Negative CO_2-Emissionen durch die Kombination von Bioenergieerzeugung und CSS-Technologie. Links: Endenergiebereitstellung mit fossilen Brennstoffen (ohne CCS); Mitte: Endenergiebereitstellung mit Biomasse (ohne CCS); rechts: Endenergiebereitstellung mit Biomasse und CCS.
Quelle: Nach Gough und Upham (2010).

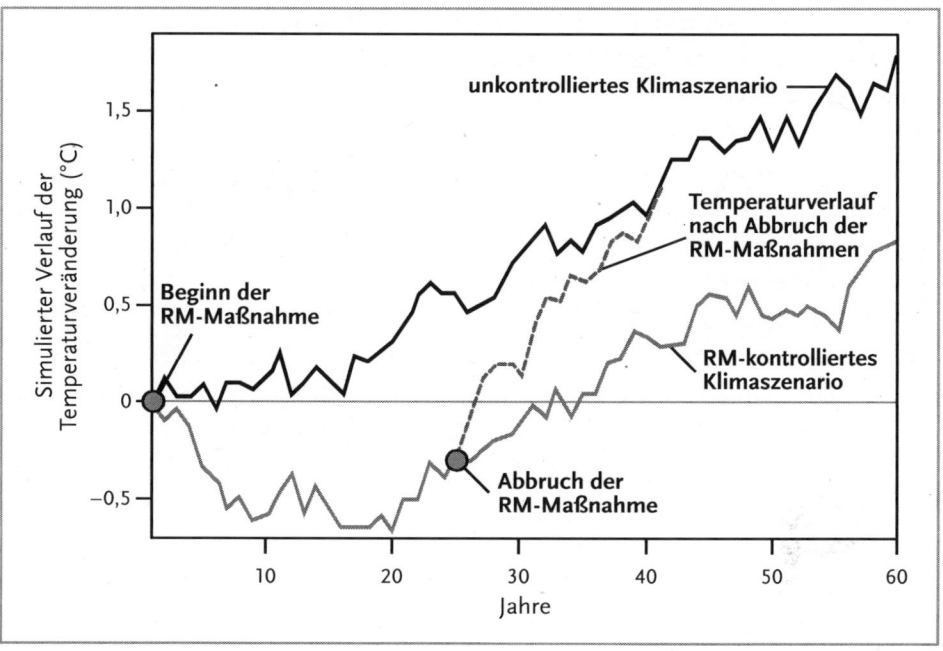

Abbildung 3: Verlauf der globalen Mitteltemperatur ohne bzw. mit RM-Intervention sowie nach Abbruch der Intervention.
Quelle: Nach Jones et al. (2010).

Zu den Konzepten für ein Radiation-Management gehört unter anderem die Idee, den globalen Strahlungshaushalt durch die Ausbringung von Schwefelpartikeln in hohe Schichten der Atmosphäre zu modifizieren. Die Schwefelpartikel würden einen Teil der einfallenden Sonnenstrahlung zurück in den Weltraum reflektieren und so die Temperatur an der Erdoberfläche reduzieren. Die Idee basiert auf natürlichen Vorbildern. So führte beispielsweise der Ausbruch des Vulkans Pinatubo 1991, im Zuge dessen rund zehn Millionen Tonnen Schwefel in die Atmosphäre befördert wurden, zu einer Abkühlung der Erde um 0,5 °C im darauffolgenden Jahr (vgl. Crutzen 2006).

Diese Beobachtungen, aber auch Modellsimulationen lassen vermuten, dass eine kontinuierliche Ausbringung von Schwefel in die Atmosphäre in der Größenordnung von einigen Millionen Tonnen pro Jahr – was technisch durchaus als machbar gilt – innerhalb weniger Jahre eine globale Temperaturreduktion um einige Grad Celsius bewirken könnte. RM-Maßnahmen hätten also das Potenzial für eine sehr schnelle und substanzielle Temperaturkontrolle.

Charakteristisch für alle Ansätze des Radiation-Managements ist allerdings, dass sie nur den Symptomen des anthropogenen Klimawandels (steigende Temperaturen), nicht aber dessen Auslöser (erhöhte Konzentrationen an Treibhausgasen in der Atmosphäre) entgegenwirken. Weitere Folgen des zu hohen atmosphärischen Gehalts an

Treibhausgasen könnten dadurch also nicht behoben werden – unter anderem die höchst problematische Ozeanversauerung. Auch würden RM-Interventionen ein neues Klima schaffen, weil sich die Veränderungen in der globalen Strahlungsbilanz auch auf andere Klimaparameter auswirken würden, meist in unkontrollierbarer Weise. Zu befürchten wären also massive ökologische Nebenwirkungen, die zudem sehr ungleich über den Globus verteilt sein könnten, wie etwa Modellierungsstudien zur Verteilung und Stärke der globalen Niederschläge in einem durch RM-Maßnahmen modifizierten Klima andeuten (vgl. zum Beispiel Schmidt et al. 2012).

Schließlich hätte der vermeintlich große Vorteil von RM-Maßnahmen auch einen gravierenden Nachteil. Bei einem plötzlichen Abbruch der Maßnahmen würde nämlich auch ihre kühlende Wirkung sehr schnell nachlassen. Die Folge wäre ein sprunghafter Anstieg der Erdtemperatur auf ein Niveau, wie es auch ohne RM-Intervention erreicht worden wäre (vgl. Abbildung 3). Dies würde die natürliche Anpassungsfähigkeit von Arten und Ökosystemen noch weit stärker überfordern als dies schon bei den aktuellen Klimaveränderungen der Fall ist.

3   Welche Begründungen gibt es für die Entwicklung von Climate Engineering?

Angesichts der problematischen Nebenwirkungen stellt sich die prinzipielle Frage, welche Gründe überhaupt für die Entwicklung von Climate Engineering sprechen könnten. Denn letztlich handelt es sich hierbei lediglich um Reparaturtechnologien, mit deren Hilfe die unerwünschten Folgen älterer Technik kompensiert werden sollen, die aber selbst unerwünschte Folgen zeigten und weitere Reparaturtechnologien notwendig machen würden (vgl. Sardemann und Grunwald 2010). Daher wäre es vielleicht ratsamer, die Finger von Climate Engineering zu lassen.

3.1 Climate Engineering als (notwendige) Option zur Erreichung des 2-°C-Ziels?

Eine Begründung für die Notwendigkeit von Climate Engineering lautet, dass klimapolitische Zielsetzungen, zum Beispiel die Begrenzung des global gemittelten Temperaturanstiegs auf 2 °C gegenüber dem vorindustriellen Niveau *(2-°C-Ziel)*, nur noch erreicht werden können, wenn ergänzend zur Emissionsreduktion geeignete CDR-Technologien zum Einsatz gelängen, um einen Teil des bereits ausgestoßenen CO_2 wieder aus der Atmosphäre zu entfernen.

Tatsächlich ist zu konstatieren, dass eine substanzielle Anwendung von CDR-Technologien in der zweiten Hälfte dieses Jahrhunderts bereits in vielen klimaökonomischen Szenarien für eine finanziell noch tragbare Einhaltung des 2-°C-Ziels als ein notwendiges Klimaschutzinstrument eingeführt wurde bzw. genutzt wird, namentlich in Gestalt einer umfänglichen Bioenergieerzeugung in Kombination mit der Abscheidung und Lagerung von CO_2 (vgl. IPCC 2014). Dabei steigt die Abhängigkeit von CDR-Maßnahmen laut diesen Szenarien umso stärker, je später es gelingt, den anthropogenen Treibhausgasausstoß massiv zurückzufahren.

Die Perspektive auf eine substanzielle Anwendung dieser Technologien darf jedoch nicht zu falschen Schlüssen über die kurz- bis mittelfristig erforderlichen Reduktionen des globalen Ausstoßes an Treibhausgasen führen, etwa dahingehend, dass dringend notwendige Klimaschutzmaßnahmen nicht unverzüglich angegangen, sondern in die Zukunft verschoben werden (können). Denn gegenwärtig ist es noch gänzlich unklar, ob die ihnen unterstellte klimaschützende Wirkung unter Praxisbedingungen überhaupt erschließbar ist bzw. ob sie in klimarelevantem Maßstab umsetzbar wären. Solange die prinzipielle Leistungsfähigkeit und Realisierbarkeit von CDR-Technologien nicht hinreichend gesichert sind, darf die Integration dieser Klimaschutzinstrumente in langfristige Klimaschutzpolitiken nur unter großen Vorbehalten erfolgen. Wenn nämlich ihr Potenzial überschätzt wird, könnte dies zu einer Situation führen, in der – möglicherweise unwiderruflich – keines der ursprünglich anvisierten Klimaschutzziele erreicht werden kann.

3.2 Climate Engineering als Vorsorge bzw. Notfalltechnologie?

Eine weitere Argumentationslinie, auf die auch Crutzen (vgl. Crutzen 2006) sein Plädoyer für die aktive Erforschung von Climate Engineering stützte, plädiert unter Vorsorgeaspekten für die Entwicklung schnell wirkender RM-Technologien, um diese bei einem unerwartet schnell eintretenden und folgenschweren Klimawandel zur Verfügung zu haben. In einer solchen Situation könnte ihr substanzieller Einsatz trotz der damit verbundenen Risiken als wünschenswert und notwendig erscheinen, um die unter Umständen noch schlimmeren Folgen einer derartigen massiven Klimaänderung einzudämmen. Eine solche Perspektive und das Unvermögen, die Wünsche und Prioritäten künftiger Generationen zu antizipieren, lässt die Entwicklung einsatzbereiter RM-Technologien auch unter Aspekten der intergenerationellen Gerechtigkeit möglicherweise als sinnvoll erscheinen.

Der Versuch einer solchen Legitimierung einsatzbereiter RM-Technologien erweist sich – so plausibel und attraktiv diese Argumentation auf den ersten Blick auch erscheinen mag – bei näherer Betrachtung jedoch als problematisch (vgl. zum Beispiel Gardiner 2010). Auch Crutzen selbst äußerte sich in späteren Publikationen deutlich kritischer in Bezug auf Climate Engineering (vgl. zum Beispiel Steffen et al. 2011a, b). So bleibt beispielsweise unklar, wann genau der Zeitpunkt gekommen ist, der einen Einsatz von Climate Engineering rechtfertigt: Ist ein Einsatz legitim, wenn häufiger auftretende Dürren zu größeren wirtschaftlichen Einbußen in einigen Ländern führen? Oder ist dieser erst dann legitim, wenn durch Klimaänderungen große Bevölkerungsteile von Hunger und Tod bedroht sind? Auch bleibt es im Vorfeld eines

Klimanotfalls im Unklaren, ob eine RM-Intervention (bzw. deren Nebenfolgen) gegenüber den Gegebenheiten einer massiven Klimaänderung tatsächlich das kleinere Übel darstellt. Denn angesichts der Komplexität der Klima- und Erdsystemprozesse sind Computersimulationen weder dazu in der Lage, den Klimazustand nach Eintritt eines *Klimanotfalls* verlässlich vorherzusagen, noch können sie detaillierte Informationen über sämtliche (lokale) Wirkungen und Nebenwirkungen von RM-Interventionen liefern.

Schließlich erscheint es prinzipiell fraglich, ob durch die Herstellung der Einsatzbereitschaft von RM-Technologien der intergenerationellen Gerechtigkeit in ausreichendem Maße Rechnung getragen werden kann, oder ob es vielmehr moralisch geboten wäre, sämtliche Anstrengungen auf die Emissionsreduktion zu konzentrieren. Denn nicht die heutigen, sondern aller Voraussicht nach die künftigen Generationen werden mit dem antizipierten Klimawandel konfrontiert, dessen Ursachen aber im Lebensstil der Generationen des 20. und frühen 21. Jahrhunderts zu suchen sind und der durch heutige Verhaltensänderungen möglicherweise noch verhindert werden kann.

3.3 Geringere Klimaschutzkosten durch Climate Engineering?

Eine dritte Argumentationslinie für die Notwendigkeit bzw. Sinnhaftigkeit von Climate Engineering gründet auf einer primär ökonomischen Betrachtung. So wird verschiedentlich argumentiert, dass eine vorrangig auf einem Einsatz von Climate Engineering basierende Klimapolitik gegenüber den herkömmlichen klimapolitischen Handlungsoptionen kosteneffizienter wäre.

Bezogen auf die Einsatzkosten könnten einige der vorgeschlagenen Technologien des Climate Engineering tatsächlich eine globale Temperaturkontrolle zu weit geringeren Kosten erlauben gegenüber ambitionierten Emissionsminderungen – zumindest nach heutiger, noch sehr lückenhafter Erkenntnislage. Demnach würde etwa die Einhaltung des 2-°C-Ziels alleine durch kontinuierliche Schwefelinjektionen in die Atmosphäre im Jahr 2100 rund 0,1 Prozent des globalen Bruttoinlandprodukts beanspruchen, während die Kosten für eine entsprechende Emissionsminderung laut dem *Stern-Bericht* etwa zehnmal höher liegen. Der Grund ist, dass bei vielen Ansätzen des Climate Engineering mit einem vergleichsweise geringen Ressourceneinsatz eine große klimatische Wirkung erzielt werden kann. Eine nur auf die Einsatzkosten basierende Betrachtung greift allerdings viel zu kurz, denn angesichts der globalen Nebenwirkungen dürfte eine solche Klimaintervention mit enormen externen Kosten verbunden sein, über die zurzeit allerdings so gut wie nichts bekannt ist (vgl. Caviezel und Revermann 2014).

4   Gesellschaftliche Risiken

Ohne Zweifel wäre ein Einsatz von Climate Engineering – je nach eingesetzter Technologie in geringerem oder stärkerem Maße – mit erheblichen ökologischen Risiken verbunden. Diese könnten in ihrer Tragweite von den gesellschaftlichen Risiken des Climate Engineering möglicherweise sogar noch übertroffen werden.

4.1 Technologische Abhängigkeit

Besonders schwer wiegt das Problem, dass es keine schnelle Ausstiegsoption aus einer RM-Intervention gibt, denn wie bereits erwähnt, würde eine abrupte Unterbrechung der Maßnahme zu einem sprunghaften Anstieg der Erdtemperatur führen. Ein *sicherer* Ausstieg könnte höchstens sehr langsam über viele Jahrzehnte erfolgen, um den daraus resultierenden Temperaturanstieg auf eine gerade noch tolerierbare Geschwindigkeit einzugrenzen. Im Szenario einer vorrangig auf RM-Maßnahmen gestützten Klimapolitik würden sich künftige Gesellschaften also praktisch in eine langfristige und vollständige technische Abhängigkeit dieser Technologien begeben. Dabei ist es mehr als fraglich, ob die für einen reibungslosen und sicheren Technologieeinsatz erforderlichen stabilen sozioökonomischen, geopolitischen und institutionellen Bedingungen über so lange Zeiträume überhaupt vorausgesetzt werden können.

Die Lage würde sich weiter verschlechtern, wenn sich im Verlauf der RM-Intervention gravierende Umweltfolgen zeigten, die im Vorfeld nicht erwartet oder in ihrem Ausmaß stark unterschätzt wurden. In dieser Situation stünden künftige Generationen vor dem Dilemma, entweder die RM-Maßnahme sofort zu beenden und die Folgen des dann eintretenden rasanten Temperaturanstiegs zu ertragen, oder die RM-Intervention so lange weiterzuführen und deren Folgen zu ertragen, bis die Konzentration an Treibhausgasen in der Atmosphäre durch natürliche Prozesse oder CDR-Maßnahmen so weit reduziert wurde, dass die Risiken des Abbruchs kontrollierbar wären – was vermutlich auch mehrere Jahrzehnte erfordern würde.

4.2 Geopolitische Risiken

Die vermeintlich geringen Einsatzkosten vieler Climate-Engineering-Technologien bergen ein großes geopolitisches Risiko. Für potente Staaten oder eine Gruppe von Staaten mit homogener Interessenlage eröffnen diese Technologien die theoretische Option, das Problem des Klimawandels anzugehen, ohne auf die Kooperation mit oder die Zustimmung von anderen Staaten angewiesen zu sein. Dies stünde allerdings im fundamentalen Gegensatz zur bisherigen Klimapolitik, denn der globale Ausstoß an Treibhausgasen lässt sich nur in einer gemeinsamen Anstrengung reduzieren. Die gesellschaftlichen Implikationen solcher Alleingänge wären vermutlich gravierend, denn aufgrund der ungleich verteilten Wirkungen würden sie zu starken Spannungen zwischen den Einsatzstaaten und den Nichteinsatzstaaten führen (vgl. Maas und Scheffran 2012).

Aber selbst ein global koordinierter Einsatz von Climate Engineering und insbesondere von RM-Maßnahmen wäre vermutlich ein sehr konfliktträchtiges Unternehmen. Hier ginge es nicht nur um Fragen der Verteilungsgerechtigkeit, ebenso müsste ein globaler Konsens für die angestrebte Klima- bzw. Temperaturänderung *(Zielklima)* ausgehandelt werden. Eine globale Einigung dürfte äußerst schwierig zu erzielen sein, zum einen weil die Wirkungen von RM-Maßnahmen auf die Temperatur und andere Klimaparameter (zum Beispiel die Verteilung und Stärke der Niederschläge) regional sehr ungleich verteilt wären. Zum anderen dürfte jeder Staat eigene Vorstellungen über das *Wunschklima* haben: Während beispielsweise Sibirien, Alaska und der Nordteil Kanadas von den klimawandelbedingten höheren Temperaturen profitieren und Staaten in den gemäßigten Zonen aus einem leichten Temperaturanstieg ebenfalls Vorteile ziehen könnten, würden Staaten aus (sub-)tropischen Gebieten vermutlich eine Absenkung der Temperaturen in ihren Regionen auf das vorindustrielle Niveau oder sogar darunter bevorzugen (vgl. Robock 2008).

4.3 Gesellschaftliche Risiken der Erforschung von Climate Engineering

Forschung zu Climate Engineering fand und findet bisher vorrangig im Rahmen von theoretischen Erörterungen sowie einer geringeren Anzahl kleinskaliger Feldversuche statt, von denen keine Gefährdung für die Umwelt ausging. Die Annahme liegt nahe, dass diese Art der Forschung ohne bzw. nur mit vernachlässigbaren negativen Folgen im Vergleich zum Nutzen aus dem Erkenntnisgewinn betrieben werden kann.

In der komplizierten Gemengelage der Klimapolitik ist dies aber nicht der Fall. Denn bereits die Grundlagenforschung zu Climate Engineering und die damit einhergehende mediale und öffentliche Diskussion darüber könnten dazu verleiten, die politischen und gesellschaftlichen Anstrengungen zur Emissionsreduktion zu verringern. So haftet RM-Technologien eine Art »Versicherungscharakter« an, weil dadurch die Gefahren eines massiven Klimawandels als potenziell abwendbar erscheinen. Mit CDR-Technologien ließe sich eine der Hauptursachen des Klimawandels beseitigen, ohne dass wir dafür unseren Lebensstil ändern müssten. Ein blindes Vertrauen auf die prospektive Anwendbarkeit von Climate Engineering könnte also zu einer »neuen Sorglosigkeit« in Bezug auf die Herausforderungen des Klimawandels führen (vgl. Sardemann und Grunwald 2010), und so letztlich die Wahrscheinlichkeit für den interventionsprovozierenden folgenschweren Klimawandel erhöhen und einen Einsatz von Climate Engineering überhaupt erst notwendig machen.

5   Resümee

Antworten auf die folgenden drei Fragen können nur von einem breit angelegten gesellschaftspolitischen und wissenschaftlichen Diskurs und Risikodialog unter Einbindung aller relevanten Akteursgruppen gegeben werden:

1. Sollten bestimmte CDR-Technologien als Ergänzung zur Emissionsreduktion entwickelt werden?
2. Sollten RM-Technologien für künftige Generationen als *Notfalltechnologien* bereitstehen?
3. Falls eine dieser beiden Fragen bejaht wird: Welche Risiken wären dafür von der Gesellschaft in Kauf zu nehmen?

Allerdings spielt das Thema Climate Engineering in der politischen, medialen und öffentlichen Wahrnehmung bisher so gut wie keine Rolle. Dabei wäre eine intensive nationale und internationale gesellschaftspolitische Debatte nicht nur dringend notwendig, um die Aufmerksamkeit des lange Zeit von einem stark lösungsorientierten Ansatz geprägten wissenschaftlichen Diskurses verstärkt auch auf die potenziellen gesellschaftlichen Implikationen von Climate Engineering lenken zu können. Es geht auch darum, mögliche Problemlagen, die sich bereits im Rahmen der sich verstärkenden allgemeinen Diskussion über Climate Engineering bzw. der sich intensivierenden Forschungsanstrengungen ergeben könnten, rechtzeitig zu erkennen und anzugehen, bevor die Folgen dieser Entwicklungen bereits eventuell nicht revidierbare Fakten geschaffen haben.

Anderenfalls könnte der Fall eintreten, dass der Menschheit in nicht allzu ferner Zukunft gar nichts anderes übrig bleibt, als auch noch nach der Herrschaft über das Klima zu greifen.

Literatur

Caviezel, Claudio & Christoph Revermann (2014): Climate Engineering. Kann und soll man die Erderwärmung technisch eindämmen? Studien des Büros für Technikfolgen-Abschätzung beim Deutschen Bundestag 41. Berlin: edition sigma

Crutzen, Paul J. (2002): Geology of mankind. Nature 415: 23

Crutzen, Paul J. (2006): Albedo enhancement by stratospheric sulfur injections: A contribution to resolve a policy dilemma? Climatic Change 77: 211–220

Gardiner, Stephen M. (2010): Is »Arming the future« with geoengineering really the lesser evil? Some doubts about the ethics of intentionally manipulating the climate system. In: Stephen M. Gardiner, Simon Caney, Dale Jamieson & Henry Shue (eds.): Climate Ethics. Essential Readings. New York: Oxford University Press: 284–314

Gough, Claire & Paul Upham (2010): Biomass energy with carbon capture and storage (BECCS): A review. Tyndall Centre for Climate Change Research. Working Paper 147

Grunwald, Armin (2010): Der Einsatz steigt. Globale Risiken. Politische Ökologie 120: 37–41

IPCC (2013): Climate Change 2013: The Physical Science Basis. Contribution of Working Group I to the Fifth Assessment Report of the Intergovernmental Panel on Climate Change. Thomas F. Stocker et al. (eds.). Cambridge/New York: Cambridge University Press

IPCC (2014): Summary for Policymakers. In: IPCC: Climate Change 2014. Mitigation of Climate Change. Contribution of Working Group III to the Fifth Assessment Report of the Intergovernmental Panel on Climate Change. Ottmar Edenhofer et al. (eds.). Cambridge/New York: Cambridge University Press

Jones, Andy et al. (2010): Geoengineering by stratospheric SO_2 injection: Results from the Met Office HadGEM2 climate model and comparison with the Goddard Institute for Space Studies ModelE. Atmos. Chem. Phys. 10: 5999–6006

Koornneef, Joris et al. (2012): Global potential for biomass and carbon dioxide capture, transport and storage up to 2050. International Journal of Greenhouse Gas Control 11: 117–132

Maas, Achim & Jürgen Scheffran (2012): Climate conflicts 2.0? Climate engineering as a challenge for international peace and security. Sicherheit und Frieden 2012/4: 193–200

Powell, Hugh (2008): What are the possible side effects? The uncertainties and unintended consequences of manipulating ecosystems. Oceanus Magazine 46: 14–17

Robock, Alan (2008): 20 Reasons why geoengineering may be a bad idea. Bulletin of the Atomic Scientists 64: 14–18

Sardemann, Gerhard & Armin Grunwald (2010): Climate Engineering: Ein Thermostat für die Erde? Technikfolgenabschätzung – Theorie und Praxis 19: 4–7

Schmidt, Hauke (2012): Solar irradiance reduction to counteract radiative forcing from a quadrupling of CO_2: Climate responses simulated by four earth system models. Earth Syst. Dynam. 3: 63–78

Steffen, Will, Jacques Grinevald, Paul Crutzen & John McNeill (2011a): The Anthropocene: Conceptual and historical perspectives. Philosophical Transactions of the Royal Society A 369: 842–867

Steffen, Will, Asa Persson et al. (2011b): The Anthropocene: From global change to planetary stewardship. Ambio 40: 739–761

Strong, Aaron L., John J. Cullen & Sallie W. Chisholm (2009): Ocean fertilization: Science, policy, and commerce. Oceanography 22: 236–261

Wie viel Natur braucht der Mensch im Anthropozän?

Christina von Haaren

1   Einleitung*

Die Frage »Wie viel Natur brauchen wir?« wurde schon häufig gestellt (vgl. zum Beispiel Revkin 2003) und in unterschiedlichen Disziplinen diskutiert (u. a. Honnefelder 2011; Hartung und Kirchhoff 2014; Bartelmus 2014). Eine einfache oder gar naturwissenschaftlich begründete Antwort darauf gab es nie. Die Feststellung, dass wir derzeit im Anthropozän leben, macht die Antwort nicht leichter. Angesichts der schnellen, umfassenden Veränderungen unserer Welt stellen auch überzeugte Naturschützer fest, dass nicht alle Lebensräume, Lebewesen, nicht einmal die Arten auf ihrem heutigen Stand erhalten oder wieder in einen Naturzustand versetzt werden können. Letzterem wären ohnehin theoretische Grenzen gesetzt, weil wir gar nicht wüssten, welches denn der *richtige* Naturzustand sein soll oder wie weit wir zum Beispiel in der Geschichte zurückgehen sollten.

Es gibt aber auch lebenspraktische Grenzen, denn wir können als Menschen nicht leben, ohne Natur zu zerstören oder sie umzuformen. Die Frage »Wie viel ist genug?« ist allerdings immer wieder unbequem. Sie suggeriert einerseits, dass es entweder absolute (ökologische) Grenzen gäbe, oder andererseits, dass die Menschheit sagen könnte: So viel möchten wir und nun haben wir genug, wie etwa bei einer Mahlzeit – und schon da fällt vielen die Antwort schwer genug. Die übergeordnete Frage beinhaltet weitere Fragen: Wie viel und was hinterlassen wir künftigen Generationen? Wie viel können wir derzeit an Verlusten hinnehmen? Gehört Tierschutz zum Kern dessen, was wir brauchen? Und anderes mehr.

Weil es unmöglich ist, alles zu erhalten oder wieder herzustellen, müssen wir Entscheidungen über Prioritäten treffen – wie ein Arzt, der an einen Unfallort kommt und die Verletzten in Gruppen einteilt, mittels einer Bewertung, der ein nüchternes Kalkül über die Wirkung einer ersten schnellen Hilfe zugrunde liegt.

Die Unmöglichkeit einer klaren *ökologischen* Antwort auf das *Wieviel?* rückt die Frage in den Vordergrund, wie entschieden wird: Aufgrund von ethischen/rechtli-

* Für Diskussionen und Anregungen danke ich Dr. Christian Schrenk, Bremen (dem ich das Krockow-Zitat verdanke), und Prof. Dr. Dietrich Fürst.

chen Normen oder ökonomischen Erwägungen? Wer entscheidet überhaupt und nach welchen Mechanismen? Und: Welche Rolle spielt ökologisches Wissen in solchen Entscheidungen?

Im Folgenden soll auf Wertgrundlagen und Prozesse eingegangen werden, die Entscheidungen über das Maß der Naturerhaltung unterstützen können (2.). Anschließend werden die Schwierigkeiten aufgezeigt, Umweltwissen und Umweltnormen in politische Entscheidungen einzubringen (3.). Der Beitrag schließt mit einem Fazit (4.).

2   Entscheidungsgrundlagen und -prozesse

2.1 Wie entstehen Antworten auf die Frage nach dem Maß der Naturerhaltung?

Zahlen über Verluste von Naturressourcen und/oder der Biodiversität lassen uns als individuelle Entscheider ratlos zurück, solange sie nicht auf ein *menschliches* oder individuelles Maß heruntergebrochen worden sind. Beeinflusst es zum Beispiel unsere Entscheidungen, ein Haus zu bauen, wenn wir wissen, dass im Jahre 2011 24 Milliarden Tonnen fruchtbaren Bodens verloren gegangen sind (vgl. GIZ 2015)? Stellen wir einen Zusammenhang her zwischen unserem Wasser- oder Nahrungsmittelkonsum und der Tatsache, dass täglich die Süßwasserbestände der Erde verringert und verschmutzt werden? Und um wie viel müsste unser Verbrauch denn verändert werden, um der Tatsache Rechnung zu tragen, dass nur 2,5 Prozent des gesamten Wassers auf der Erde Süßwasser ist und davon wiederum nur 1,2 Prozent Oberflächenwasser (vgl. USGS 1993)? Welche Konsequenzen für den Einzelnen hat die Nachricht, dass von Wissenschaftlern gesetzte Grenzen im Biodiversitätsverlust weltweit bei Weitem überschritten sind (vgl. Steffen et al. 2015), dass seit den 1990er-Jahren jede dritte bei uns brütende Vogelart im Bestand zurückging (vgl. Sudfeldt et al. 2013: 2), dass der Bestand des Rebhuhns sich in diesem Zeitraum sogar um über 90 Prozent verringerte (vgl. Dröschmeister et al. 2012)? Müssen wir persönlich denn jede Art erhalten, egal ob Biber, Assel oder Bakterium im Abwasserkanal, und vor allem wie soll das geschehen? Das Leben geht für uns weiter – auch ohne das Rebhuhn.

Die Beispiele machen Folgendes deutlich: Ökologisches Wissen liefert uns zwar einen Hintergrund bei der Beantwortung der Frage nach dem *Was* und *Wie viel*. Dieses Wissen taugt aber in der Regel weder dazu, unser Handeln als Individuum im Einzelfall zu beeinflussen, noch dazu, eine für alle gültige Entscheidung über Was und Wie viel zu fällen. Letzteres aber brauchen wir im Falle der Naturressourcen, weil wir sie überwiegend gemeinsam nutzen.

Da es keine absoluten ökologischen Grenzen gibt und die Ökologie kein *Gut*, *Schlecht*, *Zuviel* oder *Zuwenig* kennt, müssen menschliche Normen und Entscheidungen her, um die Frage *Wie viel brauchen wir?* zu beantworten. Alles andere würde in einem naturalistischen Fehlschluss enden, der einen deskriptiven Befund als Norm interpretiert. Zusätzlich türmt der Begriff *brauchen* eine neue Schwierigkeit auf: Er impliziert, dass wir Menschen einen klaren Bedarf haben, und unterwirft die Entscheidung über *Wie viel* einem kausalen Beweis, dass der Mensch ansonsten in seinem Leben massiv eingeschränkt wäre. Leider können wir diesen Beweis nur in wenigen Fällen erbringen: Der Mensch *braucht* circa zwei Liter Trinkwasser pro Tag – aber er verbraucht in unseren Breiten weit über 100 Liter (vgl. UBA 2013). Wie viel darf er über den lebenserhaltenden Bedarf hinaus verwenden? Es geht also immer auch darum, wie viel und welche Naturgrundlagen in welcher Qualität wir uns – auch im Vergleich mit anderen menschlichen Bedürfnissen – wünschen und wie die Ressourcen verteilt werden (vgl. Eser 2014). Die Ziele und Standards, die wir für den Verbrauch oder die Erhaltung setzen, müssen im Falle der Mindeststandards gesellschaftlich bestimmt werden, denn sie müssen für alle gelten und die gemeinsamen Wünsche an Naturerhaltung sicherstellen. Sie müssen so legitimiert sein, dass sie Menschen sogar aufgezwungen werden können, wenn deren persönliche Interessen im Widerstreit mit der Naturerhaltung stehen (vgl. Hampicke 1993). Über das gesellschaftlich erwünschte (Mindest-)Niveau der Naturerhaltung hinausgehend, kann es weitere individuelle Normen geben, die aber nicht hinter das gesellschaftliche Minimum zurückfallen dürfen.

Wie kommen nun die gesellschaftlichen Normen zustande und was ist bei uns im Bereich der individuellen Normen zu verorten? In unserem Staatssystem einer repräsentativen Demokratie treffen die von uns gewählten Politiker die Entscheidungen über das Mindestmaß der Naturerhaltung – nach bestem Wissen und Gewissen. An beidem mögen wir manchmal zweifeln – allerdings wäre die direkte Demokratie mit einem häufig volatilen Volkswillen, der die Rechte von Minderheiten nicht ausreichend berücksichtigen kann, vermutlich keine echte Alternative. Die Entscheidungen fallen im Rahmen der Rechtsetzung auf allen Entscheidungsebenen, vom Bundestag bis hin zum Gemeinderat, durch die gewählten Politiker und erhalten dadurch ihre Legitimität. Die Bürger und Wirtschaftsakteure können darüber hinaus Naturerhaltung durch Kaufentscheidungen, private Aktionen, Selbstverpflichtungen bei der Landnutzung und Spenden sowie durch Appelle an den Staat und die Politik verwirklichen.

2.2 Wertgrundlagen von Entscheidungen über das Maß der Naturerhaltung

Bei der Festsetzung gesellschaftlicher Normen durch die Volksvertreter helfen Ethiken oder Wünsche, die in der Gesellschaft verbreitet sind und die auch die einzelnen Politiker bei der Entscheidungsfindung leiten. Normen und Begründungen für Naturschutz, die den für jeden verpflichtenden Minimalanspruch definieren, sollten für jeden *im Prinzip* nachvollziehbar sein – auch wenn die persönlichen Interessen im konkreten Fall konträr sein mögen.

Die bei uns üblichen Naturschutzbegründungen stammen zum Beispiel aus ethischen Grundsätzen wie dem Kant'schen Imperativ oder sie entstehen aus dem Wissen darüber, was die Menschen unbedingt zum Leben brauchen, was sie sich wünschen, welche Ethiken und Präferenzen sie in Bezug auf die Natur verfolgen und durch welche Veränderungen die Befriedigung dieser Wünsche gefährdet werden könnte, zum Beispiel weil für den Menschen lebenswichtige Ökosystemleistungen nicht mehr funktionieren. Aus den genannten normativen Grundlagen ergeben sich allerdings nur selten klare Anweisungen, wie im *konkreten Fall* entschieden werden muss. Die ethischen Grundsätze müssen deshalb in konkrete Ziele und Handlungsanweisungen wie gesetzliche Grenzwerte oder die Abgrenzung schutzwürdiger Biotope übersetzt werden.

Die Religionen unterstützen in der Frage der Festsetzung von Mindeststandards der Naturerhaltung nur indirekt. Die Bibel behandelt zum Beispiel nur vereinzelt und widersprüchlich Fragen des Umgangs mit der Natur. Es ist hilfreich, dass der Papst in seiner letzten Enzyklika von 2015 deutlich zum Umweltschutz aufruft. Eine konkrete Antwort auf die Frage *Wie viel* gibt der Papst zwar nicht, aber er spricht immerhin Verteilungsfragen an und damit die gesellschaftliche Dimension des Umweltschutzes (vgl. den Beitrag von M. Vogt in diesem Band). Grundsätzlich müssen jedoch religiöse Begründungen nicht für alle Mitglieder unserer Gesellschaft im Prinzip nachvollziehbar sein.

Viele Menschen in unserer Gesellschaft werden darin übereinstimmen, dass Tierschutz, also der Schutz von fühlenden, nicht menschlichen Individuen, notwendig ist (vgl. den Beitrag von H. J. Münk in diesem Band). Horkheimers *Wolkenkratzermetapher* beschreibt drastisch eine Situation, die von vielen abgelehnt wird:

>»Unterhalb der Räume, in denen millionenweise die Kulis der Erde krepieren, wäre dann das unbeschreibliche, unaussprechliche Leiden der Tiere, die Tierhölle in der menschlichen Gesellschaft darzustellen, der Schweiß, das Blut, die Verzweiflung der Tiere« (Horkheimer 1974: 287 f.).

Obwohl wir spontan den Tierschutz befürworten, bleibt die Frage, welches Maß für alle verbindlich werden sollte:

>»Auch wenn Menschen einzelne Tiere (zum Beispiel Haustiere) oder einzelne Tierarten wertschätzen und gar versuchen, deren Daseinsbedingungen zu verbessern, so bleibt das gesellschaftliche Verhältnis zu ›dem Tier‹ als gedankliche Abstraktion und zu einem Großteil der tierlichen Individuen in den Handlungen ihnen gegenüber ein Unterordnungsverhältnis [...]« (Bujok 2015: 173).

Wir haben dennoch ein Tierschutzgesetz, das Mindeststandards umsetzt, die von den Volksvertretern als von jedem im Prinzip zu akzeptieren angesehen werden.

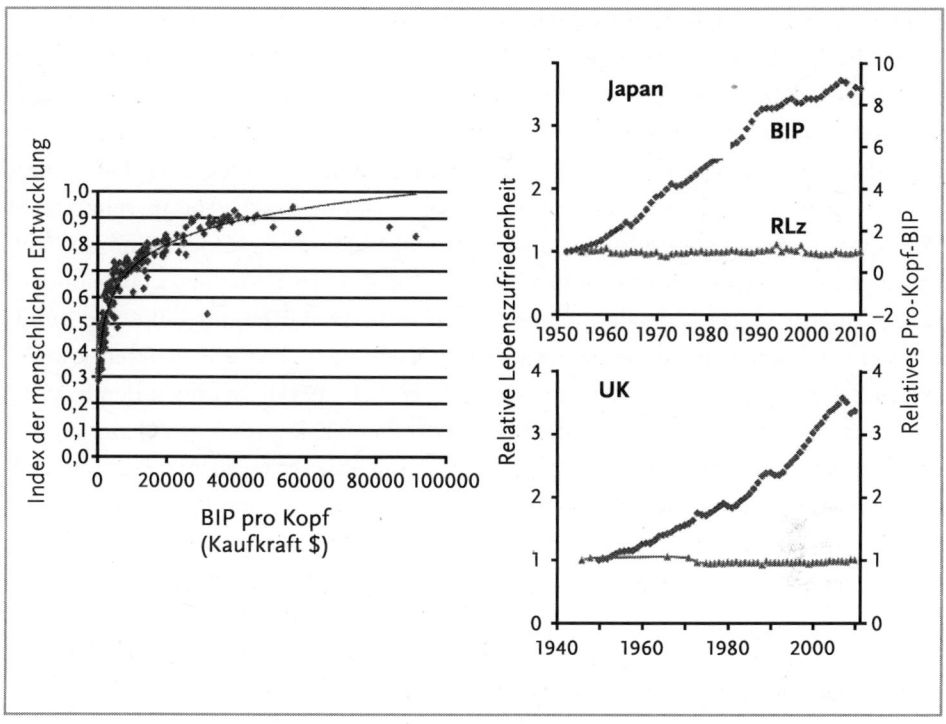

Abbildung 1: Vergleich zwischen Bruttoinlandsprodukt (BIP) und einem Index der Menschheitsentwicklung. Die Abbildung basiert auf einer Stichprobe aus den Nationen der Welt sowie
Statistiken über Gesundheit, Bildung, Wohlfahrt (links). Veränderungen in der Relativen Lebenszufriedenheit (RLz) während der letzten 70 Jahre in Japan und UK (rechts).
Quelle: Moss (2012; Übersetzung C.v.H.).

Bei Entscheidungen über das Niveau der Umwelterhaltung spielen natürlich auch
die materiellen wie immateriellen Bedürfnisse der Menschen für ihr eigenes Wohlergehen eine Rolle. Dabei geht es nicht nur um die materiellen (mit finanziellen Mitteln zu befriedigenden) Ansprüche. Bei der Lebenszufriedenheit spielen offenbar andere Bedürfnisse eine ganz wesentliche Rolle (vgl. Abbildung 1).

Es wird inzwischen davon ausgegangen, dass nach der Befriedigung der lebens-
entscheidenden Grundansprüche (ausreichend Essen, Trinken etc.) auch ästhetische
Bedürfnisse und der Kontakt zur Natur eine Rolle spielen. Offenbar wird zum Beispiel die Gesundheit der Menschen davon beeinflusst, wie viel Grün in ihrer Umge-
bung anzutreffen ist (vgl. zum Beispiel Ulrich und Parsons 1992). Bezüglich des Land-
schaftsbildes zeigt sich, dass es zwar einen Grundkonsens über das gibt, was als schön
empfunden wird. Dieser Erlebniskern kann aber durch individuelle oder gruppenspe-
zifische Präferenzen wie Wohnort, Herkunft oder Beruf stark überlagert werden (vgl.
zum Beispiel Berlyne 1960; Nohl 1980; Franzen und Krebs 2005; Bruns und Kühne
2013; Kost 2013).

Besonders wichtige Anhaltspunkte liefern die Prinzipien der Nachhaltigkeit, die letztendlich auch an den Kant'schen Imperativ anknüpfen. Die Grenzen der Naturnutzung ergeben sich hier in Verantwortung für heutige und zukünftige Generationen und aus dem Prinzip, dass die Umwelt nicht von Einzelnen auf Kosten anderer über das Maß der Regenerationsfähigkeit hinaus genutzt werden darf. Dieses entspricht dem in der europäischen und deutschen Umweltgesetzgebung verankerten Vorsorgeprinzip. Die Grundsätze der Nachhaltigkeit können *gemessen* und im Prinzip eingehalten werden. So dürfte zum Beispiel das Maß des Bodenabtrags die Bodenneubildungsrate nicht überschreiten und die Grundwasserentnahme sollte die Grundwasserneubildung im Einzugsgebiet nicht überschreiten. Diese Prinzipien können auch auf die Biodiversität übertragen werden (vgl. CBD 1993). Wenn wir den Bestand an Arten und Lebensräumen in vollem Maße für die nachkommenden Generationen erhalten wollen, muss dafür gesorgt werden, dass keine weiteren Arten aussterben. Wenden wir außerdem Gerechtigkeitskriterien an, dann sollte das Recht, (erneuerbare) Ressourcen im Rahmen ihrer Regenerationsfähigkeit zu verbrauchen, gleichmäßig verteilt sein. Würde also die landwirtschaftliche Fläche gleichmäßig unter allen Erdenbürgern aufgeteilt, stünden jedem Menschen 2.000 Quadratmeter zu (vgl. GIZ 2015). Allein 1.030 Quadratmeter pro Person verbrauchen wir aber gegenwärtig in Deutschland für unseren Fleischkonsum (vgl. GIZ 2015). 60 Prozent des in Deutschland verbrauchten Getreides werden an Tiere verfüttert, ebenso wie 80 Prozent der verbrauchten Ölsaaten (vgl. GIZ 2015). Das Missverhältnis wird hier sehr deutlich. Allerdings sind nicht alle Ressourcen einfach von einem Land zum nächsten transportierbar. Auch wenn wir verhindern, dass Arten weltweit aussterben, so reicht dies nicht aus, sondern die Arten und Ökosysteme sollen ja auch in den naturräumlichen Zusammenhängen regional und sogar lokal erhalten werden.

Die Grenzen und Entwicklungsziele müssen also für den konkreten Fall standortspezifisch und durch verantwortliche menschliche Entscheidungen im Rahmen der übergeordneten Prinzipien immer wieder neu bestimmt werden. Um dabei zu wissen, wie knapp und gefährdet die vorgefundenen Bestände sind, brauchen wir Informationen über Knappheit und Reproduktionsbedingungen auf allen räumlichen Skalen. Aber genügen diese Informationen, um sicherzustellen, dass die lokalen Entscheidungsträger und Landnutzer im Rahmen der Prinzipien der Nachhaltigkeit entscheiden?

2.3 Entscheidungsebenen und -kompetenzen

Es wird an dieser Stelle festgehalten, dass das Niveau der Naturerhaltung von demokratisch legitimierten Entscheidungen abhängig ist. Nur auf einer solchen Grundlage können Eigentumsrechte verteilt bzw. kann Naturschutz den Individuen sogar aufgezwungen werden. Das Mindestniveau der Naturerhaltung muss deshalb in der Regel rechtlich verankert werden. Dies gilt insbesondere für die Prinzipien der Nachhaltigkeit. Darüber hinaus gibt es ein wünschenswertes oder gewünschtes Niveau der Naturerhaltung, das in stärkerem Maße auf der lokalen Ebene ausgehandelt wird.

Grundsätzlich muss die Entscheidungskompetenz skalenabhängig, das heißt nach hierarchisch abgestuften Entscheidungsebenen differenziert werden. Die Grundfrage bei der Verteilung der Kompetenzen ist: Wer kann wofür die Verantwortung übernehmen?

Die europäischen und nationalen Institutionen müssen für die überregional knappen und gefährdeten Naturressourcen, Tiere, Pflanzen und Biotope Sorge tragen. Mit der europäischen Umweltrechtssetzung, insbesondere der FFH- und der Vogelschutz-Richtlinie, hat die Europäische Union diese Verantwortung angenommen und gehandelt. In Deutschland sollte die Bundesebene zum Beispiel für die national gefährdeten und seltenen Landschaften die Verantwortung übernehmen. Würde man eine solche Aufgabe auf die kommunale Ebene delegieren, dann fiele die Entscheidung einer politischen Ebene zu, die weder die Bedeutung der Ökosysteme noch die über die

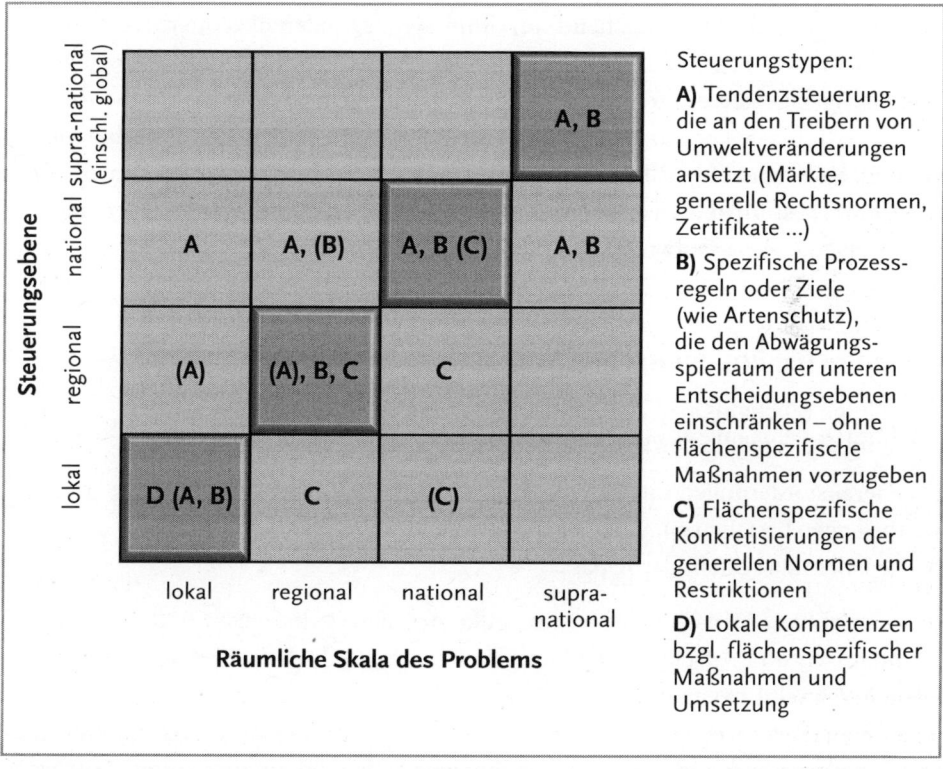

Abbildung 2: Zusammenhang zwischen räumlicher Ausdehnung/Bedeutung von Naturressourcen und der verantwortlichen politischen Entscheidungsebene.
Quelle: eigene Darstellung.

Gemeindegrenzen hinausreichenden Folgen des lokalen Handelns überblickt. Im Falle von Ökosystemen, die – räumlich oder in Bezug auf ihre Bedeutung – politische Grenzen überschreiten, wie zum Beispiel Gewässer oder national bedeutsame Biotopverbundachsen, sind die lokalen oder die regionalen Ebenen überfordert. Sie zielen notwendig auf den lokalen Vorteil ab, können nicht ausreichend steuern und müssen die Konsequenzen (zum Beispiel einer Gewässerverschmutzung stromabwärts) nicht tragen. Grundsätzlich sollte also immer die politische Ebene entscheiden, die die Verantwortung bezogen auf die Werte und räumliche Ausdehnung des Problems übernehmen kann (vgl. Abbildung 2).

Die Bürgermeinung kommt im Rahmen der vorgegebenen Wege der Beteiligung auf allen Ebenen zum Tragen. Ganz besonders konkret können Nutzer- und Bürgerpräferenzen einbezogen werden, wenn es gilt, die lokalen Belange zu gestalten, zum Beispiel das Wohnumfeld, die lokale Erholungslandschaft oder Biotope von lokaler Bedeutung.

Das damit aufgezeigte System der Entscheidung über das Maß der Naturerhaltung ist zwar plausibel, jedoch genügt es offenbar nicht, um die oben beschriebenen Werte und Prinzipien ausreichend, im Sinne der für jeden akzeptierbaren, moralischen Grundsätze der Naturerhaltung (Kategorischer Imperativ oder Prinzipien der Nachhaltigkeit) zu gewährleisten. Das ökologische Wissen über Konsequenzen der Naturzerstörung fließt nur sehr zäh und langsam in die politischen Entscheidungen ein (vgl. Koch und Hey 2009; UBA 2015). Das wirft die Frage auf, ob und wie dieser Prozess verbessert werden kann, und ob Politiker überhaupt dafür gerüstet sind, die ihnen zugedachte verantwortungsvolle Rolle zu übernehmen.

3   Entscheidungsunterstützung durch die Wissenschaft

3.1 Einige Mechanismen der politischen Entscheidungsfindung und die Tragödie des Umweltthemas

Die Herausforderungen für Entscheidungsträger bei der Berücksichtigung von Umweltbelangen bestehen zum einen ganz generell im Wesen der Politik selbst. Das politische Dilemma besteht darin, dass

»[…] fehlbare Menschen in einer unvollkommenen Ordnung, im Widerstreit der Interessen und Anschauungen, im Gewirr von Machtchancen und Ohnmacht dennoch selbstbewusst handeln, dass sie auf eine offene Zukunft hin, unter Bedingungen der Ungewissheit Verantwortung übernehmen und Entscheidungen treffen. Nur mühsam, vielleicht um ein paar Schritte, kommen sie zur Lösung ihrer Probleme voran, indessen schon neue sich türmen« (von Krockow 1992: 324 f.).

In der Praxis wirkt es in dieser von ihrer Grundstruktur her sehr anspruchsvollen Entscheidungssituation häufig so, als seien Informationen und insbesondere Umweltinformationen für die Entscheidungsfindung eher hinderlich. Dies erklärt sich unter anderem aus den Rahmenbedingungen der politischen Entscheidungsfindung und den Interessen der Politiker selbst. So wollen diese – jedenfalls für gewöhnlich – nach vier bis fünf Jahren wiedergewählt werden. Daraus ergibt sich der Zeitrahmen, in dem sie Erfolge vorweisen möchten. Es ist somit nicht verwunderlich, dass Langzeitproblemen ausgewichen wird. Umweltprobleme sind aber häufig nur über einen sehr langen Zeitraum hin zu lösen. Ferner werden in der Politik häufig schnelle Entscheidungen als Zeichen für Tatkraft gefasst – das ist nachteilig für die Lösung komplexer Probleme. Politiker müssen ihre Ziele kommunizieren und folgen ihrem politischen *Instinkt*. Da Themen, die nicht einfach zu kommunizieren sind, in der Regel unattraktiv für die Presse oder die Öffentlichkeit sind, fallen solche Themen häufig unter den Tisch. Leider gilt dies ebenfalls in besonderem Maße für die vielfach sehr komplexen Umweltprobleme.

Darüber hinaus reagieren politische Entscheidungsträger wie alle Menschen: am liebsten intuitiv. In der Verhaltensökonomik gibt es eine Vielzahl von Untersuchungen dazu, wie sehr Menschen zu intuitiven Entscheidungen neigen (vgl. insbesondere Kahneman 2011). Wir finden intuitive Entscheidungen eben einfacher, schneller und kreativer als analytisch vorbereitete. Da die Menschen im intuitiven Modus aber sehr unaufmerksam sind, führt unsere intellektuelle Trägheit häufig zu Fehlschlüssen und sehr irrationalen, teilweise für uns selbst nachteiligen Entscheidungen. Es gibt eine Vielzahl von Beispielen intuitiver Mechanismen. So beziehen sich die meisten Menschen lieber auf persönliche Erfahrungen, Anekdoten und Geschichten, statt auf Daten und Statistiken. Stehen wir vor einer schwierigen Frage, ersetzen wir sie häufig durch eine einfache. An extreme Ereignisse erinnern wir uns besser als an regelmäßige. Auch zwischen Vorkommnissen, die nicht miteinander verbunden sind, wird versucht, einen Zusammenhang zu konstruieren. Schließlich sind wir geneigt, Dinge zu glauben, die oft wiederholt werden (vgl. Kahneman 2011).

Intuitive Entscheidungen sind häufig notwendig und effizient. In vielen Situationen, zum Beispiel beim Autofahren, hilft uns unsere Routine, intuitiv und schnell das Richtige zu tun. Im Falle komplexer Probleme mit Konsequenzen, die möglicherweise noch weit in der Zukunft liegen, behindert dieser Reaktionsmodus aber unsere Vorausschau und unser Urteilsvermögen. Dieses ist ebenfalls unserem Funktionieren in Gruppen abträglich. Wir sind alle gerne Mitglieder einer Gruppe – gemeinsam entscheidet es sich leichter.

Allerdings hat sich herausgestellt, dass Gruppen in kollektiver Verantwortungslosigkeit eher bereit sind, Risiken einzugehen (vgl. Kahneman 2011). Unsere Zugehörigkeit zu einer Bezugsgruppe, in der klare Meinungen über bestimmte Fragen vor-

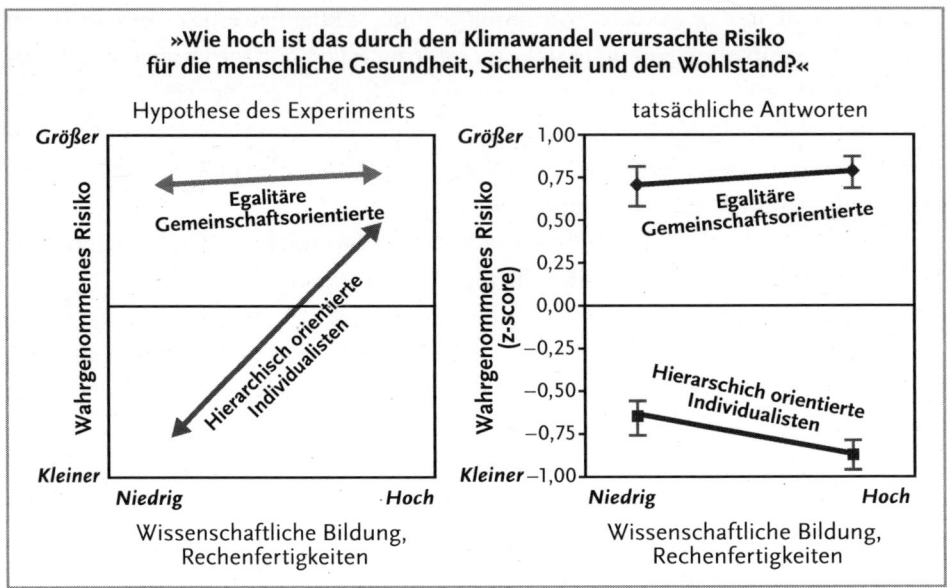

Abbildung 3: Beeinflussung des Klima-Risikobewusstseins von zwei politisch unterschiedlich orientierten Gruppen durch Bereitstellung von Wissen zum menschgemachten Klimawandel. Links: die Hypothese zum Ergebnis des Experimentes, rechts: die tatsächliche Meinungsveränderung. *Quelle: Kahan et al.(2012).*

herrschen, verhindert zudem, dass wir dazulernen (vgl. Kahan 2014; Kahneman 2011: 84, 310).

Daniel Kahan von der Universität Yale hat untersucht, wie mehr Wissen über den Klimawandel das Risikobewusstsein von zwei Gruppen beeinflussen konnte, die verschiedenen politischen Lagern angehörten (vgl. Abbildung 3).

Es zeigt sich, dass die vorgefassten Meinungen nicht korrigiert wurden, sondern sich durch die Zufuhr von Informationen sogar noch verstärkten. Wir nutzen Wissen, um die Weltsichten zu unterstreichen, die wir mit unserer Bezugsgruppe teilen. Dies ist keinesfalls irrational (vgl. Kahan 2012). Die einzelnen Befragten hätten keinerlei Vorteil davon, wenn sie plötzlich den menschlichen Einfluss auf den Klimawandel zur Kenntnis nähmen. Sie hätten sogar gravierende soziale Nachteile, wenn sie plötzlich von der vorherrschenden Meinung ihrer Bezugsgruppe abweichen würden (vgl. Kahan et al. 2012).

3.2 Wie können Umweltinformationen besser in politischen Entscheidungen berücksichtigt werden?

Leider ist eine planungstheoretische Orientierung dazu, wie Umweltthemen in der Planungs- und Genehmigungspraxis wirksam in politische Entscheidungen eingebracht werden können, nur bruchstückhaft vorhanden. Wir können aber auf Erkenntnisse der Verhaltensökonomik zurückgreifen, die beispielsweise eine Orientierung dazu liefern können, in welchen Fällen schnelle intuitive Entscheidungen mit geringem Informationsbedarf möglich sind und wann die langsamen analytischen und rationalen Entscheidungsprozesse angezeigt wären. So sind intuitive Entscheidungen geeignet und effizient, wenn:

- Kreativität gefragt ist,
- die Schlussfolgerungen voraussichtlich richtig sind, sie also auf für die Entscheidung passenden, umfangreichen Erfahrungen beruhen,
- nur ein einfaches Problem gelöst werden muss,
- die Kosten eines Fehlers akzeptabel sind
- und wenn es Zeit und Mühe spart (vgl. Kahneman 2011).

Kreativität kann zum Beispiel dabei helfen, Umweltmaßnahmen in ein für die Politik *vorzeigbares* Ergebnis zu transformieren. So ist es für einen Bürgermeister erheblich ertragreicher, mit einem Kunstwerk auf einer Naturschutz-Kompensationsfläche seine Leistungen für Naturschutz und Erholung zu zeigen als mit der Wiederherstellung eines für den Laien *unsichtbaren* Magerrasens.

Wenn die oben genannten Bedingungen für intuitive Entscheidungen nicht zutreffen, sollte der Entscheidungsprozess langsam und rational verlaufen. Grundsätzlich stellen Verwaltungsverfahren im Umweltschutz Bedingungen für rationale Entscheidungen her. Formalisierte und institutionalisierte Planungskulturen und Verwaltungsverfahren können Entscheidungsprozesse immun gegen *Denkfallen* oder das Prinzip des geringsten Aufwandes machen. Eine systematische Beobachtung oder Kontrolle der Entscheidungsprozesse bzw. der Abwägung ist jedoch vielfach nicht gegeben. Eine Überwachung von Entscheidungsprozessen, zum Beispiel in Form einer funktionierenden, prozessualen Kommunalaufsicht, könnte eine Lösung sein. Beobachter sind eher in Alarmbereitschaft als Entscheidende, sie sind langsamer und können Fehler und Minenfelder besser erkennen (vgl. Kahan 2012).

Ebenfalls ist es wichtig, dass der Entscheidende das Problem versteht und für wichtig hält und dass es in seiner Bezugsgruppe ein akzeptiertes Thema ist. Für den Naturschutz trifft Letzteres in vielen Politikzusammenhängen leider nicht zu. Politiker kümmern sich auch deshalb nicht um das Thema, weil damit nicht die Aura des Machers und Mächtigen verbunden ist.

Eine Möglichkeit, die Wichtigkeit des Themas im Bewusstsein der Politik zu erhöhen, bestände darin, vermehrte Bezüge zur Ökonomie herzustellen. Mehr als ein Viertel der Staatsführer in der Welt hat einen Hintergrund in Betriebs- oder Volkswirtschaft (vgl. Moss 2012). Kein Wunder, dass ökonomische Themen in der Politik als wichtig gelten. Mit dem Ökosystemleistungsansatz wird derzeit in Deutschland versucht, diesen Weg zu gehen und die Leistungen der Natur auch ökonomisch, insbesondere volkswirtschaftlich auszudrücken (TEEB-DE 2012). Dabei ist zu beachten, dass nicht alle Naturschutzbelange ökonomisch bewertet werden können. So ist die Biodiversität nur in ihren genutzten Anteilen und Funktionen mit den üblichen ökonomischen Ansätzen bewertbar. Auch die Rechte und Bedürfnisse zukünftiger Generationen, alle Optionswerte, für die kein gegenwärtiger Nutzer eine Präferenz äußert, können nur ansatzweise mit ökonomischen Methoden und Ansätzen bewertet werden. Diese Bereiche werden aber durch die existierenden, überwiegend auf Rechtsnormen und Expertenurteilen beruhenden, im Natur- und Umweltschutz üblichen Bewertungsverfahren abgedeckt, sodass die ökonomische Bewertung eine Ergänzung darstellt (vgl. von Haaren et al. 2016).

Entfaltet die ökonomische Perspektive die von ihr erhoffte Attraktivität für die Politik, besteht allerdings die Gefahr, dass die bisherigen, rechtsbasierten und aus Sicht vieler Entscheidungsträger *blassen* oder exotischen Naturschutzbewertungen in Entscheidungsprozessen marginalisiert werden. In der Entscheidungsvorbereitung sollten deshalb die unterschiedlichen Bewertungen klar getrennt werden (vgl. von Haaren et al. 2014, 2016). Die ökonomische Bewertung, die vor allem den genutzten Teil der Ökosystemleistungen zum Gegenstand hat, muss in der Abwägung im Bereich der Kosten-Nutzen-Analysen bezüglich der volkswirtschaftlichen Vertretbarkeit eines Plans, Programms oder Gesetzes mit einbezogen werden. Die rechtsbasierte Bewertung des Dargebots der Naturressourcen und Biodiversität sowie etwaiger Projektfolgen sollte getrennt davon nach wie vor unter dem Thema Umweltfolgen präsentiert werden. Für die Kommunikation mit Politik und Bürgern benötigen wir schließlich aussagekräftige Bilder für das, was mit der Natur geschieht. Ein besonders gutes Beispiel für ein solches Bild hat uns der amerikanische Biologe Edward O. Wilson (*1929) geliefert:

> »Destroying rainforest for economic gain is like burning a Renaissance painting to cook a meal« (Wilson o. J.).

4   Fazit

Wie viel Natur braucht also der Mensch im Anthropozän? Die Wissenschaft kann die Frage nicht beantworten, aber demokratisch legitimierte Entscheidungen dazu unterstützten. Wissenschaftler können auch Vorschläge für gut begründete Normen unterbreiten, die konkrete Entscheidungen binden. Insbesondere müssen Entscheidungsmechanismen weiter erforscht werden, um dieses Wissen in die Entscheidungsunterstützung einfließen zu lassen. Eine Grundfrage dabei ist, wie Umweltinformationen *übersetzt* werden müssen, um für die Entscheider verständlich, wichtig und leicht kommunizierbar zu werden.

Literatur

Bartelmus, Peter (2014): Wie viel Natur brauchen wir? Können wir sie nachhaltig nutzen? In: Peter Bartelmus: Nachhaltigkeitsökonomik. Wiesbaden: Springer Fachmedien: Kapitel 6

Berlyne, Daniel E. (1960): Conflict, arousal, and curiosity. New York: McGraw-Hill

Bruns, Diedrich et al. (eds.) (2013): Landscape culture – culturing landscapes. The different construction of landscapes. Heidelberg/Berlin: Springer VS

Bujok, Melanie (2015): Tierkapital, Spezieszugehörigkeit und soziale Ungleichheit. In: Renate Brucker et al. (Hg.): Das Mensch-Tier-Verhältnis: Eine sozialwissenschaftliche Einführung. Wiesbaden: Springer Fachmedien: 107–188

CBD – Convention on Biological Diversity (1993): Text of the CBD. https://www.cbd.int/convention/text/ – Zugegriffen am 25.11.2015

Dröschmeister, Rainer, Christoph Sudfeldt & Sven Trautmann (2012): Zahl der Vögel halbiert: Landwirtschaftspolitik der EU muss umweltfreundlicher werden. Der Falke 59: 316–317

Eser, Uta (2014): Umweltethik und Politische Ethik: Natur als Gegenstand von Interessenkonflikten. In: Matthias Maring (Hg.): Bereichsethiken im interdisziplinären Dialog. Schriftenreihe Band 6. Karlsruhe: Zentrum für Technik- und Wirtschaftsethik am KIT 6: 221–238

GIZ – Deutsche Gesellschaft für internationale Zusammenarbeit (2015): Boden und Wasser. Pressedossier. www.grund-zum-leben.de/partner/ – Zugegriffen am 25.11.2015

Haaren, Christina von et al. (2014): From explanation to application: Introducing a practice oriented ecosystem services evaluation (PRESET) model adapted to the context of landscape planning and management. Landscape Ecology 29: 1335–1346

Haaren, Christina von, Christian Albert & Carolin Galler (2016): Spatial and landscape planning: A place for ecosystem services. In: Marion Potschin, Roy Haines-Young & Robert Fish (eds.): Routledge handbook of ecosystem services. London/New York: Routledge: 568–581

Hampicke, Ulrich (1993): Naturschutz und Ethik – Rückblick auf eine 20jährige Diskussion, 1973–1993, und politische Forderungen. Ökologie und Naturschutz 2: 73–86

Hartung, Gerald & Thomas Kirchhoff (Hg.) (2014): Welche Natur brauchen wir? Analyse einer anthropologischen Grundproblematik des 21. Jahrhunderts. Freiburg: Karl Alber

Honnefelder, Ludger (2011): Welche Natur sollen wir schützen? Über die Natur des Menschen und die ihn umgebende Natur. Berlin: Berlin University Press

Horkheimer, Max (1974): Notizen 1950–1969 und Dämmerung. Notizen aus Deutschland. Herausgegeben von Werner Brede. Frankfurt am Main: Max Fischer

Kahan, Daniel M. (2012): Cultural cognition as a conception of the cultural theory of risk. In: Sabine Roeser et al. (eds.): Handbook of risk theory: Epistemology, decision theory, ethics, and social implications of risk. Niederlande: Springer Science & Business Media: 725–759

Kahan, Daniel M. (2014): Making climate-science communication evidence-based – all the way down. In: Deserai A. Crow & Maxwell T. Boykof (eds.): Culture, politics and climate change: How information shapes our common future. New York: Routledge: 202–220

Kahan, Daniel M. et al. (2012): The polarizing impact of science literacy and numeracy on perceived climate change risks. Nature climate change 2. In: Dale Jamieson (ed.): Reason in a dark time: Why the struggle against climate change failed – and what it means for our future. Oxford: University Press: 732–735

Kahneman, Daniel (2011): Thinking, fast and slow. USA: Macmillan

Koch, Hans-Joachim & Christian Hey (Hg.) (2009): Zwischen Wissenschaft und Politik: 35 Jahre Gutachten des Sachverständigenrates für Umweltfragen. Materialien zur Umweltforschung 38. Berlin: Sachverständigenrat für Umweltfragen

Kost, Susanne (2013): Landschaftsgenese und Mentalität als kulturelles Muster: Das Landschaftsverständnis in den Niederlanden. In: Diedrich Bruns & Olaf Kühne (Hg.): Landschaften: Theorie, Praxis und internationale Bezüge. Schwerin: Oceano-Verlag: 55–70

Krebs, Stefanie & Brigitte Franzen (Hg.) (2005): Landschaftstheorie. Texte der Cultural Landscape Studies. Köln: Verlag der Buchhandlung Walther König

Krockow, Christian Graf v. (1992): Die Deutschen in ihrem Jahrhundert. Reinbek: Rowohlt

Moss, Brian (2012): Liberation ecology: The reconciliation of natural and human cultures. Excellence in Ecology 24. Oldendorf/Luhe: International Ecology Institute

Nohl, Werner (1980): Freiraumarchitektur und Emanzipation. Theoretische Überlegungen und empirische Studien zur Bedürftigkeit der Freiraumbenutzer als Grundlage einer emanzipatorisch orientierten Freiraumarchitektur. Frankfurt am Main: Lang

OECD/IEA – Organisation for Economic Cooperation and Development/International Energy Agency (2008): World Energy Outlook 2008. Paris: OECD/IEA

Revkin, Andrew C. (2003): How much nature is enough? The New York Times November 11, 2003: 22. http://www.nytimes.com/2003/11/11/science/11 DIVE.html – Zugegriffen am 25.11.2015

Steffen, Will et al. (2015): Planetary boundaries: Guiding human development on a changing planet. Science 347: 689–800

Sudfeldt, Christoph et al. (2013): Vögel in Deutschland 2012. Münster: DDA, BfN & LAG VSW

TEEB–DE, Naturkapital Deutschland (2012): Der Wert der Natur für Wirtschaft und Gesellschaft. Eine Einführung. München: ifuplan, Helmholtz-Zentrum für Umweltforschung (UFZ), Bundesamt für Naturschutz und Helmholtz-Zentrum für Umweltforschung (UFZ): 3175–3186

UBA – Umweltbundesamt (2013): Wasserverbrauch der privaten Haushalte. Das Umweltbundesamt. http://www.umweltbundesamt.de/daten/private-haushalte-konsum/wasser verbrauch-der-privaten-haushalte – Zugegriffen am 25.11.2015

UBA – Umweltbundesamt (2015): Umweltprobleme der Landwirtschaft – 30 Jahre SRU-Sonder-gutachten. Hintergrund. Oktober 2015. Dessau-Rosslau: Umweltbundesamt. http://www.umweltbundesamt.de/publikationen/umweltprobleme-der-landwirtschaft-0 – Zugegriffen am 25.11.2015

Ulrich, Roger S. & Russ Parsons (1992): Influences of passive experiences with plants on individual well-being and health. In: Diane Relf (ed.): The role of horticulture in human well-being and social development: A national symposium. Portland: Timber Press: 93–105

USGS – United States Geological Survey (1993): The World's Water. http://water.usgs.gov/edu/earthwherewater.html – Zugegriffen am 25.11.2015

Wilson, Edward (o.J.): http://www.lizasreef.com/HOPE%FOR%THE%RAIN% 20FORESTS/quotes_about_rain_forests.htm – Zugegriffen am 25.11.2015